福建省教育科学规划课题"基于高中地理新课标解构分析的探研式教学研究"（课题立项号FJJKCG18-064）研究成果

教育部"国培计划（2016-2019）"——跨年度递进式培训项目高中地理优秀青年教师成长助力研修班教师、福建省曾呈进名师工作室成员及部分重点高中的一线教师的培训及实践成果

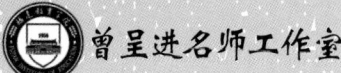曾呈进名师工作室

福建教育学院研训成果丛书

高中地理问题式教学设计与案例

（必修第二册）

曾呈进　陈涓　主编

海峡出版发行集团｜福建教育出版社

本书编委会

主　　编：曾呈进　陈涓

编　者：郑友强　阮喆　张建彬　钟婉琴　王家燕
　　　　陈霞　叶玲　李小元　张赟　林孔仁
　　　　林斑　龚桂冬　马奔峰　陈元明　宋雪琴
　　　　林春华　余承炎　郑雅演

序

正当高中地理新课程、新教材在全国推开之时，广大一线高中地理教师急需参考书籍，福建教育学院曾呈进、陈涓主编的《高中地理问题式教学设计与案例》面世，可谓十分及时。

从书名就可以看出，该书抓住了高中地理课程改革的一个关键，即高中地理新课程标准着重提出的教学建议——问题式教学。问题式教学既是地理教学应遵循问题导向的教学理念，也是体现地理课程综合性、整合地理课程内容的地理教学模式，还是体现地理问题提出、分析和解决的一个地理教学循回的具体教学方法。抓住了问题式教学这个关键，地理新课程提出的地理学科核心素养的培育就能够落到实处，地理课程的知识习得、能力养成、观念的形成就循着地理课程内容的内在逻辑自然有序地融为一体，地理新课程的基本理念和总体目标才能得以实现。

该书开宗明义，以相当长的篇幅进行理论引领，深入阐述问题式教学的背景、作用、意义、概念界定、理论依据和特点，这些对于开始尝试和探索问题式教学的广大一线地理教师来说，起到了理论上梳理、引领和指导的重要作用。该书指出问题式教学的时代背景，顾及地理新课程的要求、地理新高考的转向以及教学手段的信息化，使广大地理教师明白问题式教学在新时代的必要性与可行性，提升实施问题式教学的责任感和积极性。该书参考了国内外问题式教学研究和实践的进展，综合了各家之说，提出了能够自圆其说的对问题式教学的概念界定，注重问题式教学的问题情境和学生自主提出问题、解决问题的实质，整合了一些常见的相关概念，使教师们能够明白和接受。该书选取了发现学习理论、建构主义理论、问题教学理论、杜威实用主义理论和情境学习理论，作为理解问题式教学的理论依据，将各种理论与问题式教学紧密联系，拓展了教师们的眼界，加深了对问题式教学本质和优势的领悟。

该书从与传统教学的比较入手，阐明问题式教学的特点。从教学目的、知识来源、教学方式、沟通渠道、教师地位、学生地位、学生积极性、学习结果、学习效果等多方面进行比较，有助于教师全面、系统地理解和实施问题式教学。在此基础上，该书阐述了问题式教学以学生为中心，以问题为起点，以探究学习为方式，以适当高度为落脚点等问题式教学的特点，实际上是对问题式教学进行了构建，有利于实施问题式教学、转变教学方式和观念。

该书在理论基础上作了上述适度的铺垫之后，将理论引领部分的大部分篇幅用于问题式教学的设计。问题式教学的设计，是当前地理新课程教学实施的重点，也是难点，国内这方面的参考书尚少见，该书敢于以此为内容主体，体现出作者的高度责任感和创造意识，是难能可贵的。该书在针对新教材各章节的问题式教学具体设计之前，先在理论引领部分对问题式教学设计进行理论阐述，也是该书的一个特点，值得肯定。

该书提出的问题式教学原则，兼有理论性和实用性。紧扣学习目标与核心素养设问的原则，明确了以达标为目的，将提升学科核心素养融入其中。尊重学生认知水平和知识基础的原则，保证问题设计有梯度，使学生均有所得。注重问题设计的生活化与层次性，保证问题情境贴近学生生活实际，构建问题逻辑结构，使学生主动学习具有可行性。增强问题的可操作性与趣味性，使学生既有解决问题的积极性，又有解决问题的自信。基于这些原则，该书提出了问题式教学设计的技巧，具有较高的科学性和实用性。

该书创建了问题式教学设计的一般模式，图示清楚，实用性强。该书还提出了问题式教学实施原则，由目标性、主体性、知识性、方法性、情境性、关联性、启发性、情感性等构成的实施原则体系全面、系统，有一定的创意和较强的指导性。该书创建的问题式教学实施的一般模式，也具有图示清楚、逻辑性和实用性强的优势，且用具体案例解读了实施模式。该书提出的问题式教学实施技巧，有助于尝试的教师很快入门。

该书的理论引领部分为各章节问题式教学设计奠定了学理基础，该书分册、分章节对地理新教材作问题式教学的设计，内容十分丰富。每一节的问题式教学设计，都从相关课程标准内容要求及其解读开始，做到有的放矢，对标遵标。课标解读中对主要概念进行解释，也是该书的特点和优点之一。概念是问题式教学内涵的基本支撑，有了基本概念的支撑，教学设计才有明确的方向。教学内容分析和学情分析，为不太熟悉新课程、新教材的教师排忧解难，将内容分析与学情分析加以对照，教师能基本把握教学设计的任务。列出地理学科核心素养培养的目标，与该节的具体内容要求结合紧密、融会贯通。教学重点、难点分析传承了地理教师教学设计的传统，是有必要的。教学方法的设计紧扣内容的性质，不是一些简单的方法，而是一些综合的教学方式，有力配合问题式教学模式。

该书的课前预习设计，主要由知识梳理构成，学生比较容易掌握。课堂设计是设计的主体，该书创设了课堂导入、问题情境、问题探究、学生研讨、教师引导学生总结、板书设计、设计感悟、课后达标检测等栏目，系统、实用，且处处交待设计意图。这样的体例，及其有效性和高效性，在各种参考书中少见，有很强的目的性和实用性，保证问题式教学能持续开展，能达成教学目标。

该书的独特优势还在于，每个章节问题式教学的设计，所创设的问题情境，所提出的探究问题，所构思的探究活动，教师引导下的归纳总结，乃至达标检测都有较强的创意，且配置了创设意图和设计感悟，相得益彰，这些布局谋篇彰显了该书的意图和匠心，值得读用。

该书作者的单位——福建教育学院是福建省教师各级各类培训的主体，该书既是作者长期从事师资培训的经验总结，也是不可多得的各地国家级、省级教师培训的参考书。该书的出版还依托省名师工作室，是工作室团队集体研发的优秀成果。当然，该书不只是教师培训时用，更是我国广大一线地理教师进入新课程、新教材、新高考时的有效参考书，推广使用前景看好。

希望有更多的这样理论与实践相结合的地理教学参考书问世。

福建师范大学地理科学学院二级教授　博士生导师

2020 年 8 月

前　言

依照2018年8月16日教育部印发的《关于做好普通高中新课程新教材实施工作的指导意见》，从2019年秋季学期起，全国各省（区、市）分步实施新课程，使用依据《普通高中课程标准（2017年版）》编写的高中新教材。其中浙江、上海、北京、天津、山东、海南等6省份于2019年秋季开始使用统编版高中新教材。江苏、福建、广东、河北、辽宁、安徽、湖北、湖南、重庆等9省份于2020年秋季开始使用统编版高中新教材。新教材新课程均为高一年级起使用。其他还未进行新高考改革的省份最迟于2022年秋季开始使用统编版高中新教材。这给高中地理教育带来了新的机遇与挑战。

在使用高中地理新教材时，除了要正确处理地理教材与地理课程标准、地理配套教辅、学生实际知识能力的关系外，还要处理好"教教材"和"用教材教"的关系。而这一切关系的处理，主要通过地理课堂教学体现。所以，地理课堂教学是学校地理教学活动中最重要，也是最基本的组织形式。地理课堂教学能否达到预期效果，很关键的一点就是取决于教师如何进行课堂教学设计，如何通过课堂教学设计优化课堂教学过程，提高教学系统的效率。《普通高中地理课程标准（2017年版）》在课程实施建议中强调要注重采用问题式教学。问题式教学是以"问题发现"和"问题解决"为要旨，用"问题"整合相关学习内容的教学方式。问题式教学在某种程度上也可看作是一个上位概念，凡是基于真实问题、开放式问题、尚无现成答案问题的教学，都可视为问题式教学，单元式、项目式、主题式等教学方式，都可用于问题式教学。搞好问题式教学设计与问题式教学，可以更好地培养中学生的综合思维、区域认知、人地协调和地理实践力，适应新高考改革对学业质量考查的要求。所以，问题式教学是培育地理学科核心素养、提高教学质量的有效途径，在课程实施中有着非常重要的作用。

为帮助地理教师做好新课程、新课标、新教材背景下的高中地理教学工作，福建教育学院地理教研室、福建省教育厅中学地理曾呈进名师工作室经申请批准开展了福建省教育科学规划课题"基于高中地理新课标解构分析的探研式教学研究"（课题立项号FJJKCG18－064）研究，作为课题研究的重要内容，我们组织了教育部"国培计划（2016－2019）"——跨年度递进式培训项目高中地理优秀青年教师成长助力研修班教师、名师工作室成员及部分重点高中的一线教师编写了《高中地理问题式教学设计与案例（必修第二册）》一书。本书作为课题研究的重要成果，意在贯彻新课标理念，突出高考命题导向，注重地理学科素养的培养，力图通过问题式教学的方式，打破传统教学模式，提升高中地理教学质量。

本书分为两部分，第一部分为新课标背景下地理问题式教学设计的理论和方法；第二部分是按照新教材的章节编写的对应的教学设计。第一部分的理论引领首先介绍了倡导问题式教学的时代背景、作用与意义。其次，介绍了问题式教学的理论源起。问题式教学可以从布鲁纳的发现学习理论、建构主义学习理论、马赫穆托夫的问题教学理论、杜威的实用主义理论、让·莱夫和爱丁纳·温格的情境学习理论找到理论支撑。第三，描述了问题式教学的自身特点，从教学目的、知识来源、教学方式、沟通渠道、师生在教学活动中的地位等方面介绍了问题式教学与传统教学存在的较大差异。第四，重点阐述高中地理问题式教学设计的原则、技巧和案例，特别强调要灵活运用"五何"问题分类法来设计不同层级的地理问题。第五，详细探讨了问题式教学的实施原则、一般模式和实施技巧。

本书第二部分是按照新课标倡导的问题式教学方式对必修第二册教材的教学内容进行教学设计，一般包括课标要求→解读教学目标→重难点问题的确定→教学情境创设→过程问题链设计→自主探究、合作讨论→总结评价与拓展延伸等环节。各个环节并不是一成不变的，教师可以根据实际来确定教学环节的实施过程。只要在教学过程中充分引导学生进行学习，充分发挥主观能动性，就达到了问题式教学的目的。

本书在编写和出版过程中得到了福建教育学院、福建教育出版社等单位领导及许多名师的大力支持和帮助,在此表示由衷的感谢!

由于编写仓促,本书还有许多不足之处,有待在今后教学使用中不断加以更新完善。

编者

2020 年 8 月

目 录

第一部分 理论引领 高中地理问题式教学与教学设计 / 1

第二部分 问题式教学设计与案例 / 29

第一章 人口 / 31
第一节 人口分布 / 31
第二节 人口迁移 / 42
第三节 人口容量 / 52
问题研究 如何看待农民工现象 / 65

第二章 乡村和城镇 / 75
第一节 乡村和城镇空间结构 / 75
第二节 城镇化 / 92
第三节 地域文化与城乡景观 / 104
问题研究 从市中心到郊区,你选择住在哪里 / 112

第三章 产业区位因素 / 121

第一节 农业区位因素及其变化 / 121
第二节 工业区位因素及其变化 / 136
第三节 服务业区位因素及其变化 / 148
问题研究 实体商店何去何从 / 159

第四章 交通运输布局与区域发展 / 165

第一节 区域发展对交通运输布局的影响 / 165
第二节 交通运输布局对区域发展的影响 / 176
问题研究 城市交通如何疏堵 / 188

第五章 环境与发展 / 198

第一节 人类面临的主要环境问题 / 198
第二节 走向人地协调——可持续发展 / 210
第三节 中国国家发展战略举例 / 218
问题研究 低碳食品知多少 / 248

第一部分　理论引领

高中地理问题式教学与教学设计

改革开放后我们已经走过了"双基时代""三维目标时代",现在迎来了"学科核心素养时代"。学科核心素养时代的课堂教学是什么样的?这对我们来说是个前所未有的挑战。从课程改革的实践来看,人们对以往新课改中所提出的"重视基础""培养能力"等一些观念得到了强化,对以往关注较少的"地理过程""科学方法""科学精神"等方面逐渐重视,一些新的教育观念得到了大家的认可,并在教育教学的实践中不断探索、深化。但同时,新课改也意味着,教育对教师的要求,无论是在教师的学科知识、专业能力方面,还是在教育观念、教学管理方面,都有了较大的提高。今天的中学生,他们是这个时代的主人,有一天他们会发现自己所遇到的问题是没有现成答案的,也是前辈们未曾遭遇的挑战,他们必须成为有创造性的问题解决者。所以,我们今天的教学,从某种意义上说,就是培养21世纪的问题解决者。"问题解决"被某些专家称作是"21世纪课程改革的基础"。教学过程的意义在于引导学生把已有的课本知识转化为学生内在的能力,在过程中注重培养学生的创新意识和创新能力,使学生能运用知识和技能解决问题。基于这一点,在地理课堂教学中应该创设一种通过建立情境,使学生发现问题和探研问题,自己寻找知识、方法、技能解决问题,评价结果是否正确的教学活动过程,在教与学的过程中内化学生解决问题的能力。学科核心素养时代需要大力倡导问题式教学,教师需要领会问题式教学的精髓,掌握问题式教学设计的技巧,在新一轮课改实践中快速成长。

一、倡导问题式教学的背景、作用与意义

1. 时代背景

《国家中长期教育改革和发展规划纲要(2011—2020)》中提出"坚持以学生为主体,以教师为主导,尊重教育规律和学生身心发展规律,全面实施素质教育,关注学生自主发展,培养学生自主学习能力"。主张促进学生健康、全面、积极主动而又富有个性的发展,让每一个学生都能够享受到适合自己的教育,快乐地成长。问题式教学模式正是以此为理念,着眼于学生的自主发展和自己解决问题的能力培养,契合了教育改革和发展的要求。

(1)新课标明确强调重视问题式教学

随着课程改革的不断推进和教育教学的不断发展,传统的教学方式已不能

满足教育发展的需求，新的教学方式如问题式教学、发现式教学、探究式教学等应运而生。《普通高中地理课程标准（2017年版）》明确要求课堂中要注重采用问题式教学。新课标指出教师需尤其关注问题式的课堂教学，特别是备课时所做的问题式教学的教学设计，要在学生已有的认知水平、实际知识基础上进行设计，课堂上的问题可以由教师提出也可以是学生提出，其中学生提出问题的过程是一种思维创造和思维发散的过程。新课标课程方案的修订中要求明确高中教育在学生整个受教育过程中的位置，普通高中教育的目的是提升学生的综合素质，发展学生的核心素养。落实在地理课程中的问题式教学，它不再局限于过去传统的教学方法中学生被动地接受知识，而是对学生由表及里地分析问题、解决问题甚至是提出问题的能力进行锻炼，使学生的综合思维、地理实践力都得到发展。通过问题式的课堂教学，增强地理学科的育人价值，培养学生的地理素养，使学生形成正确的价值观，养成良好的品格，具备适应未来社会的能力。新课标为问题式教学提供了新思路，地理课程的学习，可以让学生以地理的视角认识自然和人文环境，落实人地协调观，增强学生对于地理的认识。

（2）高考形式的变化为问题式教学提供了契机

高考改革下的课堂教学面临新的变化，"6选3式"或"3+1+2式"的选科制，使地理成为一门热门科目，受到很多学生的喜爱，因此地理课堂教学也紧随着需要发生变革。高考试题中经常会考查学生综合运用地理知识分析和解决问题的能力，这就要求教师在课堂教学中重视培养学生此方面的能力，创设问题情境，设计不同类型的问题内容，在分析、解决问题的过程中，构建基于问题的知识网络，建立清晰的逻辑结构。与以往的考试中只注重知识本身不同，现在的高考更多的是强调对学生能力的考核，因此教学内容应从实际出发，让学生在生活中发现地理问题并学着分析和解决问题。当然，前几年的高考在注重知识的同时，也会对学生的能力进行考察，一些探究性问题和开放性问题就是对学生的逻辑思维能力的一种考核。与前几年的高考相比，新高考在能力方面的考查范围更大，形式更加多样。地理课堂采用问题式的教学主要教学生一些解决地理问题的技巧和策略，促进学生的知识迁移，做好地理知识的灵活运用和知识之间的衔接，形成基本的知识储备，加强深度学习。新高考形式促使地理教育的发展发生了新变化，这种变化为课堂问题式教学提供了契机，也为学生的地理学习开启了一个新思路。

（3）现代信息技术的应用为问题式教学创设了条件

现代信息技术的应用，逐渐改变着地理教学，例如现在很多学者都在思考"互联网＋"给地理教学带来的变化。很多学校的课堂教学都不只是局限于多媒体，甚至学生人手一个平板电脑，这给地理课堂问题式教学提供了很大的便利：在提出问题方面学生有更强的自觉性，可以通过查找资料，选择自己感兴趣的话题，甚至在分析问题和解决问题方面，通过小组合作得出的结果可以利用信息技术展示给老师和同学们，进行实时分享。信息技术对于问题式教学的意义在于它可以辅助教学，随着多媒体网络引入课堂，教师的教学方式，在充分运用信息技术的基础上也发生了很大的变革，教学过程中教师的角色从教授者变为引导者和课堂的组织者，而学生才是真正的主人。在问题式教学的课堂上，在创设问题情境方面可以利用现代信息技术，创设一些学生感兴趣的问题，营造高效课堂。

2. 问题式教学的作用和意义

问题式教学符合新课标强调的学生对问题进行探究的基本理念，有助于培养学生自主解决问题的能力。新课标将人的发展作为设计基础，注重促进学生的全面发展和运用所学知识解决生活中地理问题的能力。问题式教学的最终目的是培养富有创造性的问题解决者。因此对该教学模式进行研究，有利于新课改目标的实现。

从教学理论上看，对教学方式的研究探讨和应用有利于教学方式的优化。问题式教学有助于学生地理思维能力的养成，能够促进学生地理学科能力的发展。学生亲身参与问题解决的过程，通过与自然或社会的接触，产生浓厚的地理学习兴趣，培养良好的地理素养。通过采集信息和对问题的分析解决，学生能够提高地理学习技能，积累经验。在问题解决的过程中，学生围绕地理问题对构建新的知识不断进行探索，从而使得新旧知识有机融合，有助于提高构建知识的能力。

问题式教学改变了学习方式，着眼于发挥学生的个性专长，鼓励学生自主选择和主动探究。通过学生自主探究能够激发学生学习的内在动机，提高学生自主分析解决问题的能力；问题式教学注重启发和引导学生思考，扩展学生思维，有助于培养学生的开拓创新能力；问题式教学强调地理教学与实际生活的联系性，以及对地理知识的实践和应用，让学生利用自己的生活经验去解决原本抽象的地理问题，自主掌握地理知识，提高学生的实践能力，改变学生原来读死书、死读书的学习方式，并学会如何与人合作、提高解决问题的能力，让学生真正喜欢上地理这门课程。

在高中地理教学中采用问题式教学，对地理教师提出了更高的要求，高中地理教师要充实自己，努力提高自身专业素质和教学素质，改变传统的教学理念，还学生学习的主体地位，并让他们做回课堂的主人，给予学生充分的质疑和设问的权利，改变传统的师生关系，让课堂环境更和谐，课堂气氛更活跃，教学质量更高。

二、问题式教学的概念界定及理论依据

问题式教学法来源于1969年加拿大麦克马斯特大学医学院教授巴罗斯提出的PBL教学模式（基于问题的学习，Problem-based Learning，简称PBL），美国哈佛大学在1985年将其改进并推广，引起了教育界的广泛关注。问题式教学法因其摒弃了传统以记忆为主的教学方式，更加注重能力的培养，所以很快从医学领域拓展到其他领域，并从大学教育逐渐扩展到中学教育。

1. 问题式教学的概念界定

新课标指出，问题式教学是用"问题"整合相关学习内容的教学方式。问题式教学以"问题发现"和"问题解决"为要旨，在解决问题的教学过程中，教师应引导学生运用地理的思维方式，建立与问题相关的知识结构，并能够由表及里、层次清晰地分析问题，合理表达自己的观点。教师要特别关注开放性的没有标准答案的问题。"问题式"在某种程度上也可看作是一个上位概念，凡是基于真实问题、开放式问题、尚无现成答案问题的教学，都可视为问题式教学，单元式、项目式、主题式等教学方式，都可用于问题式教学。

问题式教学是指通过亟待解答的问题，使学生形成"问题"意识，激发对于问题的好奇心和求知欲，它有利于培养学生的学习兴趣，提高学生的思维能力。美国教授巴罗斯和克尔森认为：如果把问题式教学看作一门课，则学习者

需要从中获取知识，掌握必备的技能；如果把它看作一种教学方法，则学习者在这种方法的教导下需学会提出问题、分析和解决问题。综合国内外研究现状，更多的研究是把问题式教学看作一种方法，认为问题式教学是一种以问题为主线的教学方法或教学模式，实质上包含了问题的设计、发现、提出、探究和解决等过程。对比分析国内外学者对于问题式教学的理解，我们认为问题式教学不是单纯地指一整节课中教师一直在提出问题学生来回答，而是教师在备课时就已经设计好问题情境，课堂开始时教师以问题导入教学，课堂教学过程中教师提出问题，让学生进行分析和解答，或者由学生发现并提出一些自己感兴趣的问题，在教师指导下进行分析和解决，从而掌握解决问题的方法，促进自我能力的提升。

2. 问题式教学的理论依据

（1）发现学习理论

布鲁纳提出的发现学习理论强调学生是学习的探求者，学生学习的过程是主动探究、形成认知结构的过程，这一理论对于培养学生的发现、创造能力具有重要的影响。发现学习理论在强调学习过程方面，认为学习是学生获得知识的重要途径；在强调直觉思维方面，认为直觉是寻求问题答案的一种感觉，通过直觉不一定能够得到正确的答案，但是顺着这一方向去思考，有时会收到意想不到的效果；在强调内在动机方面，认为对于新奇事物的好奇心往往会促使学生有目的地思考问题，积极地追求最终的答案；在强调信息提取方面，认为在众多信息中要有选择性地选取对自己有用的信息，并且利用这些信息去获得自己想要的答案。布鲁纳的发现学习理论是问题式教学的基础支撑理论，在地理问题式教学过程中，学生寻求答案的动力往往依赖于自身的内在动机，寻求答案的方法可以是自主探究或合作探究，也可以是依靠直觉查找方向，但最终学生能否自觉主动地探索知识是问题式教学能否有效展开的关键所在。

（2）建构主义理论

建构主义认为，学生学习到的知识是学生自己主动建构的结果，而不是依赖于教师教授的过程。建构主义包括四大要素，情境要素强调学习的外在影响应能够充分激发学生主动学习的兴趣，会话和协作要素强调学生的小组学习、合作探究是积极主动的求知过程，意义建构要素强调学习的内在动力，帮助学生达到学习的目标。这些要素之间相互影响、相互作用，共同组成了学生主动学习的过程。建构主义强调探究学习、合作学习，可以引申为在情境主义的问题式教学下的学习，而问题式教学则是在问题情境中发生的，教学的过程与现实的问题解决过程相类似，在教学中可以设置一些与现实类似的问题情境并指导学生进行问题探索。建构主义学习理论中学生是主动学习的对象，教师是学生学习的帮助者和促进者，这一师生角色的定位为问题式教学中师生关系的建构提供了理论支持，对问题式教学有效性的拓展研究具有非常重要的意义。

（3）马赫穆托夫的问题教学理论

科技革命给苏联学校提出了新的智力培养目标，引导教育工作者进行教育理念的革新，马赫穆托夫和与他志同道合的研究者去学习总结相关先进经验，并进行了问题式教学的试验，最终形成了具有一定体系的问题式教学的理论。在问题式教学理论中，马赫穆托夫对问题式教学的认识基础、心理学依据分别做出了说明，强调了问题的基本范畴，指出"问题"与"问话"（"提问""发问"）、"任务"（"习题""作业"）是不同的，不能混为一谈；提问、发问、问话、任务、习题、作业，这些环节都只是组织问题式教学，并调控问题式教学过程使其顺利进行的手段。他还指出，以提出并解决问题的方式来获取新知识的那种问题性思维过程分为五个阶段：①问题情境的产生和问题的提出；②已知解决方式的使用；③新行动原则及解决方法的寻找；④实施寻得的原则和方法；⑤检验解决方案的正确程序。在教学过程中，学生不仅受教师的外部指令，还受自己内部指令的驱使。问题式教学是完全符合马赫穆托夫问题教学理论的。问题式教学过程完全接受问题教学理论的指导，先由教师进行问题情境的创设，然后组织学生独立认识活动，学生基于已有的知识经验对新的情景进行分析概括。通过这样的教学过程，培养了学生的独立性和创造性，提高了学生综合思维水平以及解决问题的能力。

（4）杜威的实用主义理论

19世纪末由杜威倡导的实用主义教育理论认为，教育要以学生为中心，把学生置于教育中的主动地位，使学生的个性在教育中自然而然地不断发展，即教育即生长；教育是学生此阶段生活的一部分，学生此阶段生活的环境与学生的发展相互作用，教育应该与学生的生活相联系，不应该脱离学生真实生活，使学生适应现实生活环境，教育也能提升学生真实生活环境对学生发展的积极作用，即，教育即生活；教学应该顾及学生的实际生活环境与身心发展程度，引导学生在直接经验的基础上"生长"间接经验，以主动性、活动性、经验性课程替代传统的死记硬背，即从做中学；学生的学习需要在做中学，因此教学过程的展开应该遵循以下步骤：呈现含有问题的情境—学生发现问题—提出解决问题的假设—验证假设。该理论对问题教学的意义如下：问题式教学中要引导学生主动地自主发现问题、解决问题，学生要根据自己的经验与现有水平按自己的"节奏"生长经验，教师应"道而弗牵"；问题式教学情境设计与问题设计要联系学生实际的生活与已有的经验；问题式教学设计中学生是动态地，而不是静止地接受系统知识；问题式教学要培养学生的问题意识。

（5）情境学习理论

美国加利福尼亚大学伯克利分校的让·莱夫教授和独立研究者爱丁纳·温格于1990年前后提出情境学习理论。情境学习理论认为，学习不仅仅是一个个体性的意义建构的心理过程，而更是一个社会性的、实践性的、以差异资源为中介的参与过程。知识的意义连同学习者自身的意识与角色都是在学习者和学习情境的互动、学习者与学习者之间的互动过程生成的，因此学习情境的创设就致力于将学习者的身份和角色意识、完整的生活经验以及认知任务重新回归到真实的、融合的状态，由此力图解决传统学校学习的去自我、去情境的顽疾。正是基于对知识的社会性和情境性的主张，情境学习理论告诉我们：学习的本质就是对话，在学习的过程中所经历的就是广泛的社会协商，而"学习的快乐就是走向对话"。情境学习强调两条学习原理：第一，在知识实际应用的真实情境中呈现知识，把学与用结合起来，让学习者像专家、"师傅"一样进行思考和实践；第二，通过社会性互动和协作来进行学习。

三、问题式教学的特点

1. 问题式教学与传统教学的区别

问题式教学与传统的按照学科逻辑组织的科目教学有着很大的不同，二者的区别主要表现在以下几个方面。

(1) 教学目的不同

传统教学尤其是传统的课堂教学，主要侧重于传授知识，让学生掌握几千年来积淀下来的人类文化遗产；而问题式教学的主要目的在于使学生建构灵活的知识基础，发展高层次思维能力，成为自主（或自我调节）的学习者以及成为有效的合作者。

(2) 知识来源不同

传统教学的知识来源是多年一贯制的固定的教科书上的学科知识；而基于问题式学习的知识来源则是多种多样的：各门学科知识、实践者的专长及实务性学问、政策和实践、来自学生自身的知识。问题式教学选择知识的一个重要标准是所选知识应当在促进理解问题、理解引起问题的可能的原因、考虑解决问题的方案或可能的方案时须予以考虑的种种因素等方面具有一定的功能。

(3) 教学方式不同

传统教学主要是以教师讲授为主；而问题式教学则强调以学生的主动学习为主，其最重要的活动是调查和讨论。它强调学生结合已有的经验和知识的亲自参与，它注重通过交谈和辩论，分享经验与认识，促使学生转换并扩展其认识的视角，最终形成富有个性的、自我统一的、动态的认识系统。

(4) 沟通渠道不同

在传统教学中，主要是教师向学生传授知识，因而沟通渠道主要是单向流动；在问题式教学中，则不仅有教师与学生之间的沟通，而且也有学生与学生之间的沟通，因而沟通渠道是多源多向的。

(5) 教师在教学活动中的地位不同

在传统教学中，由于主要采用讲授的方式，教师的任务是把自己知道的书本知识传授给学生，教师在整个教学活动中居于主要地位；在问题式教学中，教师所扮演的角色是指导者和推动者，学生在教学活动中一般居于主要地位，教师对整个教学活动加以辅导，也可以说教师在教学活动中居于从属地位。

(6) 学生在教学活动中的地位不同

在传统的教学活动中，学生的角色主要是听讲者和知识的接受者，学生在整个教学活动中基本处于被动的地位。在问题式教学中，学生所扮演的则是一个积极的参与者的角色。他必须自主地结合已有的经验和知识并融合新的知识和经验去解决所面临的疑问和矛盾。学生在整个教学活动中基本上一直处于主动的地位。

(7)学生的积极性不同

在传统的教学中，学生由于处于被动地位，学习的积极性较低；而在问题式教学中，由于学生在教学活动中处于主动地位，他们积极参与基于问题式学习中各个环节的活动，积极性较高。

(8)学习结果不同

在传统教学中，学生获得的是教师经过筛选、过滤等加工程序后的"第二手"的知识；而在问题式教学中，学生所获得的既有学生自己加工而得的"第一手"的知识，也有在学习过程中养成的问题意识、创造性思维的技能以及解决问题的能力。

(9)教学效果不同

在传统教学中，虽然能够传授比较系统的知识，但在能力培养方面效果明显不足；而问题式教学虽然能有效地培养学生的问题意识、批判性思维的习惯，发展自主学习的策略以及解决实际问题的能力，但在传授系统知识方面效率较低，这不能不说是问题式教学的一大缺陷，对此，我们必须有清醒的认识。

通过上述比较，我们可以发现，问题式教学的优点突出，传统教学也不能一概否定，这两种教学方法各有自己的优缺点，应该取长补短，不可偏颇。

2. 问题式教学的特点

与传统教学法相比，问题式教学的特点主要体现在以下几方面。

(1) 以学习者为教学中心

在问题式教学中，学习者必须自己担负起学习的责任，主动学习。了解应该要知道什么，以什么方式学习，凭借自己的个体经验以及基于个体经验的个性化的知识自主地去解决所面临的疑问和矛盾。它促使学习者结合已有的经验和知识，融合新的经验和知识，在解决问题的过程中形成富有个性的、自我统一的、动态的认识系统。换言之，问题式教学中，学习者是问题的解决者和意义的建构者。学习活动是学生内部心理活动与外部行为相结合的过程。由此可见，在问题式教学中，学习者自己也是学习外部活动的控制者和管理者，也就是说，这种学习是以学习者为中心的教学。

（2）以问题为学习起点

问题式教学是以结构不良的、开放的、真实的问题作为学习的起点。这些非常接近现实世界或真实情景的散乱而又复杂的问题呈现了学习者实际要面对的挑战，为学习者提供了学习的动机。学习者不能简单地套用原来的解决方法来解决这些问题，他们需要在原有经验的基础上进行创新分析来解决问题。学习者在尝试解决问题的时候，就会知道应该学到什么知识内容。问题式教学以问题汇聚焦点来组织高水平的学习，问题式教学中那些结构不良问题往往是没有规则和稳定性的，学习者无法简单地套用原来的解决方法来解决这些问题，要求学习者要在原有经验的基础上进行创新分析来解决问题。也就是说，面对那些结构不良的新问题，学习者要把握概念之间的复杂联系并广泛灵活地将其应用到具体的问题情景中去，在学习者解决问题的过程中发展其有效地解决问题的技能和高级思维能力。这样还能确保在将来的工作和学习中学习者的能力有效地迁移到实际问题的解决中。

（3）以自主、合作、探究学习为学习方式

在问题式教学中，学生一定要通过自主学习来解决真实性的实际问题。但由于问题太复杂了，学生需要以小组为单位进行工作，通过合作学习来共同完成对所学知识的意义建构。在小组中，学生共享专业知识、思维与智慧，这有助于形成多种假设、多种观点，从而有助于学习者对有关问题的理解，共同探究包含学习议题的复杂性问题。在小组中，学习者需要积极主动参与小组活动，主动地寻求学习伙伴并共同探索问题，在交流和研讨学习信息的过程中，通过语言的表达、思想的沟通、心灵的碰撞、性格的磨合等实现组织能力、交往能力和独立学习能力的提高，个性的发展乃至集体主义观念的形成。概括起来讲，在问题式教学过程中，要大力倡导充分的自主，有效的合作，深度的探究。在自主、合作、探究三者中，自主是合作、探究的基础，合作是促进自主、探究的形式，探究是自主、合作学习的目的。三者互为一体，又互相促进。

（4）以搭建适当高度的脚手架为教学落脚点

脚手架是为了保证各施工过程顺利进行而搭设的工作平台。盖一座高楼时所搭建的脚手架，建筑工人需要站在脚手架上，才能将新的建筑材料安放在应

有的位置上。第一个类型的脚手架是从地面搭起，随着高度的增加，不断地向上搭。第二个类型的脚手架，随着建筑高度的不断增加，下面的脚手架就撤了，只在适当的高度上搭建脚手架。如果把问题式教学的过程，看作是学生建筑自己的知识大厦，那么，老师的作用就是在学生学习时，给学生搭建适当的脚手架，让学生能够找到学习新知识的落脚点，然后把学习到的新知识安放在他们原有的知识结构之中。那么，作为教师的我们，在学生学习新知识的过程中，是否需要从最低点开始搭建脚手架呢？很明显，是不必要的。前面学习的知识或者学习知识过程的方法，是可以迁移作为后续学习的脚手架的。在这里要强调的是，教师在学生建筑自己的知识大厦中应该扮演促进者和引导者角色。

在问题式教学开始之前，教师需要反思学习的目的，并根据学习的目的设计或选择适合的问题。除此之外，教师还要努力寻求让学习者学会为学习承担责任的方法，精心地设计各种策略、准备相应的学习材料、安排学习者分组等，为学习者创造积极投入学习过程的机会。在问题式教学的进行过程中，教师需要倾听，耐心地和学习者互动，通过提问来适当地引导学习者，以避免学习偏离学习主题，并逐渐地做教学方式的转换，从进行讨论、解决问题、建立共识、撰写报告和口头发表见解中，使学习者习惯问题式教学的学习方式。在问题式教学结束之后，教师还需要评价学习者和自身的表现及问题的品质等。综上所述，在组织问题式教学的过程中，教师的责任在于引导学生进行学习，监控整个学习过程使计划顺利地进行。也就是说，教师扮演好促进者和引导者的角色，可以为学生建筑自己的知识大厦搭建出适当高度、结构良好、质量上乘的脚手架。

四、问题式教学的设计

1. 高中地理问题式教学设计的原则

高中地理问题式教学设计的原则是以设计目标问题为基础，以理清目标问题之间的脉络为重点，让问题的设定在围绕教学目标、把控学情和关注学习情境的基础上整合成具有可操作性的问题链，并将核心素养融入其中。

（1）紧扣学习目标与核心素养设问

学习目标是设计教学问题的重要参照因素，问题的设计应为达成学习目标服务。针对学生认知水平与知识基础的差异，学习目标可以设计成不同的水平层次。基于不同层次的学习目标，问题的设计要切中教学要害，针对教学的重点、难点，设计出不同层级的问题链。另外，问题的设计要与培养学生的核心素养相结合，把地理核心素养的精髓植根于问题式教学之中，并通过学生对问题的思考与互动逐步提升其综合思维、区域认知、地理实践力与人地协调观等素养。

（2）尊重学生的认知水平和知识基础

学生的认知水平和知识基础是教学问题设计的起点，这需要教师对学生的知识水平和认知特点有清晰的把握，设计出符合学生"最近发展区"的高质量的问题链。否则，问题的要求过高或过低都无法激发学生的探索欲望，也不利于其核心素养的培育。对于较为抽象的问题，在设问之前可以结合具体的情境做适当铺垫，并把复杂问题分解为若干相关联的小问题。针对较为简单的概念性、常识性等问题，可以将其融入到较为复杂的问题之中，作为学生解答复杂问题必须明确的一个前提条件。

（3）注重问题设计的生活化与层次性

地理知识源于生活情境，对抽象的地理知识与原理的探索需要依托特定的学习情境，并使教学情境贯穿于整个教学过程中，只有这样获取的地理知识才能内化于心，外化于行，逐渐形成学生必备的地理素养。此外，问题的设计还应具有清晰的层次性，合理把控问题设计的跨度与梯度，注重知识之间的联系，并按照层次关系合理呈现不同层次的问题。此外，不同层次的问题都应该有主干问题与分支问题，且同层次的若干问题应形成一条具有逻辑关联性的问题链。

（4）增强问题的可操作性与趣味性

问题的功能应以辅助完成课堂教学任务为目标，其设计应该结合教学目标、学情、教学重难点等因素进行并以适当的形式表征。在设计问题时需站在学生的立场慎重考虑，注重问题的可操作性、针对性、设问尺度与难度，同时需要避免问题大而空，不着边际，表述不清等，确保学生明确问题的用意与学习的方向。此外，避免问题呈现方式单一化，类型不同的问题可以适当变换形式和表达方式，增强问题的趣味性和学生探索欲望。

2. 高中地理问题式教学设计的技巧

关注高中地理问题式课堂教学，设计问题是基础。问题的确定应考虑与实际情境相关联，可以覆盖若干条内容要求或教科书的若干章节，围绕问题，使教学内容的结构化与关联性更加突出。问题的呈现，要利于学生发现未知，激发学生学习和探究的兴趣，利于学生创造性地解决问题。问题的设计，需要依托情境，建议在选择情境时考虑以下几个方面：贴近学生知识水平、生活实际和社会现实，使学生理解情境；蕴含问题，给学生提供探究的空间；体现关联性，让学生在一个贯穿全过程情境中经历地理思维发展的过程；与课程标准和地理教科书内容联系，便于学生找到基本的依据和资源。

设计问题的重要技巧是要明确问题类型，丰富提问角度。教师提问形式的单一限制了学生的思维，使学生提出的问题也呈现出单一化思维的趋势。因此，高中地理师生要想提出更多有价值的问题，前提是必须了解问题的类型，弄清楚可以从哪些角度提问，可以提出什么样的问题。按照布鲁姆"层级化思路"问题设计方法，可以把问题分为：记忆性问题、理解性问题、运用性问题、分析性问题、评价性问题、创造性问题。在麦卡锡的 4MAT 模式（又称自然学习模式）中，曾采用"四何"问题分类法，即"是何、为何、如何、若何"。华东师大祝智庭教授将"由何"概念引入问题归类之中，形成了"五何"问题分类法。我们要灵活运用"五何"问题分类法来设计不同层级的地理问题。

（1）是何（what）。关于"是什么"的表示事实性知识的问题。对应的学习基本方式是信息搜集、记忆、理解。学生要回答这类问题，需要完成事实性知识的回忆与再现，或者通过说明、解说、描述、推断来阐明某种事实性的意义。例如：什么是垃圾焚烧发电厂？

（2）为何（why）。关于"为什么"的表示目的、理由、原理、定理的问题。对应的学习基本方式是探究、思考。回答此类问题需要理解事物之间的内在联系和逻辑关系，运用获取的原理性知识对事件、行为、目的、观点、意义、价值、结果等进行合理的解释和推理。例如：居民为什么反对兴建垃圾焚烧发电厂？

（3）如何（how）。关于"怎么样""怎么办"的表示方法、途径与状态的问题。该类问题的解决一般对应着获取策略性的知识。对应的学习基本方式是在做中学，在体验中学习。例如："怎样解决反对兴建垃圾焚烧发电厂与城区日益增加的垃圾排放量之间的矛盾？"

（4）若何（if）。关于"如何……会……"的表示条件发生变化，可能产生新结果的问题，即"如果""要是""是否""即使"等情况下的问题。"若何"类问题复杂多变，易于产生思维迁移，学生要回答这类问题，必须对事物的多种属性进行判断，充分发挥自己的洞察力、想象力和创造力。对应的学习基本方式是猜想中学习，情境中学习，发散与创造性的学习。例如：①如果不兴建垃圾焚烧发电厂，我们可以怎样处理垃圾？②如果兴建垃圾焚烧发电厂，怎样才能平衡居民的意见？③假如你是垃圾焚烧发电厂选址附近的居民，你会有什么想法？④假如你是政府的职能部门，你应该采取怎样的措施？

（5）由何（where/when/who）。关于"由……引起的"的问题。"由何"问题的作用主要表现为，它可以作为情境的依附对象，强调与事物对象相关的各种情境要素的追溯与呈现。表示问题发生的条件、来历、起因，通常可以通过分析问题产生的情境，并由此进一步确定问题的性质以及问题解决的方式。例如：由居民反对兴建垃圾焚烧发电厂想到我们应如何提倡环保、做好垃圾分类等问题。

在问题设计中，通常是把"由何"与其他"四何"问题进行融合设计，展示相应的问题情境。例如：①由居民反对兴建垃圾焚烧发电厂想到，怎样解决反对兴建垃圾焚烧发电厂与城区日益增加的垃圾排放量之间的矛盾？②由居民反对兴建垃圾焚烧发电厂想到，作为政府的职能部门，你应该采取怎样的措施？等等。

课堂教学设计建议关注以下六个方面。（1）以学生的认知水平和知识基础为起点设计教学。（2）围绕问题设计不同层次的问题链条，注重地理知识间的内在关联性，并将所学内容有逻辑地整合成可操作的学习链条。同时也要注意学习链条的设计只是预设，实际学习过程的展开要以学生的思维发展为线索，避免教师用问题链过度"牵引"学生。此外，还要关注课堂生成问题，促进、激发学生发现问题、提出问题。（3）将完整呈现问题和相应情境作为学生学习的基础和背景，避免将情境仅作为"导入"的做法，要引导学生在充分理解情境的前提下展开学习。（4）让所有学生参与问题解决的整个过程，即使在分组学习时，也要避免每个小组仅负责解决问题的某个方面或某个环节，以保证对地理问题的全面认识和综合思维训练。（5）不论是演绎学习还是归纳学习，都要使学生能形成一定的地理知识结构框架，并综合地理解、解释和解决地理问题。（6）要提倡和鼓励学生呈现开放性思维，注意鼓励创新性表现。

3. 高中地理问题式教学设计的案例

依据课标理念和高中地理教学实践，我们提出高中地理问题式教学设计的一般思路是：

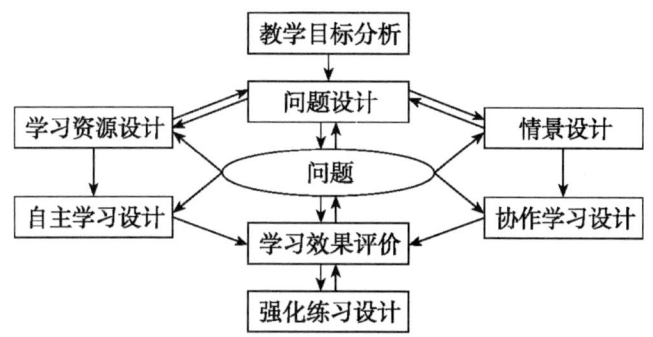

高中地理问题式教学设计的一般模式图

新课标提供了高中地理问题式教学设计的典型案例。

实例1 "浙江青田县稻田养鱼为何持续至今"问题式教学

目标：围绕"浙江青田县稻田养鱼为何持续至今"这个问题，综合学习"地域文化、文化景观、人地关系、可持续发展"等相关知识，发展学生地理综合思维、区域认知、人地协调观等地理学科核心素养。

问题的设计：该问题的核心内容为"地域文化景观"，可以对应课标地理2"结合实例，说明地域文化在城乡景观上的体现"和"说明协调人地关系和可持续发展的主要途径及其缘由"要求进行学习。围绕该核心要求，涉及的内容还包括乡村景观、可持续发展等。

"青田县上千年稻田养鱼农业文化为何延续至今"是一个真实问题，可以引导学生从区域文化价值角度入手，感悟、欣赏这个独特的地域文化景观，分析其中存在的文化现象和区域可持续发展应采取的对策。

情境创设：取"浙江青田县稻田养鱼"的真实情景，经加工整理，形成如下情境的描述。浙江青田县稻田养鱼距今已有1200多年历史,最早是由农民利用溪水灌溉稻田,鱼在稻田里自然生长,经过长期驯化而形成的天然稻鱼共生系统。古青田县志中记载:"田鱼,有红、黑、驳数色,土人在稻田及圲池中养之。"田鱼,是淡水鱼的一种,由鲤科鱼类演化而来,有红、黑、花、白、青、粉等颜色,由于自古在稻田中养殖,故俗称"田鱼"。田鱼虽然出自稻田而无泥腥味,肉质细嫩,味道鲜美,鳞片柔软可食,营养丰富,深受人们的喜爱。然而,这种延续至今的生产方式出现了令人担忧的局面:当地掌握这一技术而又专心养鱼的人正在迅速减少,因为要靠种田养鱼发家致富很难,稻田养鱼处于濒危状态已是一个不争的事实。那么这里的农业生产能否持续发展下去呢?

教学设计:(1)了解学生对这类地理事物的认知基础,并针对学生可能存在的理解困难做相应的准备。例如,介绍稻田养鱼的真实情景,以及当地人们的生活方式等。

(2)设计问题链条,用地理环境整体性的思路引导学生分析浙江青田县的自然环境及人类活动方式和特点。例如,怎样认识青田县的气候特征?青田县丰富的溪水资源从何而来?稻田养鱼对水稻生产有什么好处?青田县人们长期以来的生产和生活方式是怎样的?这里积淀了怎样的地域文化?为什么今天的青田县稻田养鱼处于濒危状态?青田县的农业生产怎样才能持续发展下去呢?

(3)探究浙江青田县稻田养鱼模式的形成过程及人地相互作用表现。

(4)2005年6月,青田县的稻田养鱼被联合国粮农组织评为"全球重要农业文化遗产保护试点",成为中国第一个世界农业文化遗产。从可持续发展视角认识浙江青田县稻田养鱼的文化价值。

教师在教学中,可以结合此类案例,辅助搞一些社会调查活动,或借助信息技术整合相关地理信息,引导学生综合地认识"自然—社会经济—文化"之间的相互作用与协调关系,体验自主思考探究的过程。

五、问题式教学的实施

1. 问题式教学的实施原则

基于《普通高中地理课程标准(2017年版)》对开展问题式教学的原则要

求，结合对地理教学专家、一线地理教师的咨询，我们制定了地理问题式教学的实施原则。

（1）目标性：指向地理学科核心素养的培养目标，符合课标的要求，匹配具体教学目标的达成。

（2）主体性：教师是问题式教学设计的真正主体，学生是问题式教学活动的真正主体。问题式教学环境的创设是为了引发、激发学生的自主探究、协作和反思性学习，促进学习者的深度学习。同时，教师感受作为具有自主性和创造性主体的尊严、地位和责任，在教学设计与实施中实现自我价值。

（3）知识性：问题的设计符合地理教学内容，覆盖若干条地理教科书知识；契合学生地理知识的习得路径，有助于学生掌握、应用和构建知识。

（4）方法性：能帮助学生在发现、解决问题的过程中掌握并灵活运用多种学习方法；有助于培养学生的地理逻辑思维，如演绎推理、归纳总结等；结合地理图表信息，培养学生的信息整合和读图析图能力；有助于培养学生的合作探究和表达交流能力。

（5）情境性：以情境为基础进行问题设计，并且符合学生的认知水平；情境来源于学生生活的地理环境，便于学生找到用于解决问题的资源；问题情境不仅是作为课堂教学的导入，而且能够贯穿教学全过程。

（6）关联性：不同问题之间具有关联性，问题链逻辑性强，体现教学内容的内在联系，引导课堂向前发展。

（7）启发性：问题能够吸引学生进行主动思考，促进学生地理知识的习得和地理思维的发展，进而展开深度学习。

（8）情感性：帮助学生形成正确的人地协调观，使其具有环境、资源和法治意识；有助于培养学生对社会和自然的责任感，以及自觉行动意识；有助于培养学生爱家乡、爱祖国的情感和行为。

2. 问题式教学实施的一般模式

所谓问题式教学模式，就是采用设问的方式，组织教学内容，引导学生积极思维，在解答问题的过程中完成新知识的传授的课堂教学方法。依据设问的方式和教学目的的不同，问题式教学主要包括三种形式：第一，教师在讲授完一系列的知识后设问，引导学生在前述知识的基础上，归纳推导得出一定的结论，即由"因"到"果"的推论过程；第二，教师在没有讲授知识之前先行设问，设置悬念，激发学生思维兴趣和求知欲望，然后引导学生寻求原因，即由"果"到"因"的反证过程；第三，依据所学的知识，由学生自己提出问题，然后教师引导学生进行共同探讨，寻求答案，即由"多因"到"多果"的讨论过程。问题式教学实施的形式因教学目标、教学内容、学情等方面的不同可以采用灵活的相应方式。

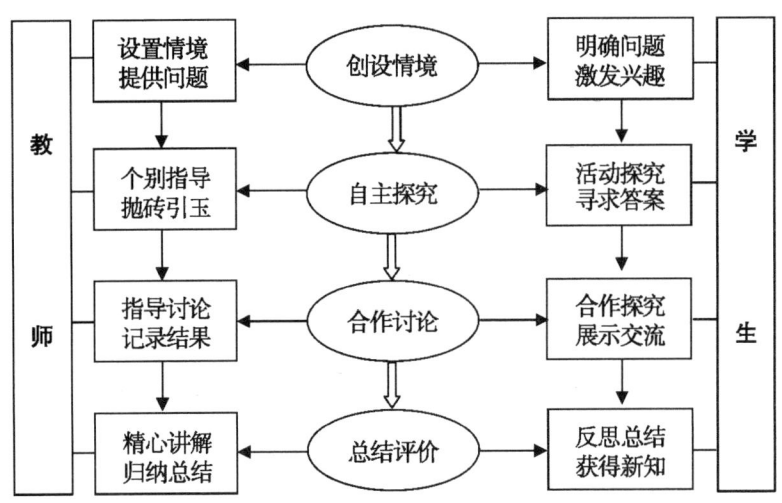

问题式教学实施的一般模式图

问题式教学以问题为线索，以设置问题为开端，解答问题为结束，包括创设情境、自主探究、合作讨论和总结评价四个方面。上图中的各个环节并不是一成不变的，教师可以根据实际来确定教学环节的实施过程。只要在教学过程中，学生自我引导进行学习，充分发挥主观能动性，就达到了问题式教学的目的。

（1）创设情境，设置问题

古希腊教育家亚里士多德曾经说过："思维自疑问和惊奇开始。"所以，在课堂开始时，教师要精心设计问题，创设教学情境。例如，在上地理必修2第四章第一节"区域发展对交通运输布局的影响"内容时可以结合福建乡土材料创设问题情境，激发学生学习的积极性。

◇**情境材料1**◇

龙岩冠豸山机场专线北距连城县城区3.9千米，南距龙岩市区106千米，东距福建内陆经济最发达的县级市永安市101千米。1956年12月动工兴建，1958年7月投入使用。2000年6月经国务院和中央军事委员会批准，同意空军连城机场实行军民合用，由地方政府按4C级标准建立民用航站。2004年4月14日通过民航华东地区管理局行业验收，2004年4月25日正式通航，成为华东地区第36个民用运输机场。机场2014年货物吞吐量突破121吨，较2013年同期相比增长85.6%，比2014年度目标超出41吨。

龙岩冠豸山机场

◇**探究问题1**◇

为什么要在山区县城建设机场呢？是什么原因让冠豸山机场由军用改为军民合用，并且货物吞吐量不断增大？

（2）引导学习，自主探究

教师引导学生阅读课本，参照教材"图4.2 区域交通运输布局的一般原则"，通过上述问题的探究，理解区域发展与交通运输布局的关系。师生在互动探究后形成下列共识：在龙岩连城山区县城建设机场，让冠豸山机场由军用改为军民合用，并且货物吞吐量不断增大的原因不但有国家国防建设的需要，也有当地经济、社会发展的需要，特别是发展闽西红色旅游、红色教育的需要。教学中注意引导学生分析当地具备机场建设的地质、地貌、气候、水文等自然条件。

在学生活动后，教师引导学生归纳：

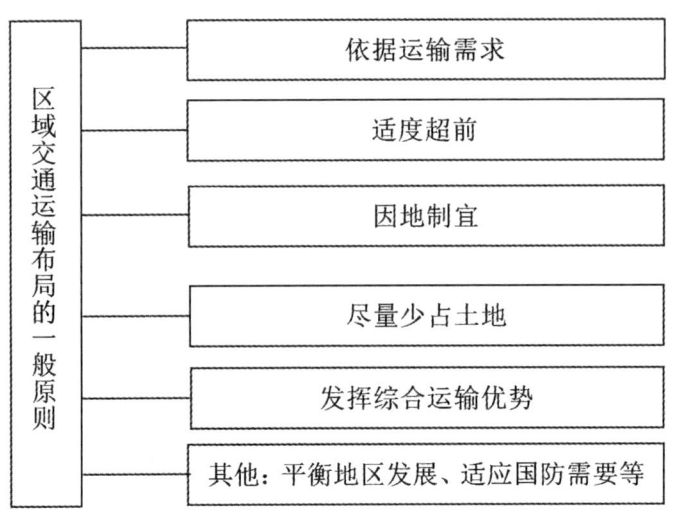

（3）小组讨论，合作学习

教师将全班分为若干个小组，并参照教材相关内容（京沪高速铁路站点分布示意图和上海虹桥综合交通枢纽平面示意图，即教材图4.3和图4.4），完成下面探究问题。

◇情境材料2◇

京沪高速铁路，简称京沪高铁，是一条连接北京市与上海市的高速铁路。京沪高速铁路由北京南站至上海虹桥站，全长1318千米，设24个车站，在这些站点中，北京南站和上海虹桥站是在原有车站基础上新增线路，其余车站为京沪高速铁路新建车站。

虹桥综合交通枢纽具有高速铁路、磁悬浮、城际铁路、高速公路客运、城市轨道交通、公共交通、民用航空等各种运输方式的集中换乘功能，整个交通枢纽集散客流量为48万人次/日。

◇探究问题2◇

①京沪高速铁路沿线的高铁站的布局有什么特点？如果高铁站布局过密或过疏，会产生哪些问题？

②高铁站基本上都设立在城区的边缘，为什么？

③上海虹桥综合交通枢纽形成的主要条件有哪些？

小组要讨论每个成员得出的结论，提出解答问题过程中的疑惑，共同探讨。在这个过程中，学生交换自己的学习成果，比较他人与自己结论的差异，反思自己。也可以展开辩论，从而加强学生理解，学会多方位、多角度思考问题，提高学生分析问题和解决问题的能力。

(4) 教师点拨，综合评价

这个环节对于整节课来说至关重要。教师是学生学习的引导者和促进者，教师最后的精细讲解在本节课起到画龙点睛的作用。在经过学生自主探究和小组讨论之后，学生对本节课的重点内容已经有了一定的了解，教师将学生得出的结论汇总，根据学生没有解决的问题，提炼要点，进行深入浅出的讲解。①京沪高铁沿线的站点有上海、昆山、苏州、无锡、常州、丹阳、镇江、南京、滁州、定远、宿州、徐州、枣庄、滕州、曲阜、泰安、济南、德州、沧州、天津、廊坊、北京，连接三个直辖市以及京津冀和长三角两大城市群。可见，区域交通线尽可能连接沿线主要城市。②京沪高铁站点过疏，则不能很好地覆盖整个铁路沿线，不能满足人民出行的需要，使得人们选择其他交通工具，造成其他交通工具拥挤；京沪高铁站点过密，乘客旅途中的体验较差，耗费时间增多，达不到高铁快捷的目的，而且使得当地财政支出增多，加重人民负担。③高铁站建在城市边缘，对将来城市扩容有益。另外，外围施工比较容易，对市内影响较小，拆迁压力小，可以早加速、晚减速，节省运行成本，体现高速的优势，减少噪声污染。而且，市内大多建有地铁，再建高铁站会影响市内交通。最后，教师需要对各小组探究的汇报结果进行综合评价，表扬思维创新点，指出不足部分，并进行提升总结。

评价中要注意归纳基本规律，如区域交通运输需求增长特点决定区域交通运输布局变化的特点，区域交通运输需求分布特点决定区域交通运输布局特点。如引导学生深度分析交通运输布局问题，要从为什么建（区域发展需求）、能不能建（有哪些自然障碍，现有资金和技术水平能否克服）、怎么建（线路走向设计）、建成后的影响（概况、意义）等方面综合考虑。再如，归纳影响现代交通运输网中线和点的布局因素：第一，社会经济因素，包括区域资源分布，经济发展水平与经济结构，城镇与人口的分布、规模，居民生活水平，现有运输网基础及运输线的发展水平。第二，自然环境因素，如地形、水文、气候对交通运输线路的区位选择影响很大。第三，科学技术因素。科技水平较低的时代，自然因素的作用往往是主要的，有些自然条件比较恶劣的地区，尽管经济发展要求大力发展交通运输，但有许多难以逾越的技术障碍。随着科学技术的进步，自然条件影响的比重渐渐下降，科学技术因素的影响逐渐增强。

3. 问题式教学的实施技巧

(1)创建合理的地理问题情境，营造愉快的课堂氛围

心理学研究表明，学生在情绪饱满、心情舒畅的情境下，思维较为放松和活跃，记忆力达到最优状态。创设合理的课堂问题情境，营造良好的课堂氛围，是问题式教学的优势所在。良好的问题情境可以一石激起千层浪，自然地把学生引进思考状态，进行自主的理解、体验、感悟与生成。教师最好是在教学准备阶段就充分搜寻相应的情境资源，比如，可以找寻和教学主题相关的一些图片、视频或者是文字类的资料，教学开端可以首先给学生呈现这些内容，然后提出问题，进而让学生展开对于问题的挖掘与探究。这样的教学组织与设计的方式会让整个课堂更为紧凑，可以充分利用有限的课堂教学时间，并且能够让学生的思维能力和问题探究能力都得到良好锻炼。在使用问题式教学法时，要注重以学生为主体，教师为主导，让学生与学生、学生与教师之间产生互动与对话；在交流中，教师要了解学生在学习中产生的疑惑与不解，记录并总结，鼓励学生多方位多角度思考问题。可以说，创建合理的地理问题情境，创造活跃的课堂氛围，让学生以饱满的情绪积极地投入到课堂中去，这恰恰是问题式教学的魅力所在。

教师要善于利用先进的科学技术手段创建问题情境，营造愉快的课堂氛围。多媒体的应用能够活跃高中地理课堂的教学氛围，能够丰富地理教学内容，从而使地理信息的表达更加丰富、生动、直观和多样化，实现抽象地理事物形象化、静态地理图像动态化、复杂地理过程简单化，既吸引学生思考，又让学生发现已有知识和信息体验的冲突矛盾，探究问题的内驱力油然而生，一个有利于学生开展自主、合作、探究的课堂氛围也顺利营造起来。

(2)创设针对性与实效性的地理问题，强化学生问题意识

问题是教学的起点和归宿，也是教学的主线。知识围绕问题而产生，教学围绕问题而展开。因此，如何正确设置问题至关重要。教师在创设地理问题时，要注意问题针对性、科学性、开放性和创造性。需要指出的是，教师在设置问题时，还要注意问题的难易程度，教师需要给学生在已知和未知之间搭建桥梁，

根据学生已有的认知水平，提出具有挑战空间的问题，让学生能够通过自己的努力获得学习成果，这也是维果茨基倡导的"最近发展区"思想的意义所在。教师所设计的问题不能过多，也不能设计得偏难或偏易，问题要具有灵活性与探究性，要激起学生的活力与兴趣。所以，教师要针对不同层次的学生，将教学内容及方式进行合理的安排，尽量做到少而精，才能保证其针对性与实效性。通常学生在对一个问题产生疑问时，内心就会产生冲突，在冲突的驱使下，学生会对问题进行积极的思考，这并不是一个简单的思考过程，而是学生创新的过程。经常开展有针对性与实效性的问题式教学，可以有效强化学生的问题意识。

(3) 加强学情分析，留给学生充足的探研时间

问题式教学的落脚点是学生的智慧增长与能力提升。教师的问题设计要从教学内容出发，更要指向学生的实际需要。学生的实际需要就是学生学习中存在的真实的、亟待解决的问题。因此，学情分析显得尤为重要。了解学生的已知与未知、优势与不足、学习路径与思维习惯，在课堂上教师才能有的放矢，在有限的时间内有效解决学习的重难点问题。提前做好预习单和学生学习路径分析，是行之有效的一个方法。预习单的设计要着眼于了解学生，引导学生自主学习；学生学习路径分析的着眼点叫以包括学习资源、学习顺序、学习时间、学习方式、学习的同伴、师生关系、兴趣特长与思维特点等。在课堂教学实施过程中，教师要在学情分析基础上留给学生充足的探究和研讨时间，从而对教学情境所展现的整个问题，涉及的知识和方法，对自己解决问题的思维过程、运用知识和方法的过程，做出必要的反思，调整原有的认知结构，形成新的认知体系，从而达到知识和能力的升华。在实际教学过程中，很多教师忽略了这一点。所以要强调的是，为学生留下充足的思考与讨论时间，有利于学生创新思维，形成新的知识体系，提高学习能力。

(4) 重视课前问题引导，注意课外拓展延伸

问题式教学要注意变"教案"为"导学案"和"学案"，将"两案"建设成"导学"的有效载体。在课前，教师可以给学生发送包含若干引导性问题的预学案，并要留给学生自主预习的时间。让学生带着问题预习，有利于学生对教材有一个整体性的掌握，还可以对重点进行针对性的学习，提高预习效果。在预

习过程中，学生会遇到不懂的问题，在预习结束后，会对问题产生兴趣，提高解决问题的积极性。

课堂教学是一项系统工程，仅局限在45分钟是不够的。问题式教学的很多内容可以延伸到课外，要求学生到自然界和社会环境中，亲自去实践、去体验、去观察、去尝试感悟。让他们将搜寻到的第一手资料和课本内容、课外知识、现代信息有机融合，这样有利于优化课堂教学内容，有利于问题的解决，真正实现让学生"走向生活""走向社会""走向未来"的教学目的。

（5）采用多样化的教学评价，注重培养学生的能力

在问题式教学中，教师承担着评价课堂学习过程和学习结果的角色。教师要采用开放的多样化评价方式，趋向于关注学习过程，以发展学生能力为目标。学生在自己努力后得到问题的答案，通常会有一种发自内心的喜悦和成就感，所以教师切忌轻易否定学生的猜想，要对学生给予充分的肯定，鼓励学生充分发散思维。在现实课堂中，教师常常以时间不够等为理由，在学生做出回答后只是简单地回复"请坐""对""是这样吗"等语句，有的甚至不予回答。在师生互动的过程，若教师不予回答，不采用鼓励性、多样性的课堂评价，学生将逐渐失去参与教学的热情。分析出现上述问题的原因，主要有两个方面：一是设计的问题过于简单，没有引起思维或情感的进一步碰撞，让学生成为教师完成预设教学内容的工具。二是学生的回答出乎教师的预设，教师来不及做出其他思考，使得对话不能继续深入进行。为了避免出现这些问题，教师要认真对待课堂互动与课堂评价，设计高质量的问题，做好充分的预设，不断提高专业素养，灵活应对，在预设的基础上实现精彩的生成。而在课后的教学评价中，考试内容不应局限于课本知识，多涉及热点问题、发散思维的主观问题等，培养学生的地理思维能力。此外，还可以在考试问题上允许学生选择考试题目，一些选做题可以让教师发现学生的优势和学习盲点所在。这种开放式的评价方式，可以使学生在掌握基本知识的同时，充分挖掘自身潜力，培养主体意识和创新意识，让学生完成知识的内化，为学生的创新思维活动和实践活动开展提供可行性的空间。

参考文献：

[1] 中华人民共和国教育部. 普通高中地理课程标准（2017年版）[S]. 北京：人

民教育出版社，2018.

[2] Barrows HS, Kelson A. *Problem-based Learning：A Total Approach to Education* [M]. Illinois：Southern Illinois University Press，1993.

[3] 黄飞跃."问题式教学法"在高中生物教学中的应用 [J]. 中学生物教学，2015 (1—2)：14—17.

[4] 刘亚如. 高中地理问题式教学的有效性研究 [D]. 济南：山东师范大学，2019.

[5] 陶承娜. 基于发现学习理论的高中自然地理教法 [J]. 地理教学，2017 (10)：48—51.

[6] 瞿云霞."PBL 教学"在高中地理课堂中的应用 [D]. 南京师范大学，2017：11—12，42—44.

[7] 张玲. 论基于问题式学习的本质和特点 [J]. 文教资料：教育论坛，2005 (26)：53—56.

[8] 黄伟. 新课改下高中地理问题式教学的设计策略 [J]. 课程教育研究：学法教法研究，2018 (36)：154—155.

[9] 任梦然，李秋石. 明确问题类型 丰富提问角度 [J]. 课程教材教学研究：中教研究，2014 (25)：92—92.

[10] 周玉琴，黄小兰，高赛格，张誉予. 高中地理问题式教学评价研究 [J]. 中学地理教学参考，2019 (9)：55—58.

[11] 顾仁勇."问题式"教学模式的探讨——以《食品保藏原理》课程教学为例 [J]. 科技创新导报，2010 (18)：199—201.

[12] 王晓惠，郭志永. 高中地理问题式教学应用初探. [J]. 教学与管理，2016 (2)：108—110.

第二部分　问题式教学设计与案例

第一章 人口

第一节 人口分布

教学内容分析

※课标要求※

2.1 运用资料，描述人口分布、迁移的特点及其影响因素。*

※课标解读※

1. 主要概念

人口分布是指人口在一定时间内的空间存在形式、分布状况，包括各类地区总人口的分布，以及某些特定人口（如城市人口）、特定的人口过程和构成（如迁移、性别等）的分布等。人口分布受自然、社会、经济和政治等多种因素作用。自然环境条件（如纬度、海拔、距海远近等）对人口分布起重要影响。但是20世纪以来，随着世界范围的工业化和城市化进程的加速，社会、经济和政治等因素对人口分布的影响越来越大。

2. 解读

教材侧重于研究人口分布的特点及其影响因素，目的在于要树立人地协调观。通过对不同国家和地区人口分布和影响因素的理解，找出人口分布的规律性，并从自然环境、社会经济和人口政策方面来探讨其原因，进而可以为国家因地制宜地制定人口政策、规划地区经济社会发展、编制区域规划和城镇规划，

---

* 编者注：此处内容只列出该条课标中与本节教学内容有关的要求。书中其他章节的"课标要求"同此处理。

以及合理组织安排移民等提供科学依据。

※**教材分析**※

本章是必修二人文地理的第一章,主要介绍世界人口分布的特点和影响人口分布的因素。要求学生能够利用图文材料来掌握世界人口分布特点和规律,并进一步分析影响人口分布的自然因素和人文因素。教材设置了一道活动题"分析芬兰人口分布特点及其影响因素",以达到学以致用的目的,在自学窗又安排了"胡焕庸线"这个案例,旨在通过分析中国人口的分布,激发学生自学的兴趣,从而为后续学习人口迁移以及人口合理容量等概念做铺垫。

本节对学生综合思维能力要求较高,在具体教学中可以结合本国人口分布情况加以分析讲解,让学生理解地理环境对人类活动的影响,深刻认识人地关系。

※**学情分析**※

人口及人口问题的基本知识,学生在义务教育阶段中的地理课已经学过。高中地理的学习是把义务教育阶段的感受型为主的学习上升到理性层面。人口问题与实际生活联系十分密切,也是普遍被关注的问题。高中学生具备一定的调查研究、逻辑思维和分析能力,但缺乏对地理问题深层次的探究能力、开放性思维能力及解决地理实际问题能力。因此,在教学过程中教师可以淡化知识点的讲解,侧重于联系生活实际,创设真实的问题情境。通过问题设置,引发学生思考、探究,让学生用所学的知识去分析、阐述真实的地理事象,去解决现实的地理问题,让学生感受生活化的地理。

虽然学生在初中已有一定的感性认识,但因不同学生的基础知识差异较大,且还不能形成知识结构,需合作学习来培养综合分析能力和创新意识。同时,对于多数学生而言,要"运用资料,描述人口的影响因素"则较为困难。

※**核心素养培养目标**※

1. 了解世界人口分布特点及人口密度较大的区域。(区域认知)
2. 结合实例,分析自然因素和人文因素对人口分布的影响。(综合思维)
3. 认识到地理环境对人类活动的影响,深刻认识人地关系。(人地协调观)

※**教学重难点**※

结合图文材料,分析影响人口分布的因素。

※**教学方法**※

问题式教学法。

※**教学课时**※

1课时。

教学过程设计

※**课前预习**※

一、世界人口的分布

1. 世界人口分布规律

(1) 半球分布：近90％的人口居住在_____，尤其在_____地带最为集中。

(2) 海拔分布：近80％的人口居住在海拔_____米以下的低平地区。

(3) 海陆分布：60％左右的人口居住在离海岸_____千米以内的_____地区。

2. 世界四大人口稠密区

东亚人口稠密区：我国东部、_____和_____。

南亚人口稠密区：_____、巴基斯坦、_____、_____等国。

欧洲西部人口稠密区：_____、_____、德国、_____等国。

北美东部人口稠密区：_____、_____。

3. 地区分布

各大洲和地区的人口分布极不平衡，_____和人口约占世界总人口的_____。各国人口分布也不平衡，截至2018年底，世界上人口超过1亿的国家有中国、印度、_____、印度尼西亚、巴西、_____、尼日利亚、孟加拉国、_____、日本、_____、_____、菲律宾等。

二、影响人口分布的因素

1. 自然因素

(1) 气候：过于_____的地区和过于_____雨林地区，因气候条件恶劣，不适宜人类居住。世界人口主要分布在气候较为适宜的_____纬度地区。

(2) 地形：平原地区_____，_____，易于开发，是人类的主要聚居地。

(3) 水源：河流、湖泊沿岸_____方便，具有_____等方面的优势，利于人类生产和生活，人口较密集。

2. 人文因素

(1) 社会生产方式：农业社会人口主要分布在_____发达地区，工业社会人口向_____聚集，在工业发达地区，形成了人口密集的_____。

(2) 经济发展水平：经济发展水平较_____的地区，人口稠密。

(3) 历史因素：历史较_____的地区人口较稠密，如_____、南亚的人口稠密区。

(4) 其他因素：政治、军事、_____等因素对人口分布也有一定的影响。

※课堂教学※

◇问题情境1◇

展现一张由美国国家航空航天局地球观测站测绘的地球入夜的城市灯火分布情况图。

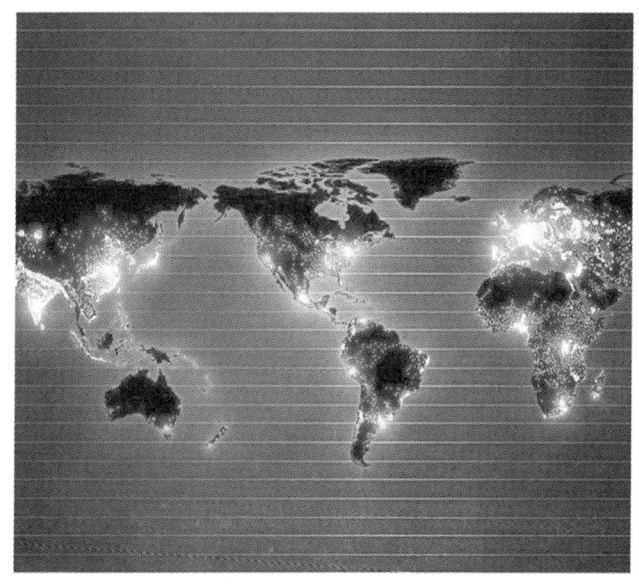

◇问题探究 1◇

请你说说地球上哪些地方灯光最亮、最密集？你觉得这张入夜灯光图能够反映出地球中哪些现象？

[学生探究研讨]

略

[教师引导归纳]

灯光图一方面直接反映当地的工业化水平和城市化水平；另一方面，也能部分反映世界人口集中分布情况。从图中我们能发现世界灯光最亮、最密集的地区分别是东亚、南亚、欧洲西部、北美东部。而这四个地区也是世界人口分布最密集的地区。

[教师展示世界地形图]

◇追问◇

结合世界人口分布图和世界地形图，你能从纬度位置、海陆位置和地形角度简述世界人口分布特征吗？

[学生探究研讨]

略

[教师引导归纳]

(结合教材图 1.1、1.2、1.3) 从世界人口密度分布与世界地形图来看，世界人口大体有如下的分布特征：

人口分布不均衡，形成明显的稠密区和稀疏区，东亚、东南亚、南亚以及西欧和北美东北部等，是人口稠密区，南极洲以及一些荒凉海岛，至今尚无人长期定居。

从大洲和地区来看，亚洲、非洲和拉丁美洲人口约占世界总人口的 85%。截至 2018 年底，世界上有中国、印度、印度尼西亚等 13 个国家人口超过 1 亿。

从纬度位置看，近 90% 的人口居住在北半球，尤其是北纬 20°—60° 地带最为集中。

从海陆位置看，60% 左右的人口居住在离海岸 200 千米以内的沿海地区。

从地形看，近 80% 的人口居住在海拔 500 米以下的丘陵和平原的低平地区。

[设计意图]

通过地球入夜灯光图,激发学生兴趣。通过叠加世界地形图的追问和小组探究活动,提升学生区域认知和综合思维能力。通过在真实地理情境中,发现问题,解决问题,促进学生地理实践力的增强。

[过渡]

教师设问:世界人口分布如此不平衡,是什么因素导致的呢?让我们来看看中国人口的分布情况吧。

◇问题情境2◇

1935年,我国地理学家胡焕庸先生发表了《中国人口之分布》的论文。在该文中,他提出了划分我国人口密度的对比线——瑷珲—腾冲线,从黑龙江瑷珲(今黑河市)到云南腾冲,今称黑河—腾冲线。

◇问题探究2◇

结合我国人口分布图(教材图1.9)、中国地形图、中国气候图,从地形和气候角度分析中国人口分布特点及原因。

[学生探究研讨]

略

[教师引导归纳]

中国人口分布特点是:东多西少。

(1) 从气候角度看,东部季风区人口多,西部温带大陆性气候人口少。东部地区以季风气候为主,气候适宜。而西部多为温带大陆性和高山高原气候,过于干旱、寒冷等,不适宜人类居住。

(2) 从地形看,东部沿江沿河沿湖的平原人口多,西部内陆高山高原人口少。东部以平原丘陵为主,交通便利,易于开发,是人类的主要聚居地。而地表崎岖,海拔较高的山区、高原等,不适宜人类居住。

◇追问◇

那么在中国干旱地区人口分布有什么特点呢?请结合塔里木盆地的绿洲与城镇分布图(教材图1.7)等图文材料讨论思考。

(1) 塔里木盆地的人口分布有什么特点?

(2) 人口较为集中的城镇分布与水源有什么关系?

［学生探究研讨］

略

［教师引导归纳］

河流、湖泊沿岸地区，用水方便，具有交通、水产养殖等方面的优势，有利于人类的生产生活，人口较为密集。（展示四大文明发祥地图文资料：长江和黄河流域、尼罗河谷地、两河流域、印度河流域等）

◇追问◇

（展示巴西人口分布图）巴西的人口大多分布在巴西高原上，亚马孙平原人口稀少，人口密度每平方千米1人左右，这又是为什么呢？

［学生探究研讨］

略

［教师引导归纳］

过于湿热的气候也不适宜人类生存，因此巴西人口分布在海拔较高、气候相对凉爽的巴西高原上。

◇追问◇

展示长江三角洲城市人口分布图与人均GDP表，思考问题：长江三角洲为什么成为我国人口最稠密的地区之一，除了自然原因还有其他原因吗？

［学生探究研讨］

略

［教师引导归纳］

在相似的自然条件下，人口的分布与社会经济发展状况直接相关。就业机会多、收入水平高、社会治安好、物质生活环境舒适的地方，往往会吸引更多人居住。我国长江三角洲地区不同城市之间经济发展存在差异，人口密度也存在差异，总体上说，经济发展水平较高的城市人口密度较大。

［小结］

经济发展水平影响着人口分布的状况。一般来说，经济发展水平较高的地区，人口稠密，如我国东部地区、美国东北部地区和欧洲西部地区。

历史因素对人口分布的影响，表现为历史较悠久的地区人口较稠密，如东亚、南亚的人口稠密区。另外，政治、军事、文化等因素对人口分布也有一定的影响。（展示巴西利亚、海南三沙市、唐人街图片）

世界人口的分布状况是自然、人文各因素综合作用的结果。

[设计意图]

通过中国人口分布图和长江三角洲人口分布图等，从大尺度区域到小尺度区域来解释自然因素和人文因素对我国人口分布的影响，这样的实例对学生来说具有亲近感，易于理解各要素的影响，进而全方位提升学生区域定位、综合思维能力，树立正确的人地协调观。

◇问题情境3◇

芬兰位于欧洲北部，濒临芬兰湾，人口约550万（2015年）。首都赫尔辛基是芬兰最重要的经济、文化、科技中心，也是欧洲发展最快的城市之一。赫尔辛基及其周边城镇的人口约为140万。（展示芬兰人口分布影响的示意图，即教材图1.8）

◇问题探究3◇

(1) 阅读教材图1.8a，描述芬兰人口分布特点。

(2) 阅读教材图1.8b，并与图1.8a对照，从气温和降水两方面说明气候对芬兰人口分布的影响。

(3) 阅读教材图1.8c，并与图1.8a对照，说明地形对芬兰人口分布的影响。

(4) 探讨芬兰超过1/4的人口集中在赫尔辛基及其周边城镇的人文因素。

[学生探究研讨]

略

[教师引导归纳]

芬兰人口的分布状况是自然、人文各因素综合作用的结果。芬兰人口分布特点：主要分布在南部及沿海地区，北部地区人口少。芬兰南部和沿海地区，降水较多，气温较高，人口密度较大；相反，芬兰北部气温低，降水稀少，人口密度较小。从地形看，南部和沿海地区海拔多在200米以下，地势平坦，交通便利，人口密度大。芬兰北部地势较高，人口密度较小。超过1/4的人口集中在赫尔辛基及其周边城镇的人文因素是该地历史悠久，经济发达，是全国的政治、经济、文化和交通中心。

[设计意图]

通过芬兰人口分布的案例，进一步理解自然和人文要素对人口分布的影响。

该案例从气候（气温和降水）、地形以及超过 1/4 的人口集中在赫尔辛基及其周边城镇的角度，说明了芬兰人口分布的特点及原因。学以致用，让学生运用所学知识进行分析，增强学生对知识的理解巩固，体会到学习的快乐。

◇板书设计◇

第一节　人口分布

一、世界人口的分布

　　1. 分布特点

　　2. 分布状况

二、影响人口分布的因素

　　1. 自然因素

　　2. 人文因素

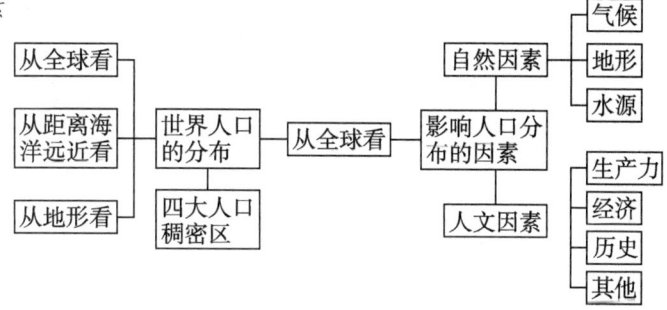

◇设计感悟◇

本节课重难点是结合图文材料，分析影响人口分布的因素。这对高一学生的区域认知、综合思维能力都有较高的要求。但是采用真实情境下的问题探究教学法，能够由浅入深，激发学生学习的兴趣，并通过大量的图表与文本资料，让学生用所学的知识去综合分析、解决现实的地理问题，让学生感受学习的快乐，进一步延伸最近发展区，实现知识的自我建构。

※课后达标检测※

1. 21 世纪初，大批伊拉克难民向国外迁移（城市出现空城）的主要原因是（　　）

　　A. 国家的政策影响　　　　B. 战争的影响

　　C. 自然灾害的影响　　　　D. 开发国外资源

2. 历史上，法国长期高度中央集权，巴黎一直是其政治中心。法国的人

口、生产、服务活动高度集聚于巴黎的主导因素是（　　）

  A. 地形 B. 资源 C. 交通 D. 政治

"胡焕庸线"是指我国黑龙江省黑河市与云南省腾冲市的连线，是划分我国东南、西北半壁及人口分布差异的界线，有人把人口分布与国土区域严重不匹配的现象称为"胡焕庸现象"。下图是我国人口密度示意图，读图完成3~5题。

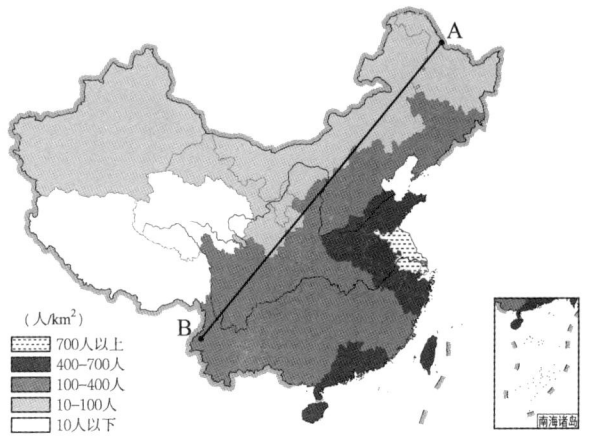

3. "胡焕庸线"两侧人口分布差异巨大的主要影响因素是（　　）

  A. 经济发展   B. 自然条件

  C. 生育政策   D. 地区开放程度

4. 下列措施中能提高"胡焕庸线"西侧人口密度的是（　　）

  A. 加大资源开发力度 B. 强制实施人口西迁

  C. 加强生态环境建设 D. 实施海水西调工程

5. 下列国家中，"胡焕庸现象"最不明显的是（　　）

  A. 巴西 B. 加拿大 C. 澳大利亚 D. 德国

下图示意某流域人口分布情况。累积频率是指为了统计分析的需要，有时需要观察某一数值以下或某一数值以上的频率累加之和。读图完成6~8题。

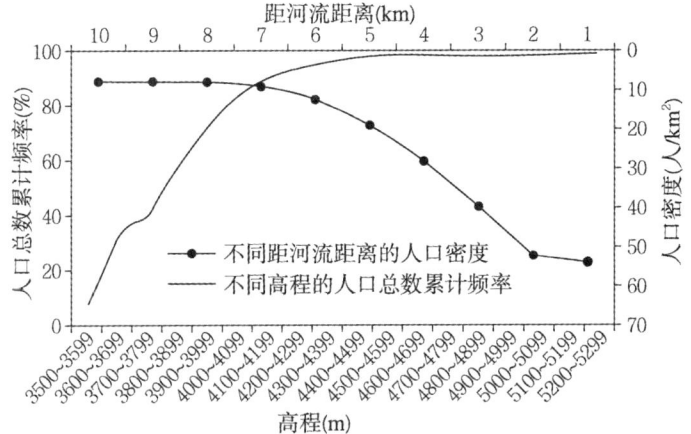

6. 该流域人口分布特点是（　　）

   A. 空间分布比较均匀且比较稠密

   B. 3550～3650 m 高程的人口最为密集

   C. 距河 8～10 km 分布人口最多

   D. 高程 5000 m 以上人口密度变化剧烈

7. 影响该流域人口距河流不同距离空间分布差异的主要因素是（　　）

   A. 水能资源　　B. 取水方便　　C. 交通状况　　D. 采光条件

8. 该流域很可能位于（　　）

   A. 巴西高原　　B. 南部非洲　　C. 藏南谷地　　D. 北美大草原

下图是某区域灯光强度指数（指数越高，灯光强度越强）等值线分布图，读图完成 9～10 题。

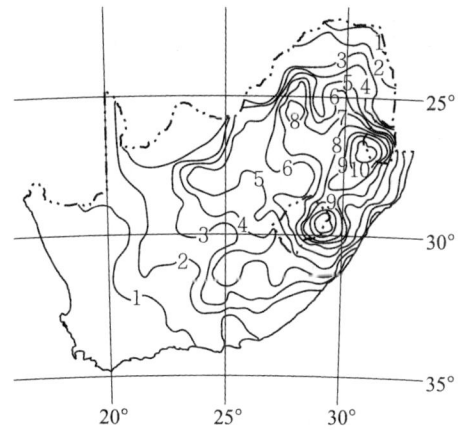

9. 与灯光强度指数空间分布相似的地理要素最可能是（　　）

   A. 气温　　　B. 降水　　　C. 人口密度　　D. 矿产资源

10. 图示西部地区（　　）

    A. 人类活动较少　　　　　　B. 交通线路密集

    C. 河流湖泊密布　　　　　　D. 草原牧场广布

【参考答案】

1. B　2. D　3. B　4. C　5. D　6. B　7. B　8. C　9. C　10. A

第二节 人口迁移

教学内容分析

※**课标要求**※

2.1 运用资料,描述人口迁移的特点及其影响因素。

※**课标解读**※

1. 主要概念

人口迁移:涉及人口居住地长期或永久改变的人口移动,注意人口迁移与探亲、出差旅游的区别。

2. 解读

课程标准的要求是运用资料说明人口迁移的影响因素,活动建议是运用本地人口资料,探究本地人口迁移的特点。教学中要求结合资料,说出人口迁移的含义,描述人口迁移的特点,说明影响人口迁移的主要因素。

人口迁移的特点和原因可以从空间和时间两个维度展开。从空间来看,有国内人口迁移和国际人口迁移。从时间来看,人类不同历史阶段人口迁移的特征不同,早期的人口迁移主要受自然环境的影响,现代的人口迁移则主要受经济发展水平的影响。根据"推拉理论",可以将影响人口迁移的因素分为"推力因素"和"拉力因素"两类。前者将人口从本区域向外推,后者将人口吸引到本区域。自然、社会、经济、文化与推力和拉力均有关。推力和拉力取决于人们对一个区域的价值判断。

※**教材分析**※

"人口迁移"是人教版地理必修第二册第一章第二节的内容。第一章是人文地理的开篇,也是自然地理到人文地理的过渡。而本节的人口迁移一方面是介绍人口增长的发展和深入,另一方面,它又阐述了人口对城市发展的作用,是联系人口和城市两部分的桥梁,在整个教材中起着承上启下的作用。

※学情分析※

高一学生在初中学习了世界人口、中国人口，本身就具备初步的人口知识，但仅是对一些表面现象的认知，对人口迁移与环境之间的内在联系知之甚少，平时对身边的地理事象关注也比较少。高一学生的人口观、环境观、世界观正在形成，但是由于接触的社会面狭窄，在探究思考中存在一定的片面性，需要正确的情感教育引导。

※核心素养培养目标※

1. 利用资料或图表，分析说明某地区或某时期人口迁移的影响因素。利用地图或多媒体教学手段辅助教学，分析第二次世界大战前后人口的不同特点。（区域认知、综合思维、地理实践力）

2. 分析文字或图表资料，培养学生对地理现象的特征及原理的分析与综合能力。（综合思维）

3. 了解人口迁移是人类活动的一种现象，它客观上促进了民族的融合、经济的发展，树立科学的人口观、发展观。（人地协调观）

4. 利用比较法帮助学生理解不同历史时期人口迁移具有不同的特点。小组互动学习、自主学习和探究活动。（地理实践力、综合思维）

※教学重点※

1. 影响人口迁移的人文因素和自然因素。

2. 第二次世界大战前后的国际人口迁移的特点和流向，尝试分析时代背景。

3. 新中国成立以来，我国国内不同时期人口迁移的特点和流向。

※教学难点※

1. 人口迁移对迁出地和迁入地的影响。（重点是民工流动对城市和乡村的影响）

2. 在某种特定的时空条件下，任何一种因素都有可能成为促使人口迁移的决定性因素。

※教学方法※

问题式教学法、案例教学法、多媒体辅助教学法、自主探究学习法等。

※**教学课时**※

1课时。

教学过程设计

※**课前预习**※

知识点一　人口迁移

1. 什么是人口迁移?
2. 一个地区人口数量由什么因素决定?
3. 说明人口迁移产生的影响。

知识点二　影响人口迁移的因素

1. 说出人口迁移的推力和拉力因素。
2. 说出影响人口迁移的因素。

知识点三　人口迁移的时空特点

1. 说出人口迁移的类型。
2. 说出19世纪以前人口迁移的特点及迁移方向。
3. 说出二战以后人口迁移的特点及迁移方向。
4. 说出我国在工业化前人口迁移的特点及迁移方向。
5. 说出新中国成立以来人口迁移的特点及迁移方向。

※**课堂教学**※

◇问题情境1◇

民谣中的地理

"哥哥你走西口,小妹妹我实在难留,有几句痴心的话,哥哥你记心头……"这首苍凉凄婉的山西民歌,久为人所熟知。在那个逝去的年代里,"走西口"成为华北人民西进求生的代名词。

"走西口""闯关东""下南洋"是中国近代史上著名的三大移民潮,并被陆续编排成了电视剧。那到底什么是人口迁移?为什么要进行人口迁移呢?

观看《走西口》视频片段,思考下列问题。

◇问题探究1◇

(1) 材料中的"走西口"是何种地理现象？为什么要走西口呢？

(2) 除了"走西口"，我国近代还有哪些人口迁移？

[学生探究研讨]

略

[设计意图]

学生形象感知，课堂初始就引发了学生的兴趣点，增强了探究新课的欲望，有助于学生带着问题进入到本节课的学习中。

◇追问◇

是不是所有人口的空间移动都属于人口迁移？人口迁移要具备哪些条件？判断下列事例中哪些属于人口迁移，如果不是，请说明理由。

A. 外出旅游、度假、疗养、探亲。

B. 我国大学生出国攻读硕士、博士学位。

C. 因读书或工作离开家乡的大学生。

D. 居住在叙利亚难民营中的伊拉克难民。

E. 在福州一中任教的外教。

F. 农闲季节到城市或外地打工，农忙季节回本乡务工的农民工。

G. 国家有计划地抽调人员支援西部建设。

[学生探究研讨]

教师提出学生需完成的课前预习展示的知识点：

(1) 人口迁移概念。

(2) 人口迁移的类型及各类型的特点、方向、原因（表格展示）。

要求：

(1) 2—3分钟时间同桌校对答案。

(2) 如有疑问,提交小组,组长调控,释疑解难。

(3) 若小组内仍解决不了的问题,提交班级集中解决。

(学生)首先独立思考,然后交流给出答案。对于"必须跨越一定的行政界线"这一要素学生总结有一定难度,教师应结合事例给予适时点拨。

［教师指导归纳］

(规律总结)通过材料,经过学生的分析和教师的点拨归纳出人口迁移的两个必备条件:一是必须跨越一定的行政区域(国家、省、市、县),二是居住需要超过一年。

［设计意图］

通过学生自主学习进行知识的自我构建,培养学生获取信息和归纳总结的能力;在组内交流合作,结合问题思考,有利于学生实现知识的内化。利用人们生活及身边的事例,学生更易理解,对于突破难点事半功倍。

◇问题情境2◇

(教师)精选案例,展示两组有关叙利亚难民、三峡移民的材料。

 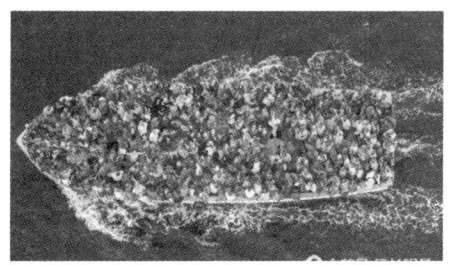

三峡移民　　　　　　　　　　叙利亚难民(海上)

◇问题探究2◇

影响人口迁移的因素有哪些?

［学生探究研讨］

(学生)自主分析每一事例的影响因素,并对影响人口迁移的因素进行归纳。

［教师指导归纳］

略

[设计意图]

结合学生身边的事例及学生感兴趣的话题如三峡移民、叙利亚难民等让学生分析归纳影响人口迁移的影响因素。既能满足学生的求知欲，又能提高学生分析问题和阅读材料提取有效信息的能力。

◇问题情境3◇

引导学生阅读教材中"（一）国际人口迁移"三段内容和15—19世纪人口向新大陆迁移示意图和第二次世界大战后欧洲成为人口净迁入区示意图（即教材图1.18和图1.19）。

◇问题探究3◇

从时间和空间两个角度看，19世纪前和二战后国际人口迁移有哪些显著的特点？

［学生探究研讨］

略

◇问题情境4◇

结合教材，提出我国人口迁移的案例（如三峡移民、援疆移民、民工流等），引导学生阅读分析2005—2010年我国各省级行政区人口净迁移率分布示意图（教材图1.20）。

◇问题探究4◇

分析不同历史阶段人口迁移的状况、特点、原因。

［学生探究研讨］

略

［教师归纳］

1.

阶段	特点	迁出地区	迁入地区	原因	意义
19世纪以前	集团性、大批的移民为主	旧大陆（亚、欧、非）	新大陆（美洲、大洋洲）	欧洲的殖民主义扩张、新大陆的开发、新航线的开辟	客观上开发了新大陆，传播了工业文明，改变了人种的空间分布

续表

阶段	特点	迁出地区	迁入地区	原因	意义
二战以后	定居移民减少，短期流动人口增多	落后地区（亚、非、拉）	发达地区（西欧、北美、西亚、北非）	各国经济发展不平衡	调整了劳动力空间分布不均的状况

2.

阶段	迁移原因	特点	迁移方向
古代	农业经济的脆弱、频繁的战争、自然灾害	大批迁移	迁往自然条件较好的地区
新中国成立至20世纪80年代中期	①计划经济体制 ②严格的户籍管理制度	有计划、有组织地进行	①国家从东部城市抽调各种人员支援西部、内地和边疆地区的建设 ②大量农村人口从东部人口稠密区迁往地广人稀的西北和东北地区
20世纪80年代中期后	改革开放政策	自发迁移	①内地→沿海 ②山区→平原 ③贫困地区→发达地区

[设计意图]

让学生明白国际人口迁移、中国人口迁移在不同时期的原因、特点、方向。

[活动拓展]

调查家庭人口迁移情况。

[知识升华　深化理解]

(1) 让学生模拟剧情角色。

播放《闯关东》片段，认真观看、仔细倾听，影片中的哪些对白体现了朱传文一家坚定要去关东的原因？并具体分析。

(2) 学以致用——让学生做编剧。

《闯关东续》：1990年，朱胜日已经60多岁了。这一年他决定带着全家迁回山东老家。

请学生设计，朱胜日应说出山东的哪些好处来说服家人同意与他一起回山东？

引导学生独立思考，整理答案，然后小组合作交流、补充、完善。小组派代表进行展示，其他小组补充。

通过案例的设计和深化，使学生真正体验到学习的乐趣，感受到地理学科在解决生活问题中的魅力。

[情感教育升华]

（教师）最后，送给学生一段寄语：人口迁移是一种非常普遍的地理现象，随着同学们逐渐长大成人，在你们漫漫人生路上也可能会有居住地的迁移，有的同学会离开自己的家乡到外省工作、生活，有的同学甚至会离开自己的祖国到别的国家去定居，但不管你们是因为什么原因进行的迁移，希望你们都能主动适应环境并快乐地生活，自信地工作，更希望你们不管走多远总能记着自己的祖国，自己的家乡！

[设计意图]

在情感态度价值观的层面上对本节课进行了提升，帮助学生树立正确的人生观和价值观。

◇板书设计◇

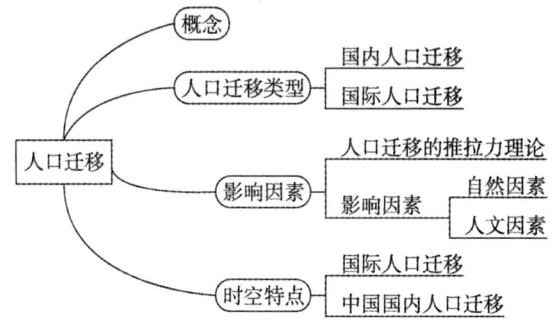

◇设计感悟◇

教学伊始，学生对人口迁移及人口流动的概念有些混淆，教师应该多列举些身边的事例加强学生的理解。采用提问式和学生自主学习的教学方法，并结合学生感兴趣的事例加以例证,让学生在快乐中掌握知识,同时也锻炼了学生阅读和提炼有效信息的能力。

※课后达标检测※

下图为百度地图记录下的2015年春运期间人口流动数量前五位的省市人口流动状况,五省市的相邻省区贡献了主要流动人口。据此回答1~3题。

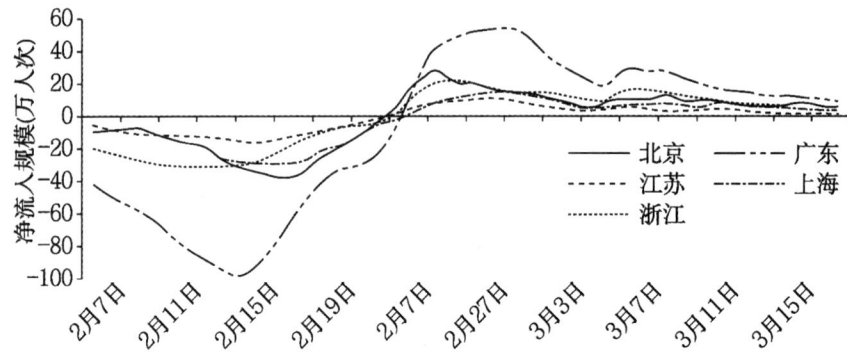

1. 春节前后人口流动方向与图示相反的是（ ）
   A. 安徽、河北、广西　　　　B. 湖南、江西、陕西
   C. 湖北、河南、宁夏　　　　D. 四川、河南、西藏

2. 五省市净流入人口波峰波谷出现时间不同的影响因素是（ ）
   A. 来源地远近　　　　　　　B. 交通通达度
   C. 职业构成　　　　　　　　D. 年龄结构

3. 能有效降低五省市春运期间人口流动强度的措施是（ ）
   A. 东部地区完善社会公共服务设施
   B. 东部地区加快进行高速铁路建设
   C. 中西部地区大力发展节日旅游业
   D. 中西部地区承接东部加工制造业

(2017·江苏卷)下图为某年我国部分省市城乡65岁及其以上人口占各自总人口比重图。读图回答4~5题。

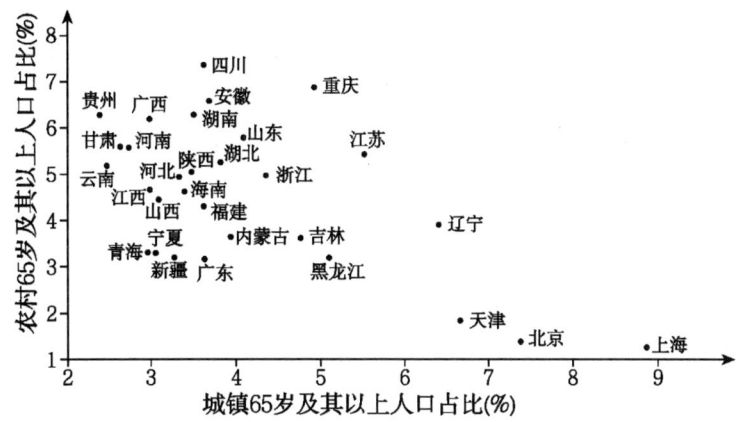

4. 城乡 65 岁及其以上老年人口的分布反映了（   ）

    A. 东部超大城市的城镇老年人口占比高

    B. 中西部地区的城乡老年人口占比均高

    C. 经济发达的省市均已进入老龄化阶段

    D. 东北地区农村老龄化现象比城市明显

5. 导致贵州、湖南等中西部省份农村老年人口占比高的主要因素是（   ）

    A. 人口出生率   B. 人口迁移   C. 人口死亡率   D. 人口密度

（2016·全国丙卷）与 2014 年相比，2015 年上海市常住人口减少了 10.41 万人，外来常住人口更是减少了 14.77 万人，这是近 20 年首次出现的人口负增长。调查发现减少的外来常住人口主要流向上海周边的中小城市。上海市已制定"十三五"期间人口增长由数量型向质量型转变的策略。据此完成 6～7 题。

6. 导致 2015 年上海市外来常住人口减少的主要原因是近年来上海市（   ）

    A. 产业转型升级   B. 食品价格大增

    C. 环境质量下降   D. 交通拥堵加重

7. 上海市减少的外来常住人口多流向周边中小城市，主要原因是这些中小城市（   ）

    ①服务设施齐全   ②承接了上海市转移的产业

    ③适宜就业机会多   ④生态环境较好

A. ①③ B. ①④ C. ②③ D. ②④

（2016·浙江卷）近年来，我国流动人口一直维持在2亿人以上，且持续增长，城乡间人口流动是主要的流动形式。据此完成8～9题。

8. 城乡间人口流动与城市经济发展、农村经济水平提高联系密切，三者逻辑关系的排序应是（　　）

①城乡间人口流动　②农业专业化发展　③城市工业、服务业发展

A. ①→②→③　　B. ①→③→②　　C. ③→②→①　　D. ③→①→②

9. 关于我国人口流动的叙述，正确的是（　　）

A. 人口流动扩大了城乡收入差距

B. 生态环境是人口流动的主要因素

C. 区域协调发展会减缓流动人口增长

D. 小城镇人口向大城市流动可提高城市化水平

【参考答案】

1. A　2. C　3. D　4. A　5. B　6. A　7. C　8. D　9. C

第三节　人口容量

教学内容分析

※**课标要求**※

2.1 结合实例，解释区域资源环境承载力、人口合理容量。

※**课标解读**※

1. 主要概念

区域资源环境承载力，指某区域在既定的社会、经济、文化等条件下，区域的自然资源和环境所能承载的最大人口规模，而人口合理容量，则带有主观评价的意味，即重点落在"合理"上，两个概念的区别可以用"区域最多养活多少人"和"区域适合养活多少人"来类比。

2. 解读

本节的落脚点放在区域的人口容量上，要求做到：（1）理解区域环境承载力和影响因素；（2）理解并说出区域环境承载力与人口合理容量的区别；（3）理解保持人口合理容量的紧迫性与解决措施。

※**教材分析**※

日益增长的人口数量，和一定历史时期、一定地域范围内人类开发利用资源的能力，和空间与区域的承载能力的有限性，彼此既紧密联系、相互影响，又互相对立，矛盾也日益突出。当今世界，这种矛盾在有些地区已近于激化。正是在这种形势之下，人们展开了关于区域环境承载力和人口合理容量的研究和讨论。本节课就是在这种大背景下安排的，旨在帮助学生理解人口与资源环境、发展之间的相互关系，树立正确的人口观。区域环境资源承载力及人口合理容量，两个概念彼此有内在联系，但绝不是等同的。本节内容可以从两个方面进行分析：一是区域资源环境承载力。通过情景假设，指出资源、环境对人口数量的支撑能力是有限度的，并点明了影响区域环境承载力的因素。二是人口合理容量。可从当前人口增长现状出发，说明保持人口合理容量的意义，并提出相关措施。

※**学情分析**※

在前面几节的学习中，学生已经知道，随着时间的延续，社会经济发展，生产力水平不断提高，人口也在不断增长。我国人口众多，但目前人口与资源的矛盾已十分突出，特别是人口与淡水、人口与耕地的矛盾更加突出。要使学生正确地认识我国的区域环境承载力，正视我国人口与环境的严峻现实，深刻理解实施计划生育和环境保护的重大意义，树立正确的人口观、资源观和环境观，但也要看到进入 21 世纪，我国人口总量增长势头明显减弱，劳动适龄人口数开始减少，人口老龄化程度不断加深，因此人口政策也应适时调整。

※**核心素养培养目标**※

1. 学会分析不同国家与地区区域环境承载力。（区域认知）

2. 通过分析自然资源状况这个限制性因素对人口增长快慢的影响，掌握分析问题、解决问题的方法。联系我国的具体情况，了解、分析、讨论、估计我国的环境人口容量的基本研究过程。（区域认知、综合思维）

3. 通过分析自然资源状况、社会经济和科技发展水平、人均消费水平等综

合因素来分析区域环境承载力,并分析某区域的人口合理容量。(综合思维、人地协调观)

4. 通过了解我国的区域环境承载力,明确我国实行计划生育的重要性,加强对我国国情国策的理解,并理解我国进入21世纪以来,随着各种因素的改变,我国的人口政策也发生改变。(综合思维、地理实践力)

※**教学重难点**※

重点:区域环境承载力的影响因素,理解人口合理容量的合理性。

难点:影响区域环境承载力的自然资源状况的"短板效应"。

※**教学方法**※

问题式教学法、案例教学法、多媒体辅助教学法、自主探究学习法等。

※**教学课时**※

1课时。

教学过程设计

※**课前预习**※

知识点一　区域资源环境承载力

1. 前提:保证_____和_____。

2. 实质:环境能_____。

3. 衡量指标:_____。

4. 影响因素:

(1) 自然资源状况:与区域资源环境承载力呈_____相关,"短板效应"是指:_____。

(2) 社会经济和科技发展水平:与区域资源环境承载力呈_____相关。

(3) 人均消费水平:与区域资源环境承载力呈_____相关。

知识点二　人口合理容量

1. 含义:按照合理的生活方式,保障_____,同时又不妨碍未来人口生活质量的前提下,一个国家或地区_____的人口数量。

2. 意义:影响一个国家的_____和_____的制定,进而影响区域的

_____战略。

3. 谋求措施：

①世界：发展中国家尽最大可能把人口控制在_____之内；建立公平的国际秩序，保证人人拥有不断追求高水平生活质量的平等权利。

②地区：尊重_____的客观规律，_____制定本区域持续发展战略。

※课堂教学※

◇问题情境1◇

2011年10月31日，菲律宾马尼拉，Camile Galura抱着刚出生的女儿丹妮卡·卡马乔。丹妮卡是当时世界上第70亿位居民，出生在当地的Dr. Jose Fabella公立医院。联合国统计显示，世界人口从10亿增长到20亿用了一个多世纪，从20亿增长到30亿用了32年，而从1987年开始，每12年就增长10亿。

时任联合国秘书长潘基文在演讲中说："这不是一个数字的故事，这是一个有关人类的故事，70亿人，意味着需要更多食物，更多能源，更多就业和受教育的机遇，更多权利以及更多让他们繁衍和抚育后代的自由。"

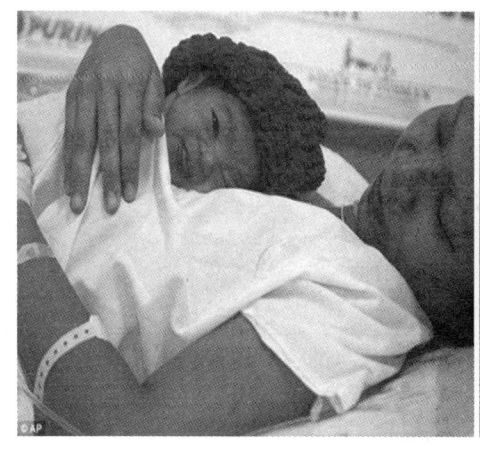 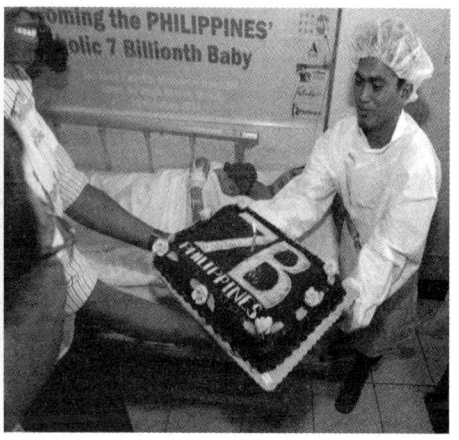

◇问题探究1◇

(1) 为什么70亿不只是一个数字，而是一个有关人类的故事？

(2) 人口增长要与环境、资源如何匹配？

(3) 什么是区域资源环境承载力？

(4) 影响区域资源环境承载力的因素有哪些？

(5) 什么是"短板效应"?

[学生探究研讨]

教师提出学生需完成的课前预习展示的知识点:

(1) 区域资源环境承载力的概念。

(2) 影响区域资源环境承载力的因素:自然资源状况、社会经济和科技发展水平、人均消费水平。

要求:

(1) 2~3分钟时间同桌校对答案。

(2) 如有疑问,提交小组,组长调控,释疑解难。

(3) 若小组内仍解决不了的问题,提交班级集中解决。

学生同桌校对答案,展示知识点,并提出未解决的疑问,班级共同解决。

[教师指导归纳]

1. 区域资源环境承载力

(1) 前提:保证资源合理开发利用和保护良好生态环境。

(2) 实质:环境能持续供养的人口数量。

(3) 衡量指标:人口数量。

(4) 影响因素:

①自然资源状况:区域资源环境承载力与其呈正相关,"短板效应"是指:当一只木桶的桶底面积确定后,木桶能装多少水,取决于最短的那块木板。

②社会经济和科技发展水平:区域资源环境承载力与其呈__正__相关。

③人均消费水平:区域资源环境承载力与其呈__负__相关。

2. 区域资源环境承载力的制约因素与资源环境承载力的关系。

因素		与资源环境承载力的关系
资源丰富程度	正相关	资源越丰富,资源环境承载力越大
科技发展水平	正相关	科技水平越高,资源环境承载力越大
经济发达程度	正相关	经济越发达,资源环境承载力越大
人口受教育水平	正相关	人口受教育水平越高,资源环境承载力越大
地区开放程度	正相关	地区开放程度越高,资源环境承载力越大
人均消费水平	负相关	人均消费水平越高,资源环境承载力越小

[设计意图]

通过学生自主学习进行知识的自我构建，培养学生获取信息和归纳总结的能力；在组内交流合作，结合问题思考，有利于学生实现知识的内化。

◇问题情境2◇

沙漠中的农业强国——以色列

以色列位于地中海的东南方向，沿海为狭长平原，东部有山地和高原，以色列全国总面积为2.5万平方千米，一半土地是沙漠，以色列属于地中海型气候，特征为漫长而又炎热、少雨的夏季，以及相对较为短暂而又凉爽、多雨的冬季。水资源困扰着以色列农业的发展，所以以色列就向空气中挤压每一滴水，开发了可以重复利用的塑料托盘，在空气中收集露水，将作物和树木所需的水量减少50%，作物下有托盘可以阻挡杂草，也可以保护植物不受极端温度变化的影响。"农民需要少量的水，而且农作物的肥料要少得多"，这意味着地下水污染减少，由此以色列在沙漠中养活了835万人（2015年）。

◇问题探究2◇

（1）从以色列的自然环境说明人口835万，合理吗？

（2）从农业发展的事例说明以色列人口835万的合理性。

[学生探究研讨]

通过以色列农业的发展来说明人口合理容量：

（1）含义：按照合理的生活方式，保障_____，同时又不妨碍未来人口生活质量的前提下，一个国家或地区_____的人口数量。

（2）意义：影响一个国家的_____和_____的制定，进而影响区域的_____战略。

（3）谋求措施：

①世界：发展中国家尽最大可能把人口控制在_____之内；建立公平的国际秩序，保证人人拥有不断追求高水平生活质量的平等权利。

②地区：尊重_____的客观规律，_____制定本区域持续发展战略。

[教师指导归纳]

【知识点二】人口合理容量

(1) 含义：按照合理的生活方式，保障健康的生活水平，同时又不妨碍未来人口生活质量的前提下，一个国家或地区最适宜的人口数量。

(2) 意义：影响一个国家的人口战略和人口政策的制定，进而影响区域的社会经济发展战略。

(3) 谋求措施：

①世界：发展中国家尽最大可能把人口控制在合理的规模之内；建立公平的国际秩序，保证人人拥有不断追求高水平生活质量的平等权利。

②地区：尊重人地协调发展的客观规律，因地制宜制定本区域持续发展战略。

[设计意图]

通过学生自主学习进行知识的自我构建，培养学生获取信息和归纳总结的能力。

◇问题情境3◇

人口最多的国家——中国

14亿是一个忧虑的数字。14亿人要吃饭、要穿衣、要上学、要就业、要住房……消费的需求乘以14亿，就是一个庞大的数目。中国的耕地、水资源、森林以及矿产资源本来就稀缺，再除以14亿，就少得可怜。平均每人耕地面积只有1.4亩，水资源只相当于世界人均水平的1/4。中国的耕地面积在不断减少，人口却不断增长，这一增一减，使得中国人均物质水平更加捉襟见肘，环境资源难以承受人口的增长。

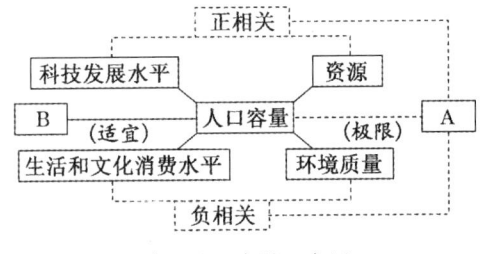

我国人口容量示意图

◇问题探究3◇

(1) 运用综合思维分析上述材料反映我国面临什么样的问题？

(2) 运用综合思维分析图中字母A、B分别代表的含义是什么？

(3) 从人地协调观的角度出发，探讨我国谋求人口合理容量的措施是什么？

［学生探究研讨］

略

［教师指导归纳］

(1) 我国面临着严重的人口、资源与环境问题。

(2) A表示资源环境承载力，B表示人口合理容量。

(3) 尊重人地协调发展的客观规律，控制人口数量，提高人口素质，努力提高科技水平，保护好生态环境，提高资源利用率和资源管理水平。

◇追问◇

我国目前人口超过14亿，未达到资源环境承载力的最高值，为什么还要控制人口的增长？

［学生探究研讨］

略

［教师指导归纳］

下面通过算账，算一算每个人头上的环境账。（出示中国土地、水、能源总量及人均占有量的相关图片）

总结：不算不知道，一算吓一跳。不当家不知道柴米油盐贵，不学地理不知道环境危机有多严重，希望大家都能从我做起，从现在做起，节约资源，合理使用。

［教师归纳］

人口合理容量是指能养活养好多少人，而资源环境承载力是指能养活多少人，是一个极限值，是一个警戒值。所以，我们应该把我们环境中的人口控制在资源环境承载力之内，最好是处于人口的合理容量之内。

［设计意图］

紧紧围绕合理人口容量这一核心内容，从目前存在的严重的人口、资源、环境问题入手，引导学生认识建立合理人口容量的紧迫性和解决措施。

◇课堂小结◇

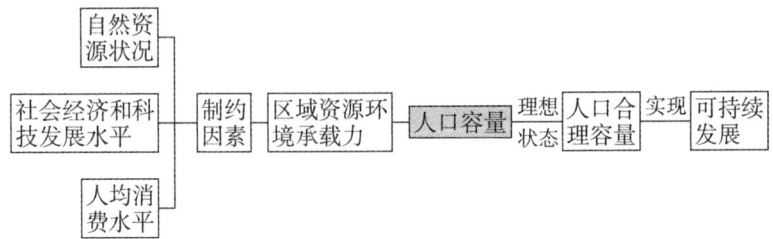

◇板书设计◇

第三节 人口容量

一、区域资源环境承载力

    1. 前提：

    2. 实质：

    3. 衡量指标：

    4. 影响因素：

二、人口合理容量

    1. 含义：

    2. 意义：

    3. 谋求措施：

◇设计感悟◇

要上一堂精彩的地理课，不仅要让学生积极参与课堂教学活动，而且要创设问题情境，激发学生的学习兴趣。人口的容量这一节内容比较少，概念多且类似，如果教师没有精心设计的话，可能许多学生要打瞌睡。因此要充分利用案例、情境，激发学生的兴趣，通过有效设问，调动学习积极性，通过概念的阐释、比较，为学生树立正确人口观、资源观、环境观奠定一定的基础。值得注意的是，本节内容难度大，不宜太深入，在讲解过程中若没有做概念的比较则学生可能理解不透，可相应多做些课后的辅导。

※**课后达标检测**※

不同地区的不同时期，有不同的环境人口容量。下图为不同因素在不同时期对应的人口规模变化图。读图完成1～2题。

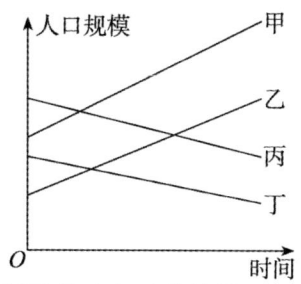

1. 甲、乙、丙、丁四个要素对应正确的是（　　）

    A. 甲—自然资源

    B. 乙—生活消费水平

    C. 丙—社会生产力

    D. 丁—人口迁入

2. 要提高我国东部地区资源环境承载力，可行的措施是（　　）

    A. 扩大耕地面积

    B. 加大住房建设

    C. 人口大规模迁出

    D. 加强科技应用

下图示意某个时期宁夏部分县级行政区的环境人口容量（单位：万人）。读图回答3～4题。

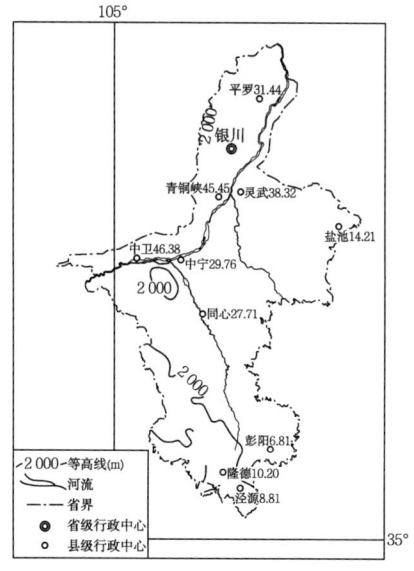

3. 影响图中宁夏各县级行政区环境人口容量的最主要因素是（　　）

　　A. 矿产资源　　B. 淡水资源　　C. 地形地势　　D. 科技水平

4. 宁夏南部地区今后一段时间人口发展的正确做法是（　　）

　　A. 放宽生育政策，鼓励生育

　　B. 增加人口密度，接纳宁夏北部地区的移民

　　C. 垦荒拓耕，向宁夏东部地区迁入部分人口

　　D. 提高水资源利用率，同时向宁夏北部地区迁出部分人口

兰州市地处黄土高原、蒙新高原、青藏高原三大高原的交界处，位于两山中间，黄河穿城而过。下表为兰州市人口容量总结表（单位：万人）。据此完成5～6题。

测算方法	适度人口容量	最大人口容量
基于国内生产总值	311	338
基于人均建设用地指标	207	344
基于生态环境标准	227	345

5. 综合各种测算方法，兰州市适宜人口容量（万人）和最大人口容量（万人）分别是（　　）

　　A. 311、345　　B. 207、344　　C. 227、338　　D. 207、338

6. 为增大人口容量，兰州市可采取的最有效措施是（　　）

　　A. 挖掘土地潜力，提高容积率

　　B. 治理污染，改善环境质量

　　C. 跳出河谷，开发新的城市用地

　　D. 发展科技，提高开放程度

7. 下图是N、M两类国家人口年龄金字塔结构图，关于两类国家人口合理容量的叙述正确的是（　　）

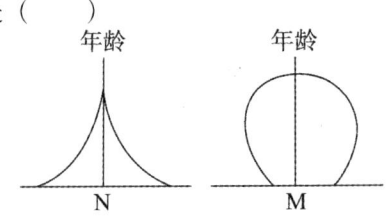

A. N类国家因环境人口容量潜力大而人口增长快

B. M类国家因人口数已超过环境人口容量而导致人口萎缩

C. N类国家因资源十分丰富所以环境人口容量大

D. M类国家因经济、科技发达所以环境人口容量较大

我国西北地区海拔高，地势高低起伏，降水稀少、气候干燥，地表大部分为荒漠，西北地区面积占全国陆地面积的30%，但人口只占全国的4%，同时西北地区经济发展较为落后。分析材料回答8~9题。

8. 有关西北地区环境承载力的叙述，正确的是（　　）

　　A. 西北地区面积广大，矿产资源丰富，环境承载力应该很大

　　B. 西北地区地势起伏大，交通不便，因此它成为环境承载力小的关键因素

　　C. 西北地区降水稀少，使得气候干燥，地表多为荒漠，因此，它成为环境承载力小的关键因素

　　D. 西北地区经济落后，社会发展落后，它是环境承载力小的最关键因素

9. 有关西北地区合理人口容量的叙述，正确的是（　　）

　　A. 西北地区合理人口容量小，原因只在于自然条件恶劣

　　B. 西北地区合理人口容量小，原因既有自然条件因素的约束，也有社会经济因素的影响

　　C. 西北地区合理人口容量小，原因在于经济发展落后

　　D. 西北地区自然条件和社会条件都不好，因此它的合理人口容量会永远很小

10. （2016·上海卷）人口地理研究对国家和地区的社会经济决策和发展具有重要意义。水资源和耕地资源是制约一个地区人口容量的重要因素。根据下表数据，若不考虑其他条件，四省中人口容量最小的省份可能是（　　）

	甲省	乙省	丙省	丁省
水资源总量（亿立方米）	778.5	914.3	283.4	1799.4
耕地面积（万公顷）	588.31	528.18	814.07	414.95

A. 甲省　　　B. 乙省　　　C. 丙省　　　D. 丁省

（2013·上海卷）人口容量是指一个地区在一定时期能够容纳的享有合理生活水平的人口数量，由于地理位置与自然地理条件的差异，图示四个市的人口容量也不同。读图完成11～12题。

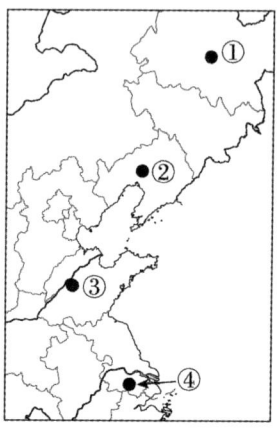

11. 有人口学家采用下列公式估算理论人口容量，理论人口容量＝a×b/c，其中a为耕地面积，b为熟制，c为每年人均粮食消费所需的耕地面积。假设图示四市耕地面积、年人均粮食消费量均大致相同，按照该公式估算，四市理论人口容量最大的是（　　）

A. ①　　　B. ②　　　C. ③　　　D. ④

12. 在各种自然资源中，对人口容量影响最为明显的是水资源。据下图判断，四市中人口数量尚未达到人口最大容量的城市是（　　）

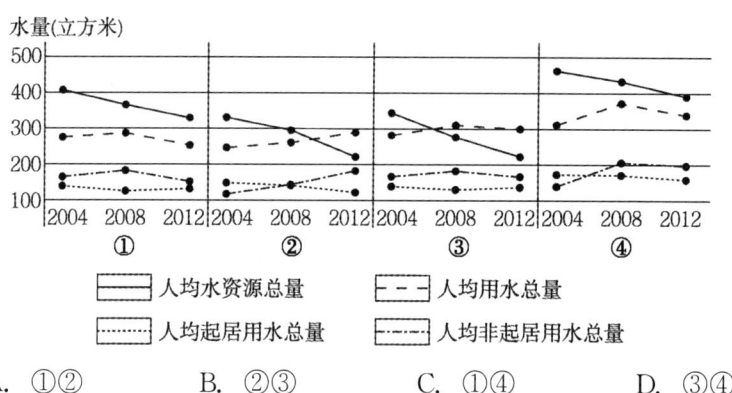

A. ①②　　　B. ②③　　　C. ①④　　　D. ③④

【参考答案】

1．A　2．D　3．B　4．D　5．D　6．C　7．D　8．C　9．B　10．C　11．D　12．C

问题研究　如何看待农民工现象

教学内容分析

※课标要求※

2.1 运用资料，描述人口迁移的特点及其影响因素。

※课标解读※

与本节课有关的课标内容为"运用资料，描述人口分布、迁移的特点及其影响因素"，与本节内容相关的目标分解如下：(1) 运用资料，描述农民工迁移的特点。(2) 通过资料，分析农民工迁移的原因。

※教材分析※

"如何看待农民工现象"是必修二第一章结尾的问题研究部分。作为本章正文以外的一个案例，它既是课外知识的拓展延伸，也可当成检测学生对人口迁移、人口容量等知识应用情况的一道练习。

本节内容描述的是我国当前农民工的现状，要求学生学会透过现象看本质，通过调查了解农民工现状，透过现状分析其内在原因，帮助农民工找出路，最终提出解决农民工问题的可行性措施。因此，本节可通过"课前调查—课堂材料呈现—提出问题—讨论—得出结论"的形式开展问题式教学。

※学情分析※

通过前面知识的学习，学生已经学会分析人口迁移对迁入地和迁出地的影响，对本节课中农民工的迁移对农村及城市的影响的利弊分析应该难度不大。不少学生自己（或朋友）来自农民工家庭，所以对于农民工现象的现状、原因、贡献等有一定的认识，为本节课的学习打下基础。但大部分学生对农民工现象的认识还是浮于表面，需要进一步深入了解、体会。

※核心素养培养目标※

1. 通过调查、走访的方式了解农民工现状，并学会简要分析农民工现象发

生的原因及其影响。(培养学生地理实践力)

2. 学会通过农民工"往""返"现象分析深层次的影响和意义，理清社会中存在的一些矛盾并提出解决措施。(培养学生综合思维能力)

3. 通过大量图文素材让学生了解农民工的发展现状和困境，以更宽容更理性更尊重的态度对待这一批特殊的城市建设群体，共建和谐社会。(培养学生人地协调观)

※教学重难点※

1. 影响农民工迁移的因素及这种迁移对迁出地和迁入地的影响。
2. 农民工返乡创业的背景及现状。
3. 解决农民工问题的对策与途径。

※教学方法※

问题式教学法。

※教学课时※

1课时。

教学过程设计

※课前预习※

让学生围绕以下问题分组收集相关材料。

第一组问题：城市里的农民工主要从事哪些行业？

第二组问题：返乡创业的农民工主要从事哪些行业？

第三组问题：以某村为例，说明农民工返乡创业对新农村的建设和发展起到的作用。

第四组问题：农民工返乡创业中面临的问题有哪些？

※课堂教学※

◇课堂导入◇

播放视频《春节期间各大城市变空城，空旷寂寥难见人》。

[设问]

为什么一到春节就出现"空城",人都到哪里去了?如果"空城"10天,大家会有什么感觉?

[学生探究研讨]

略

[承转]

从同学们的讨论来看,短时间的"空城"大家总体上还觉得不拥挤,挺好。但如果是长时间的"空城"呢?

◇问题情境1◇

农民工对我国经济发展的贡献

材料一:假如"空城"的状态持续一年,部分地铁线路将关停,新建地铁线路全部停工;商场、店铺大范围倒闭;餐馆的种类减少,价格还涨了;清洁工、保姆和服务员的价格,将会不断往上蹿;快递的站点减少,快递费上涨,快递将变慢递……

◇问题探究1◇

以上材料中的看法,你是否认同?如果不认同,请说出你的观点。

[学生探究研讨]

略

材料二:目前在农村人口迁移对农村经济发展研究上,存在着基本观点上的较大分歧。一些学者认为,农村劳动力大量向城市迁移对整个国民经济,尤其是农村经济都有较大正面影响。但一些学者则认为,农村劳动力离开会导致农村贫困化加剧。

◇追问◇

农民工现象给农村带来了哪些影响?

[学生辩论]

(1)正方代表"利":

①为农村带来了经济收入,改善家庭生活条件,增加农村的财政收入,促进当地经济的发展。

②可以缓解农村的人口压力,充分利用劳动力资源。

③剩余劳动力的迁移还能提高农村的人口素质。

(2) 反方代表"弊"：

①农村教育发展受影响。

②农村青壮年迁出，造成农业生产的劳动力不足，田地抛荒现象严重。

③基础设施建设缺乏，基层组织建设受影响。

④留守儿童问题和空巢家庭问题不断显现。

⑤造成乡村的治安环境恶化和社会秩序的混乱。

[教师小结]

从同学们以上发言及社会调查可得出，农民工现象无论是对农村还是城市发展都有着很大的贡献，促进我国经济发展。

材料三：（第一小组汇报调查结果）目前我国农民工主要从事的行业有：制造业占36.0%，其次是建筑业占17.7%，服务业占12.2%，批发零售业占10.1%，交通运输仓储和邮政业占6.6%，住宿餐饮业占5.3%，其中从事建筑业的比重在逐年递增。

◇追问◇

农民工从事的大多是哪些类型的工作，为什么？

[学生探究研讨]

大多是体力劳动且劳动强度大，因为农民工总体的受教育水平较低。

◇追问◇

农民工处于何种生存境况？

[学生探究研讨]

(1) 作为"廉价劳动力"，工资水平低，拖欠时有发生；(2) 作为"超时劳动力"，工作时间极长，超负荷从事繁重工作；(3) 作为"高危劳动力"，社会保障缺失，各种安全事故频发。

◇追问◇

他们出于哪些原因要远离自己的家乡、亲人来到城市工作呢？

[学生探究研讨]

略

[教师引导归纳]

促使农民工转移的原因：(1) 增加家庭收入；(2) 向往城市生活；(3) 提升生活品质。

[阶段总结]

通过以上学习我们可以得出以下几个结论：(1) 农民工对我国经济发展贡献大；(2) 农民工离开农村对农村发展的影响弊大于利；(3) 导致农民工离开的原因有多方面，但主要是经济因素。

[承转]

为解决农民工个人及农村发展问题，政府努力引导农民工返乡就业，一些农民工积极响应。

◇问题情境 2◇

数百万农民工返乡创业

材料一：（第二小组汇报调查情况）据调查，新生代农民工返乡后所从事的项目大多属于第三产业。第一产业（农业）占到 11.4%，第二产业（工业）占 33.2%，第三产业（服务业）占 55.4%。创业者主要集中在特色种植养殖业、小型加工企业、交通运输业、批发零售业、餐饮住宿服务业、农村旅游业、创办其他组织。它们的比例分别为：9.1%、15.3%、17.9%、18.2%、21.6%、15.6%、2.3%。数据显示，农民工在返乡创业领域中，从事餐饮住宿服务业领域所占的比例较大。

◇问题探究 2◇

他们创业的类型有什么共同点？为什么选择从这些行业开始？

[学生探究研讨]

科技含量低、规模小、投资小、收效快。大多是自己原来所熟悉的行业，经验丰富。

◇追问◇

与农民工外出打工相比，返乡创业给农民工个人和家庭带来的好处有哪些？

[学生探究研讨]

对个人的好处主要有：不用背井离乡、有自己熟悉的环境、能得到家人的帮助、可减少租房费用等；对家庭而言：一家人团聚，解决了留守儿童和空巢老人的问题，带领家人共同致富。

材料二：（第三小组汇报调查情况）返乡创业人员经过长期的"摸爬滚打"，铸就了创业精神和创业能力，磨炼了意志和耐力，素质相对较高；而且这些农民工通过"打工大学"接受了先进的科技文化，有了创业的冲动和信念。

返乡创业人员通过吸纳农村富余劳动力，扩大了农业经营规模；通过对农业的资金支持，提高了农业的技术装备水平，改善了农业的基础条件；通过发展农产品加工业，参与农业产业化经营，带动农产品原料基地和营销网络建设，有力促进了工业和农业、城市和农村、农业和商业的有机衔接与结合。

农民工返乡创业一般都集中在集镇和县城，既增加了集镇和县城的实际人口，又增加了经济总量、扩大了税源，这是一条低成本的小城镇扩张之路，也是一条解决农业过剩人口的新路。

◇追问◇

举例说明农民工返乡创业对新农村建设发展的作用。

[学生探究研讨]

如：开办企业，招收工人，就地解决剩余劳动力；发展乡村旅游业，带动一系列相关产业的发展等。

[教师引导归纳]

农民工返乡创业的作用：

(1) 促进农业结构的调整，延长产业链；

(2) 促进劳动力就地转移激活了地方经济发展；

(3) 带回了先进生产力；

(4) 促进小城镇的发展。

[承转]

任何事物都具有两面性，我们要学会用辩证的方法看问题，看待"返乡创业"也是如此。

材料三：（第四组汇报调查情况）返乡创业的农民工虽然从事的大多还和自己原来从事的行业差不多，但由于角色的转换，由原来的"打工者"变成"老板"后，需要考虑的内容有所不同，这就导致有些农民工在创业过程中出现各种挫折，无法实现预期的愿望。

农民工创业过程中所出现的资金困难问题，小规模的一般都是向亲友借贷，而不愿意贷款负债经营，因为贷款一是手续麻烦，二是要求人办事，三是利息负担会增加投资风险。

内陆地区乡镇一级普遍存在水、电、路、通信、能源等基础设施建设跟不上企业发展需要的问题。道路过窄、路况不良、通信设施差、信息不畅通等问题，不可避免会直接导致交通运输成本高、产品交易周期长等问题。

◇追问◇

阅读材料，概述农民工返乡创业中面临的问题。

[学生探究研讨]

略

[教师引导归纳]

返乡创业面临的问题：

（1）自身素质问题——缺乏经营管理能力、技术水平。

（2）资金来源问题——自有资金不足、融资困难、利息等负担偏重。

（3）创业环境问题——生产经营环境差、基础设施不健全、土地使用难。

[承转]

城市中的农民工普遍面临收入低、住房医疗无保障、子女入学难等问题。而返乡创业也面临着许多困难，真是陷入了两难的境地，我们该如何帮助他们呢？

◇问题情境3◇

如何解决农民工所面临的难题

为解决农民工问题，许多人提出了不同的看法：

（1）深化户籍制度改革，让农民工举家进城落户。

（2）实施居住证制度，保障居住证持有人享有教育、医疗等基本公共服务。

（3）健全促进农民工市民化的机制，让进到城市的农村人口享受与城市居民同等的市民权利。

（4）大力发展大中城市，吸纳更多的农民工。

（5）重点发展中小城镇，鼓励农村劳动力就地就近转移。

（6）支持农民工回乡创业，建设新农村。

（7）加强对农民工的培训，提高农民工的素质。

（8）控制农民工进城的数量。

◇问题探究3◇

阅读材料，请任选出其中一条措施进行评价。

[学生探究研讨]

例如，大力发展大城市，虽然表面上看会达到吸纳更多的农民工的作用，但这将会导致更加严重的城市化问题。

◇追问◇

结合课前调查,请提出与材料不同的措施,并说明理由。

[学生探究研讨]

例如,实施教育、医疗的均衡化,缩小城乡差别等。

[教师点评、补充、归纳]

(1) 改革户籍制度。

(2) 改革现行的人事劳动制度。

(3) 开放大城市,建设大都市区,使农村人口向大城市及其附近的小城镇转移。

(4) 集中发展中等城市,以吸纳流动的农民工。

(5) 政府加强对农民工的培训,提高农民工的素质。

(6) 创办更多的中小企业,以吸纳更多的农村劳动力。

(7) 国家推行适当的政策,鼓励农民成为经营型的民工。

[小结]

无论是政府还是个人都应该在尊重他人、公平公正的前提下提出解决措施,帮助弱势群体走出困境。

◇课堂总结◇

本节课从春节期间的"空城"现象入手,了解农民工迁移的原因及其对迁出地、迁入地的影响;通过对农民工返乡创业的现状的调查,让我们认识到返乡创业的意义及问题;最终基于课前材料的查寻认识到农民工面临的困境,讨论总结出解决农民工所面临问题的措施。

◇板书设计◇

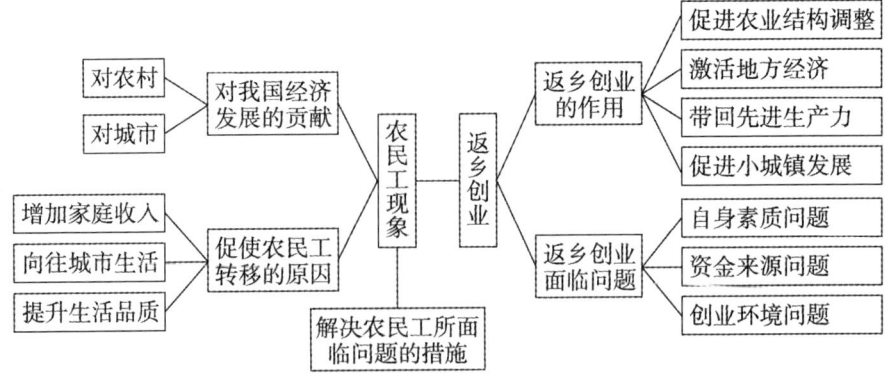

◇设计感悟◇

1. 通过课前调查这一环节，加深学生对社会的了解，通过自己动手动脑找问题，查资料、做调查，提高了他们收集、整理、分析和处理资料的能力。

2. 授课过程中让学生畅谈自己的感想和收获，让他们对农民工现象有了正确而深入的认识与评价。

3. 无论是课前还是在课堂教学过程中，都以学生为主体，教师引导学生用综合思维的方式去看待问题，培养了学生的综合思维能力。

不足之处：由于素材有限，本节课图像不多，而较多的是文字材料，比较单调。

※**课后达标检测**※

下图为某网上商城通过大数据分析绘制的"城市牵挂"示意图。湖北黄冈市（甲地）由于迁出人口比例高，在该地网购收货量中，从异地下订单的寄达商品所占比例最高，从而成为2014年全国最受异地牵挂的城市。读图回答1～2题。

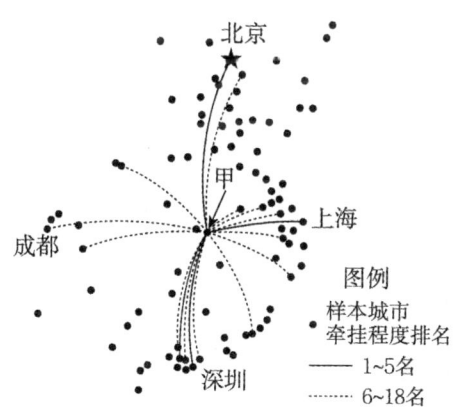

1. 据图可推断，在各种外迁目的地中，黄冈市人口迁出比例（　　）
   A. 北方地区比南方地区低　　B. 西部地区比东部地区高
   C. 珠江三角洲比四川盆地低　　D. 内陆城市比沿海城市高

2. 根据该大数据分析，下列城市中被牵挂指数最低的可能是（　　）
   A. 合肥　　B. 武汉　　C. 成都　　D. 上海

近年来，不少在城市积累了资金、习得专长的农民工，开始逆向流动、返乡创业。这类人,被媒体称为"城归"。据统计,近年来"城归"人数累计达到450万。随着党的十九大明确提出乡村振兴战略,将有更多的"城归"返乡创业,这将给家乡的社会经济发展带来不可估量的现实影响。据此回答3~5题。

3. "城归"返乡创业现象出现的主要原因是（　　）

    A. 城市产业已达饱和,经济效益不断下降

    B. 国家优惠政策实施,乡村经济蓄势发展

    C. 乡村土地无人耕种,大面积的撂荒

    D. 城市生活成本过高,环境污染严重

4. "城归"给乡村带来的是人口红利升级,人口红利升级指的是"城归"人员（　　）

    A. 技能与素质的提升　　B. 年龄构成的年轻化

    C. 数量的大幅度提高　　D. 性别结构的均衡化

5. "城归"现象给乡村最先带来的社会效益是（　　）

    A. 增加家庭收入,改善环境质量

    B. 提高公共服务水平,完善基础设施

    C. 有效解决留守儿童和老龄化问题

    D. 促进农业规模化和专业化发展

【参考答案】

1. A　2. D　3. B　4. A　5. C

第二章 乡村和城镇

第一节 乡村和城镇空间结构

教学内容分析

※课标要求※

2.2 结合实例,解释城镇和乡村内部的空间结构,说明合理利用城乡空间的意义。

※课标解读※

1. 主要概念

城镇通常是指以非从事农业的人口为主,具有一定规模工商业的居民点。

乡村通常是指以从事广义农业的人口为主的聚落。

城镇内部空间结构有多种划分。按照土地利用(功能)可以分为居住区、商业区、制造业区、中心商务区、公共设施与公共空间使用区、交通枢纽区等。按照城市土地利用的强度,可以分为中心区、近郊区、远郊区。按照形态可以分为核心区、卫星城。按照建成时间,可以分为老城和新城。

乡村内部空间结构也有多种划分。按照土地利用可以分为居住区、广义的农业生产区和公共用地区。此外,还有等级较低、规模较小的商业用地。

2. 解读

刻画城镇和乡村不同类型区域的空间结构,包括以下三个步骤。第一,确定各类功能区的范围。第二,描述各类功能区,以及城乡聚落整体的平面形状,分析决定功能区和城乡聚落形状的主观和客观原因。例如,某个商业区呈条带状是因为其依河而建;第三,描述各类功能区之间的相对位置和形成原因。例如，工业区与交通干线和港口紧邻，以减少物流成本，居住区靠近工业区，可以缩短上下班的距离；居住区远离工业区可以避免工业污染的影响。理解功能区之间的关系，若能考虑到多因一果、多因多果、因果互换的情况，就能避免一因一果的简单化思维，从而培养学生的综合分析能力。

※教材分析※

教学内容可分三部分：城镇和乡村形态、城镇和乡村土地利用和功能分区、城镇和乡村内部空间结构的形成和变化。其中，城镇和乡村内部空间结构的形成和变化是重点，而要理解城镇和乡村内部空间结构的形成和变化，必须了解城镇和乡村土地利用和功能分区的基本知识。三部分内容相互联系，使学生对城镇和乡村的有关理论知识有一个较为全面的认识。对照课程标准要求，我们发现，本节教材并未对"地域文化对城镇和乡村的影响"作专门的讨论，因此，课堂教学中应补充这部分内容。考虑到课时关系，在补充这一内容时，不必进行过详细的分析，可在讨论完"城镇和乡村形态"或"城镇和乡村土地利用和功能分区"后，举一两个具体实例引导学生适当讨论即可。从教学内容上来说，学生在义务教育阶段已经学习了不少关于城市的知识，日常接触的媒体中或日常生活或旅游等活动过程中，学生也积累了一定的城镇和乡村感性认识。

从教材编写来看，是从城市内部的土地利用方式不同而形成不同功能区，并对各功能区（主要是住宅区、工业区、商业区）特点加以分析，并对影响城市内部空间结构的经济因素加以重点讲述，最后，以动态的观点来看待城市结构的变化。对城市空间结构的形成原因，涉及经济、历史、社会、行政因素，本教材以经济因素为重点加以分析；对于功能区的特点，重点落实到对城市最普遍的三种功能区（住宅、商业、工业区）加以分析，对于影响因素，经济因素应该是最主要和最经常性影响因素，是重点，同时，因为每个城市有其自身的特点，在一定程度上影响甚至决定其内部空间结构的形成，因而，对其他影响因素也不可忽视。总结起来，一个城市其空间结构的形成往往是多种因素影响的结果，因此，要求学生能够把主要矛盾和全面的观点结合，对城市空间结构的形成加以分析，才能更好地达成课标要求。

高中阶段本部分内容的教学目的就是要引导学生在大量的感性认识的基础上，能对城镇和乡村进行理性的思考，进而理解人文景观与自然景观的关系，形成正确的人地关系观。

※学情分析※

高一学生求知欲望强烈，兴趣广泛，对自然地理环境和人文地理环境都具有一定的认知和分析能力，不少对城市具备一些感性认识。但这一时期，学生理性思维欠缺，归纳推理能力仍然有待提高，在理解"经济因素对城市内部空间结构的影响"时可能会存在很大困难。因此，本课的主要目的就是在学习大量感性知识的基础上，帮助学生建立对城市的理性思考，从而获得新的知识。

※核心素养培养目标※

1. 认识乡村和城镇的地理特征，分析城镇和乡村形态、城镇和乡村土地利用和功能分区、城镇和乡村内部空间结构的形成和变化。（区域认知）

2. 掌握一定的科学研究方法（如归纳演绎法），根据收集到的资料对现象进行分析，对可能的影响和结果进行归纳演绎推理。探寻地理环境对乡村和城镇内部空间结构、形态的影响。体验地理事物和现象的形成过程，从中获取地理规律、培养综合思维。（综合思维）

3. 通过乡村和城镇的内部空间结构的分析，能更好地合理利用城乡空间结构，建立绿色的或可持续的人地关系，保持良好的城市生态系统功能，提高幸福感。（人地协调观）

4. 通过乡村和城镇的实际调查，让学生体会到地理特征对乡村和城镇内部空间结构的影响，理解城镇的内部空间结构布局的合理性和人地关系的协调性。（地理实践力）

※教学重难点※

重点：城镇和乡村的地域形态；城镇和乡村地域结构特点；经济因素在城市地域功能分区中的作用。

难点：城镇和乡村地域形态的形成与地理环境的关系；经济因素在城市地域结构功能分区中的作用。

※教学方法※

案例探究法、小组合作探究法、比较分析法与案例分析法。

※教学课时※

2课时。

教学过程设计

※课前预习※

一、乡村的土地利用

乡村是以_____活动为主的地区。农业用地可分为_____、林地、_____、水域等。

乡村以_____和_____为主。村落内部的土地利用类型可简单分为_____和_____两大类，村落内部空间结构一般都是_____围绕着_____分布。

二、城镇内部空间结构

城镇：包括_____和_____，是以_____活动为主的地区。

城镇土地利用专业化，往往形成不同的_____，相互之间没有明显的_____。

城镇功能区主要有：_____。

三、城镇内部空间结构的形成和变化

城镇内部空间结构的形成因素主要有：_____等，其中最主要的影响因素是_____。

影响地租高低的因素主要有_____和_____两个方面。

城镇内部原有_____的变化会使原有的_____发生转变，进而促使城镇内部空间结构发生变化。

四、合理利用城乡空间的意义

合理的城乡规划具有一定的_____性，可以保证_____和_____的正常进行，有效地预防和解决城镇化带来的_____，有利于区域_____，促进城镇、乡村共同发展，形成人地和谐的_____环境。

※课堂教学（第 1 课时）※

◇课堂导入◇

同学们，在我们的城市，你们经常与父母一起逛街购物的场所一般分布在哪里？在农村购物的场所又是分布在哪里呢？带着这些疑问大家一起学习今天的内容：乡村与城镇的空间结构。（播放大圩古镇视频，请学生阅读教材，并思考大圩古镇商业街的空间格局是受何因素影响的？古镇的公共服务设施分布在哪里才能为居民提供便捷的服务？）

[教师归纳]

聚落是人类的居住地及生活环境的总称，包括乡村与城镇。

◇问题情境1◇

任何乡村和城镇都要占据一定的空间和土地，根据土地的用途不同，可以将其分为不同的土地利用方式。（展示城镇和乡村聚落的景观图片）

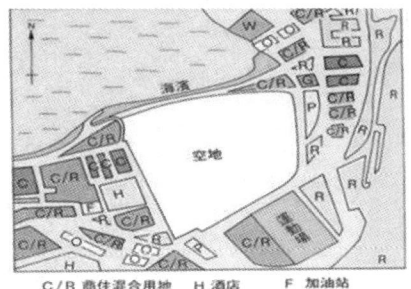

◇问题探究1◇

乡村和城镇的土地有哪些主要利用方式?

[学生探究研讨]

略

[教师引导归纳]

乡村和城镇土地利用的类型

乡村内部空间结构有多种划分。按照土地利用可分为：住宅区、广义的农业生产区和公共用地区。乡村主要还是以农业用地和居住为主。乡村是以农业经济活动为主的地区，依据农业生产特点，农业用地可分为：耕地、林地、草地、水域等不同类型。为了方便生产，农业用地一般分布在村落的周围。此外，还有等级较低、规模较小的商业用地。(乡村聚落空间结构分为三个层次：区域乡村聚落空间结构、群体乡村聚落空间结构、单体乡村聚落空间结构。)当乡村发展到一定规模时，村落内部会出现一些公共设施用地。例如：教材图2.3示意的浙江兰溪诸葛村的村落内部空间结构。

城镇内部空间结构有多种划分。按照土地利用（功能）可以分为居住区、商业区、制造业区、中心商务区、公共设施与公共空间使用区、交通枢纽区等。按照城市土地利用的强度，可以分为中心区、近郊区、远郊区。按照形态可以分为核心区、卫星城。按照建成时间，可以分为老城和新城。

◇问题情境2◇

材料：不同的城市土地利用方式有着各自的特点，而同一种土地利用方式对用地空间和位置需求往往是相同的，必将会导致同一类活动在城市空间上的集聚，形成各种城市功能区。

展示各类城市功能区的图片（类似下图）。

图1

图2

图3

◇问题探究 2◇

（1）分别给上图功能区的景观图片取个名字，简要解释同类功能活动的集聚效应形成功能区，指出城市的功能分区并无明确的界限。

（2）列举你所认识的城市中一般具备的几种功能区。

[学生探究研讨]

略

[教师总结归纳]

同一种土地利用方式对用地空间和位置需求往往是相同的，这就会导致同一类活动在城市空间上集聚，进而形成各种功能区。

（1）景观图片 1、2、3 所示功能区分别为住宅区、工业区和商业区。每种功能区以某种功能为主，可能兼有其他功能，各功能区之间无明确的界限。

（2）城市中功能区一般有住宅区、商业区、工业区、行政区、文化区等。

◇问题情境 3◇

展示商业区和工业区夜视图及低级和高级住宅区示意图。

商业区夜视图

工业区夜视图

不同等级的住宅区

◇问题探究 3◇

(1) 商业区一般分布在城市的什么位置，为什么？说说我们所在的城市的商业区的分布。

(2) 随着城市的发展，住宅区会出现怎样的分化？不同等级的住宅区有什么差异？

(3) 中心商务区有什么特点？它和一般的商业区有什么不同？

(4) 工业区在位置上有哪些要求？为什么？

[师生互动讨论]

引导学生读教材中的香港中心城区土地利用示意图（教材图2.5），说一说图中所示的香港主要功能区有哪几种。（香港主要功能区有：商业中心区、住宅区、工业区、混合功能区）

教师指导学生分析教材图2.5，并思考香港高级居住区和普通居住区为什么会这样分布。（香港的商业中心集中在维多利亚港两岸，居住区分布在商业区的外围，工业区相对远离商业区和居住区。）

由图可以归纳出：住宅区、商业区、工业区是城市中常见的功能区。（补充说明：城市各功能区之间并无明确的界线，某一种功能区以某种土地利用方式为主，可能兼有其他类型的用地，只是其他类型的用地所占的比重较小而已。）

（1）住宅区：高级住宅区和低级住宅区

通过读教材图2.5让学生讨论高级住宅区和低级住宅区分布的位置特点，从而得出高级住宅区多分布在城市的外缘，与高坡、文化区联系；低级住宅区多分布在内城和工业区附近，与低地、工业区联系，进而得出在位置上，高级住宅区与低级住宅区出现背向发展的趋势。

分析香港商业区的分布位置。从图中可以看出，香港商业区位于中环和尖沙咀及维多利亚湾两岸，这里是香港的市中心位置。进而得出商业区多分布于市中心、交通干线两侧或街角路口。

（2）商业区

结合商业活动的特点及商业活动的集聚效应，引导学生分析商业区一般分布于市中心、交通干线两侧或街角路口的原因。从而得出，商业区分布应遵循市场最优和交通最优的原则。

（3）工业区

引导学生读教材图2.5，分析香港工业区在城市中的分布特点及其位置。由图可见，香港工业区位于港口附近，并且位于城市的郊区。从而得出，城市工业区分布的特点——不断向市区外缘移动，并趋向于沿主要交通干线分布；分布的位置——市区外缘，交通干线两侧。

依据工业生产的集聚效应和工业生产运输量大的特点以及工业生产对城市环境的影响等方面，引导学生分析工业区多分布在市区外缘、交通干线两侧的原因。

◇问题情境4◇

引导学生读教材中的唐代长安城的内部空间结构示意图（教材图2.6）。

我国历史上很早就有城市规划的思想。唐代长安城（现西安市）的规划是我国古都规划的一个典范。唐代长安城是当时世界上最大的商贸中心，设东市和西市两大市场。东市靠近宫殿区和贵族高官府邸，多服务于达官贵人；西市是平民市场，也是国际贸易市场。

◇问题探究 4◇

（1）读图找出唐代长安城的行政区（宫殿区）、商业区（市）和居住区（坊）的分布。

（2）说明唐代长安城西市比东市繁荣的原因。

（3）讨论东市和西市的布局特点，领悟唐代长安城规划的思想。

[学生探究研讨]

略

[教师引导归纳]

教师在点评引导时要注意：第一个问题须引导学生用准确的方位词说出各功能区在长安城内的位置，及各功能区间的相对位置；第二个问题须侧重从文字和图入手，从位置、交通、服务的对象等角度说明东西市的差异；第三个问题可引导学生课外收集资料做更深入的研究。

◇课堂小结◇

1. 住宅区

地位：是城市最基本的一项职能，是城市中最为广泛的土地利用方式。

形成：工业革命前居住单元与劳动单元混杂布置，没有出现明显的地域分工，工业革命后形成。

发展趋势：建筑质量上出现高级住宅和低级住宅；位置上高级住宅和低级住宅背向发展，低级住宅往往与工业区联系，高级住宅则与文化区相联系；特大城市为了疏散过密的人口和工业，在距母城比较远的交通干线兴建卫星城，使得一些职工的工作地点和居住地点分离，他们在母城上班，却生活在卫星城。

2. 商业区

特点：占地面积小，呈点状或条状分布于城市街道两侧。

区位：区位需求是有便捷的交通，只有便捷的交通才能吸引大量的消费人口，所以商业区多分布于市中心、交通干线两侧或街角路口处。

中心商务区特征（具有商业和服务的功能）：城市经济活动最为繁忙的地方；人口数量的昼夜差别很大；建筑物高大密集；内部存在着明显的分区。

3. 工业区

工业集聚的原因与意义：现代工业生产专业化程度高，企业之间的协作和竞争性强。集聚既加强城市的经济实力，又拓展原有城市的地域范围。

其他功能区：住宅区、商业区和工业区是城市地域的基本组成，是各类城市共有的功能区，有些城市还有行政区和文化区，而中小城市这些部门占地面积小，或是分散布局，不能形成相应的功能区。

（可列表归纳三种功能区的基本特点。）

◇板书设计◇

第一节　乡村和城镇空间结构（第一课时）

一、乡村的土地利用类型

二、城市功能区的形成

（一）城市功能分区的形成——认识城市功能区

（二）城市功能区的特点和类型

　　城市主要功能区：住宅区、商业区、工业区

◇设计感悟◇

本节课着重学习城市土地利用类型和城市功能区的形成，在了解了城市土地利用类型的基础上，以教材为纲，从学生熟悉的城市入手，分析城市土地利用类型和城市功能区的划分。

※课堂教学（第2课时）※

◇课堂导入◇

通过上一节课的学习，我们对城市各功能区有了初步的了解。在城市内部，不同功能区的组合形成了城市内部的空间结构，随着城市的发展，城市内部空间结构也是处于不断发展和演变之中的。那么是什么因素影响其形成和变化呢？

◇问题情境1◇

城市地域结构特点的形成与城市性质、城市发展历史及自然环境因素有关，也将随着城市的发展而不断变化。科学合理的城市内部空间结构能够保证城市的各项活动正常、有序地进行，促进城市的和谐发展。但是一般来说，最主要是处理好商业区、住宅区和工业区之间的关系。

在市场竞争的环境下，城市每一块土地用于哪一种活动主要取决于各种活动愿意付出租金的高低。

引导学生阅读某城市各类土地利用付租能力随距离递减示意图（教材图2.7）。

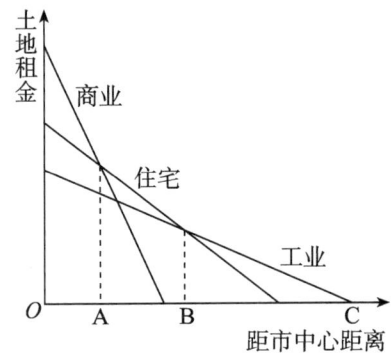

◇问题探究1◇

(1) 影响城市土地租金的主要因素有哪些？

(2) 如何确定图中各区段哪种功能活动的付租能力最强？

(3) 图中各区段城市土地所布局的相应各功能区具有什么优势？

[学生探究研讨]

略

[教师归纳总结]

对城市来讲土地有限，不同地段租金不同。在市场经济条件下，只有付出租金最高的经济活动才可能得到相应的地段，而不同的经济活动类型其付租能力（或愿意付出的租金）不同，直接影响各功能区的选址。所以经济因素是影响城镇内部空间结构的主要因素。城市各区段地租高低的影响因素主要有以下两个方面。

(1) 交通便捷程度：一般来说，交通便捷程度越好，土地价格或租金就越高。

交通分布情况	通达度	土地价格或租金
市中心有多条公路穿过	最好	最贵
市中心延伸出的主要公路两旁和公路交会处	次之	比较贵
远离主要公路的地区	差	比较低

(2) 距离市中心的远近：距市中心越近，地租越高，由市中心向外，地租随着距离的增加而递减。商业、工业和住宅的付租能力也随空间的变化呈现出不同的趋势。

	商业区	住宅区	工业区
用地及分布原因	占地少，要求最大程度地接近消费群体	占地多，要求方便上下班，方便购物	工业生产占地较大，地租占成本的比例很高
距市中心距离远近的影响程度	最近。因而位于距市中心最近的A区，在A区商业支付的租金最高，受经济影响较小	较近。因位于距市中心较近的B区，介于商业区和住宅区之间，满足上下班和购物的需要	较远。在距市中心最远的C区，距市中心较远，可以降低成本、减轻对城市的污染

[承转]

城镇内部空间结构的形成除了经济因素之外，还会受到政策、文化、环境等因素的影响。[多媒体展示北京城市副中心与中心城区关系示意图（教材图2.8）]

◇追问◇

政策因素对城市内部结构的形成有什么影响？

[学生探究研讨]

略

[教师小结]

随着"京津冀协同发展"这一重大国家发展战略的实施，北京市适时调整空间结构，将市一级政府部门搬迁至近郊通州，并带动中心城区相关功能及部分人口向通州疏解，将通州建设为北京市的副中心。

在实际生活中，城市内部空间结构并非完全按照这一经济规律呈现，而是更具复杂性。

在城市发展的初期，各功能用地混杂，尤其是市中心吸引了工业的自然团聚。随着工业发展和第三产业兴起，市中心出现各种问题，工业用地改造成商业用地或其他用地，城市内部空间结构发生变化。

◇追问◇

请同学们说说文化、环境因素对城市内部空间结构的影响。

[教师小结]

一些国家中国人聚居的地方叫唐人街，这不仅是种族的原因，还有中国文化的影响。（另外，关于环境因素，教学中则可以简单说说一些工业区在城镇内的布局原则。）

城镇内部空间结构并不是一成不变的，而是处于不断的变化之中。

	城市发展的初期	城市发展的中后期
城市的地域范围	狭小	扩大
各类功能用地的关系	混杂布置，无明确功能分异	分异明显
工业发展方向	在市中心吸引工业的自然团聚	市区的工厂企业纷纷外迁
原因分析	以市场、交通等优势吸引	为降低成本、保护环境

◇问题情境2◇

在我们国家，随着经济的不断发展，人们对物质生活、精神生活的追求在不断提高，对于我们集聚的聚落乡村与城镇提出了更高的要求，因此合理利用城乡空间就非常重要。（教师分析教材图2.9，展示巴西利亚城市功能分区的相关资料）

◇问题探究2◇

合理利用城乡空间有何意义？如何合理利用城乡空间？

[学生探究研讨]

略

[教师讲解归纳]

(1) 通过发展卫星城、合理规划工业区、保留一定规模的绿地和河湖等生态涵养空间，可以有效改善环境状况，建设宜居的生活空间。

(2) 通过合理安排居住区、基础设施、公共服务设施等，可以提高土地资源利用效率，为生产和生活提供便利。可让学生思考商业区、居住区、工业区在空间分布上有哪些特征。

（3）通过规划，确定具有历史文化价值的场所、建筑物、街区或村落等，保护地方和民族传统特色，使人类历史和文化遗产得以永续相传。

[教师布置活动]

调查学校附近某一功能区的形成和变化。(收集学校所在城镇的土地利用现状图或土地利用规划图，分组调查离学校最近的一个商业区或工业区、居住区)

（1）调查该功能区的范围和形成过程。

（2）讨论该功能区的形成条件，并预测其未来发展。

（3）各组将自己的调查和分析结果在全班交流。

◇课堂小结◇

城乡空间的利用是否合理，可以从以下四个方面判断：其一，是否有利于建立绿色的或可持续的人地关系。例如，在城市中保留一定规模的绿地，可以保持良好的城市生态系统功能。其二，是否能够为人们生活提供便利的条件，提高幸福感。例如，合理规划城市交通道路网线，为产业运输和人们出行提供便利条件。其三，是否有利于社会公正。例如，合理布局教育用地，让高低收入居住区的居民具有相同的享受公共教育资源的便利。其四，是否有利于增强文化活力，例如，城市和乡村设立历史文化保护区、文化创意产业区，既可以保留传统文化，又可以孵化、孕育新文化。

本节课我们主要分析讨论了城市地域结构的形成原因及发展变化，特别是影响城市地域结构形成的主要因素。

◇板书设计◇

第一节　城市内部空间结构（第2课时）

一、城市地域结构的形成和变化

（一）城市地域结构的形成

（二）影响城市地域结构形成的因素

　　1. 经济因素

　　2. 其他因素

（三）城市内部空间结构的发展变化

二、合理利用城乡空间的意义

◇设计感悟◇

通过合作学习掌握城市地域结构模式的特点，着重抓住对影响城市地域结构形成的最主要因素——经济因素的理解，从而引导学生认识不同功能区的分布和合理布局，构建城市和谐发展的观念，使学生生成科学合理的现代社会价值观。

※课后达标检测※

2012年城市发展与规划大会于2012年6月12～13日在广西桂林召开，会议主题是"宜居、低碳与可持续发展"。据此回答1～2题。

1. 城市土地利用的一般模式是，自中心城区到远郊区依次为商业用地、居住用地、工业用地和农业用地。影响这种土地利用空间结构的主要因素是（　　）

①土地价格　　②发展历史　　③交通条件　　④生活习惯

A. ①②　　　B. ①③　　　C. ②④　　　D. ③④

2. 作为一个旅游城市，在桂林的城市用地中，比重最大的是（　　）

A. 工业用地　　B. 商业用地　　C. 居住用地　　D. 交通用地

某沿海城市人口达1 600万，约60%居住在离市中心3 km的范围内，城市人口54%居住在贫民窟。下图示意该城市与大型商贸中心不同距离段的用地构成。据此完成3～5题。

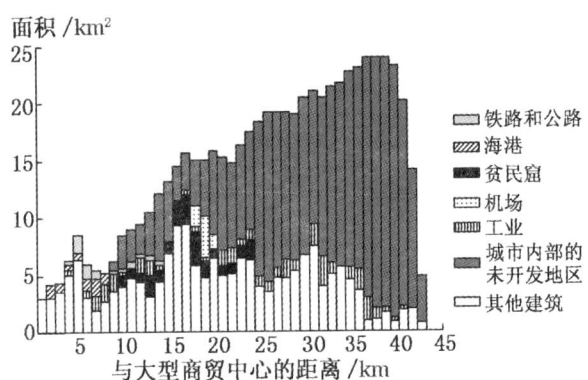

3. 影响该城市大型商贸中心区位的主导因素是（　　）

　　A. 工业　　　　　　　　　　B. 行政中心

　　C. 海洋运输和贸易　　　　　D. 居民人口密度

4. 该城市开发最充分的区域距离大型商贸中心（　　）

A. 0～8 km　　B. 9～16 km　　C. 17～24 km　　D. 25～35 km

5. 该城市自市中心向外（　　）

   A. 依次分布着商业区、居住区、工业区

   B. 依次分布着商业区、工业区、居住区

   C. 土地开发比例逐渐降低

   D. 没有形成明显的功能分区

6. 下图是某城市功能区分布图，读图回答下列问题。

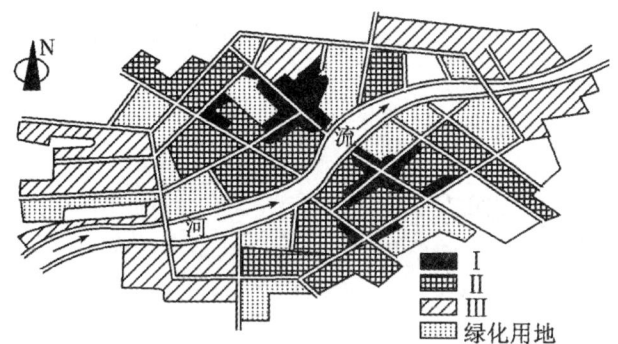

（1）图中城市主要功能区分别为：Ⅰ_____区、Ⅱ_____区、Ⅲ_____区，其中用地方式多分布在城市外围的是_____区（填代号）。

（2）Ⅰ类功能区主要分布在城市中心或_____，下列关于该类功能区主要特点的叙述正确的是_____。

①人口流量大　　②人口密度较小　　③交通便捷　　④对外联系不便

⑤地租水平高　　⑥土地利用集约

　　A. ①②④⑤　　B. ②③⑤⑥　　C. ③④⑤⑥　　D. ①③⑤⑥

（3）由于经济原因，不少城市中的Ⅱ类功能区开始出现高级和低级的分化现象。如果图中城市地区的主导风向与河流的流向大体一致，则高级区应主要分布在城市_____（方位），理由是_____。

【参考答案】

1. B　2. C　3. C　4. A　5. D

6.（1）商业　住宅　工业　Ⅲ　（2）主要交通干线两侧或街角路口　D

（3）西南　城市盛行风的上风向，城市河流上游

第二节　城镇化

教学内容分析

※课标要求※

2.4 运用资料，说明不同地区城镇化的过程和特点，以及城镇化的利弊。

※课标解读※

1. 主要概念

城镇是以非农业产业和非农业人口集聚形成的较大居民点。

城镇化也称城市化，一般是指乡村人口向城市地区集聚和乡村地区转变为城市地区的过程。

城镇化对一个城市而言，就是城镇等级升级的过程；城镇化对一个地区而言，就是城镇等级体系的形成过程。当社会生产力发展到一定阶段，农村人口转化为非农业人口并向城镇集聚，农村地区转化为城镇地区，城镇数量增加，这个过程就叫城镇化。

城镇化中的"化"既是人口向非农聚落集聚的过程，又是产业向非农聚落集聚的结果。城市是人类活动对地理环境影响最深刻的地方，也是人地关系最尖锐的地区，优越的地理环境更有利于城市的发展。不同地区的城镇化，其过程、特点、影响不同。

2. 解读

城镇化的特点可以用非农人口增长速度、产业结构变化、城镇数量的变化、城市基础设施、公共服务设施的发展水平等来刻画。

不同地区可能处在城镇化的不同阶段，表现出城镇化的差异性。在分析城镇化时，区域单元大小非常重要。针对不同问题，可以选择不同的区域单元。例如，在分析农业人口进城就业的目的地选择问题时，可以选择都市化地带作为区域单元；在分析城镇基础设施发展水平时，可以选择城市内部的市区或郊区作为区域单元，通过比较，可以看到城镇化给郊区带来的好处。

我们可以从多个角度分析影响城镇化空间差异的原因，如本地原因和外部原因、自然原因和人为原因、历史原因和当下原因。教师可以引导学生用案例比较的方式，发掘城镇化推进的地区差异，推断产生差异的原因。

分析城镇化的利弊要站在不同的角度上，辩证地、历史地、全局地看待。具体分析步骤如下。第一步，找到一个城镇化的话题和一座要分析的城镇。第二步，找出与此问题相关的要素、要素关系、要素分布。第三步，根据第二步的各要素分布图确定分析此话题的区域单元。第四步，就此话题，比较各地区不同时期的发展过程和差异。

※教材分析※

课标中关于"聚落（城乡）"的内容有2条："2.2 结合实例，解释城镇和乡村内部的空间结构，说明合理利用城乡空间的意义""2.4 运用资料，说明不同地区城镇化的过程和特点，以及城镇化的利弊"。

本部分内容既承前人口和文化，又启后产业、战略与发展和地理信息技术。在设计上采用案例教学法来实施，通过学习帮助学生理解不同地区城镇化的过程和特点及城镇化的利弊，进而认识到任何一个城市的各种资源与环境的承载力都是有限的，宜坚持走人地协调的可持续发展道路；城镇化是多因素共同作用的结果，解决城镇化问题宜用综合思维来分析判断。

※学情分析※

在本节课学习之前，学生已学过人口、城镇概念、乡村概念、土地利用方式、城乡内部空间结构等知识，为本节课做了很好的知识铺垫。对于城镇化，学生有一定认知，但要"运用资料，说明不同地区城镇化的过程和特点，以及城镇化的利弊"则较为困难。

※核心素养培养目标※

1. 通过分析不同地区城镇化的过程与特点，来理解区域自然特征是区域社会经济发展的基础，一个区域的自然状况会影响城镇化的发生、发展，回归区域，落实区域认知素养。（区域认知）

2. 能够简单分析人口、城乡、产业、文化等人文地理事象之间，以及它们与自然要素之间的关系，解释人口分布、城乡内部空间结构、城镇化、产业区位等的时空变化过程。掌握一定的科学研究方法（如归纳演绎法），根据收集到的资料对现象进行分析,对可能的影响和结果进行归纳演绎推理。体验地理事物和现象的形成过程,从中获取地理规律、培养综合思维。探寻人类活动(城镇化)对城市自然地理环境造成的影响。(综合思维)

3. 通过分析城镇化对城镇自然地理环境造成的影响,寻求人地协调,走可持续性发展的道路。(人地协调观)

4. 通过对人口、城乡、产业等方面的人文地理事象设计、实施社会调查,并作出简要的解释。(地理实践力)

※**教学重难点**※

重点:运用资料,说明不同地区城镇化的过程和特点,以及城镇化的利弊。

难点:

(1) 城镇化发生发展的动力机制。

(2) 运用区域认知、综合思维来认识城镇化的过程、特点及影响。

※**教学方法**※

对比探究法、案例教学法。

※**教学课时**※

1课时。

教学过程设计

※**课前预习**※

◇知识梳理◇

什么是城镇化
- 概念:人口向_____集聚和城市范围不断_____、乡村变为_____的过程。
- 标志:用_____、_____、_____来表示,最重要的指标是_____。
- 意义:
  - 促进区域经济增长
  - 提高_____利用效率
  - 改善_____
  - 增强区域_____

世界城镇化的进程
├─ 城镇化水平随时间变化：可表示为一条_____曲线。
├─ 阶段和特点
│   ├─ 初期阶段：城镇化水平较低，发展_____。
│   ├─ 中期阶段：城市化推进_____，市区出现了很多城市化问题。
│   └─ 后期阶段：城市化水平比较高，城镇人口比例高于70%，但增长_____。
├─ 地区差异：发达国家大都进入了城镇化的_____阶段；发展中国家则大部分处于_____阶段。
├─ 我国的城镇化水平区域差异明显，_____地区较高，中部和_____部分地区较低。
└─ 城镇化的影响：改变了人们的生产、生活方式，给区域经济发展带来巨大活力，但也容易出现各种_____问题和_____问题，这些问题要在_____过程中加以解决。

地理信息技术在城市管理的应用
└─ 地理信息技术在_____、_____、_____等城市管理方面得到广泛应用。利用地理信息系统对各类空间信息的_____、_____和分析功能，结合_____系统的定位、导航功能，为人们工作生活提供信息平台。地理信息系统的_____、_____制图等功能可在城市规划、建设管理中提供服务。

※课堂教学※

◇课堂导入◇

2014年11月27日，李克强总理在国家博物馆参观人居科学研究展时，看到一张中国地图上的"胡焕庸线"时，李克强总理发出了"胡焕庸线怎么破"之问："我国94%的人口居住在东部43%的土地上，但中西部一样也需要城镇化。我们是多民族、广疆域的国家，我们要研究如何打破这个规律，统筹规划、协调发展，让中西部老百姓在家门口也能分享现代化。"在这则新闻中，涉及一个词"城镇化"，什么是城镇化呢？让我们进入今天的新课。

◇问题情境 1◇

材料一：长江三角洲地区的城市密度示意图（教材图 2.11）。

材料二：长三角城市群呈现出"一超二特三大"的格局，上海城区人口超过了 2000 万，是长三角唯一的超大城市（1000 万以上）。南京和杭州城区人口均超过 600 万，处于特大城市行列（500 万以上 1000 万以下），未来将向超大城市进军。合肥、苏州和宁波的城区人口超过 300 万，处于Ⅰ型大城市（300 万以上 500 万以下）行列。

◇问题探究 1◇

(1) 长江三角洲地区的城镇数量、规模从 1985 年到 2015 年发生了什么变化？原因是什么？

(2) 如何判断一个区域的城镇化水平？

[学生探究研讨]

略。(通过师生交流互动，从城镇数量、等级、人口规模的变化，来认识城镇化这一概念。城镇发展的背后是城镇经济的发展，长三角地区经济发展较快吸引大量人口涌入。在引导学生判断区域城镇化水平时，重点介绍城镇化的三个标志：城镇人口增加，城镇人口占总人口比例上升，城镇用地规模扩大，其中城镇人口占总人口比例是最重要的指标。)

[设计意图]

通过分析长三角不同时期城市数量、等级以及人口的变化来理解城镇化概念，进而引出区域经济发展不平衡引起人口迁移（城镇化动力）。

◇问题情境 2◇

材料一：2018 年 5 月，联合国经济和社会事务部人口司发布的《2018 年版世界城镇化展望》报告指出，快速城市化进程以及全球人口增长使得各国城市居民数量从 1950 年的 7.51 亿激增到 2018 年的 42 亿，数据显示，至 2050 年，全球城镇人口总量将增加 25 亿，其中中国将新增 2.55 亿。这份报告显示，目前世界上有 55% 的人口居住在城市地区，到 2050 年，这一比例预计将达到 68%。在新增城市人口中，有近 90% 的人口将居住在亚洲和非洲，并且高度集中在几个国家，其中印度、中国和尼日利亚 3 国城市人口将占到增幅的 35%。到 2050 年，预计印度的城市人口将增加 4.16 亿，中国增加 2.55 亿，尼日利亚增加 1.89 亿。

材料二：从世界各国城镇化进程来看，城镇化水平随时间的变化不管是发达国家还是发展中国家以及世界的城镇化曲线，基本上都是呈一个被拉张了的"S"形态。

材料三：中国城镇化过程曲线图（教材图2.22）和中国城市群空间分布示意图（教材图2.23）

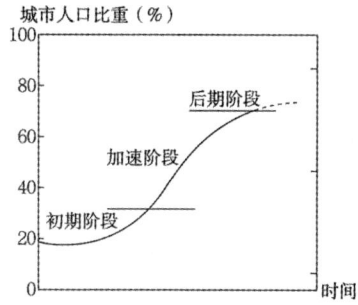

◇问题探究2◇

（1）世界城镇化的趋势是什么？世界城镇发展是否均衡？发达国家和发展中国家的城镇化有何差异？

（2）从城镇化水平、发展速度、地域扩张趋势和常见问题四个方面概括城镇化不同阶段的特点。

阶段	水平	发展速度	地域扩张趋势	常见问题
初期阶段				
中期阶段				
后期阶段				

（3）目前我国城镇化处于哪个阶段？我国东部和中西部城镇化水平差异大小原因是什么？如何破解东、西部城镇化差异？

[学生探究研讨]

略

[设计意图]

整个探究过程意在从世界到中国，从一般到特殊，从纵横两个视角比较城镇化不同阶段的特点、发达国家和发展中国家的城镇化差异。

◇问题情境3◇

材料一：长三角土地面积合计21.2万平方千米，占全国的2.2%；2018年经济总量17.9万亿元，占全国的19.8%，和印度相当；常住人口1.5亿人，占全国的11%。交通方面，长三角城市群是中国获准修建城市轨道交通最多的城市群，包括上海、南京、杭州、合肥、苏州、宁波、无锡、常州、南通、绍兴、金华和芜湖12城。整体来看，长三角综合实力突出，在中国19个城镇群中最具潜力成为世界第六大城市群。

材料二：长三角石化、冶金等领域存在一定无序竞争，核心城镇规划滞后明显，经济效率与世界级城市群存在差距。第一，冶金、石化等资本密集型产业因具有投资总量大、投资回报周期长、对地方经济带动能力强等特点，受到地方政府青睐。在23个长三角沿海沿江城市中，分别有13个和12个城市在"十三五"规划纲要中明确提到要发展石化和冶金产业。第二，城市规划滞后，过去实际人口的增长超过了政府的规划，基础设施和公共服务的供给并不能满足人们的需求。比如，上海都市区的轨道交通运营里长和路网密度远低于纽约、东京等城市。第三，长三角城市群反映效率和效益的指标，与其他世界级城市群相比存在明显差距。长三角城市群人均GDP约为世界五大城市群的30%左右。

材料三：长三角地区众多的河湖却在工业化的进程中不断被污染，例如2013年江苏省废水排放总量59.20亿吨，废水中化学需氧量排放总量114.89万吨，废水中氨氮排放总量14.74万吨。大量的污水排放导致长江三角洲地区水质越来越差。

◇问题探究3◇

分析长江三角洲城镇化的利与弊。

(1) 结合生活实际，从经济发展、人们生活、环境保护的角度分析长三角城镇化的有利影响。

(2) 结合材料二、三，分析城镇化过程中可能出现的问题，原因是什么？除了材料提及的，城镇化过程还有可能出现哪些问题？

(3) 今后在长三角的发展中，应注意如何保护和改善城市环境。

[学生探究研讨]

略

[设计意图]

通过三个材料，客观、公正、辩证看待城镇化的利弊，以及运用综合思维来思考城镇化带来的各种问题。长江三角洲城镇化的利弊，材料一是从城镇化对区域经济的有利影响（利），材料二是从产业角度分析城镇化对区域经济的不利影响（以往讲城镇化的不利影响多从生态和社会角度，提及经济角度的很少），材料三是从生态角度分析，单取水污染，以小见大，顺便给学生留下拓展的空间，如空气污染、垃圾围城、光污染、噪声污染等（不利于影响）。

［教师小结］

城市是人类对自然环境改造最强烈的地区。随着城市的不断发展，城市的地域日益扩大，环境也相应受到影响。课堂上给大家提供的材料有限，城市化带来的不利影响除了上面材料提到的还有很多，感兴趣的同学可以进一步探究：

（1）城镇化对大气有何影响？

（2）城镇化对城镇水循环有何影响？

（3）城镇化对生物有何影响？

［承转］

城市，尤其大城市是人口高度密集的地区。随着城镇化的发展，城市的方方面面在不断变化。日常工作、生活中，居民的出行、购物、工作、就医、娱乐等需求不同，城市管理面临很大挑战。

在城市管理中，借助地理信息系统对各类空间信息的储存、分析和处理功能，结合全球卫星导航系统的定位、导航功能，可为市民衣食住行等日常生活搭建信息平台，提供便利。

◇问题情境4◇

如下图所示，某外地市民打算从福州火车站（福州站）驾车到东街口，手机上的地图软件的导航功能给出了路线规划、所需时间、交通拥堵状况，甚至给出了目的地的全景照片，大大便利了出行。

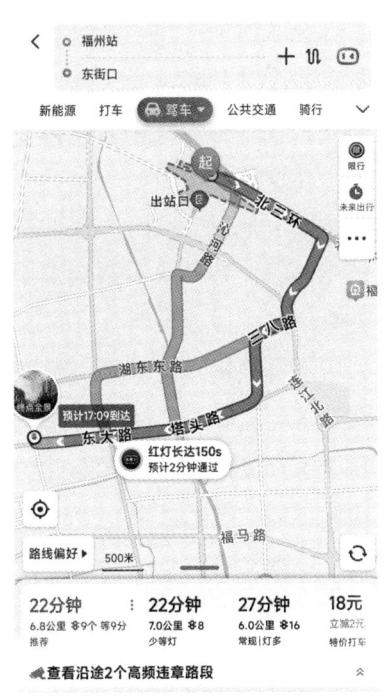

◇问题探究4◇

1. 地理信息技术主要包括遥感（RS）、全球卫星导航系统（GNSS）和地理信息系统（GIS）。这三大技术的主要功能分别是什么？

2. 手机上的导航要随时掌握车辆的位置，需要利用哪一种地理信息技术？

3. 要判定福州站到东街口的道路是否畅通，还需要利用哪些信息技术？

4. 导航软件在提供路线规划时，软件内部的工作程序（逻辑）是怎样的？

5. 导航软件提供路线规划时，通常会从路线长短、路况等级高低、路况拥堵与否、是否收费等角度提供不同的路线规划。导航软件在根据不同需求提供路线时分别需要提取哪些信息，利用到哪些地理信息技术？

6. 由地图导航推想，在城市管理中哪些领域还可以利用地理信息技术？

［学生探究研讨］

略

［教师引导归纳］

导航主要涉及三个要素，一是定位，二是路况，三是需求（路程短，还是时间短，亦或是花费少，特别是涉及收费公路与免费公路时）。

定位需要用到全球卫星导航系统，最终的路线规划则主要依据需求和路况而定，需要利用地理信息系统对各类空间数据（图层）进行客观分析（计算），依据各种特定的条件（任务）进行综合（优化）。

地理信息系统的海量空间信息存储、分析和处理等功能，加以卫星导航和遥感技术，使地理信息技术在现代城市中的应用渗透至各个部门。

在城市规划和建设管理中，地理信息系统依托其强大的数据管理、图层分析、制图等功能，为政府、企业等提供全方位的应用服务。例如，利用地理信息系统，可以为公共服务设施布局提供优化方案（展示教材图 2.27）。

［设计意图］

关于地理信息技术的基本概念和机理，必修第一册已经讲述过，可以视为已有知识。教学中不要纠缠于地理信息技术的原理，而应该重在应用。为此，在教学过程中，参考教材的图文材料，设计结合本地的"导航"任务。问题的设置注重逻辑递进，由简到难，由点到面，既适当复习了"3S"的基础知识，又让学生从导航软件可能提取的信息、利用到的技术等角度进一步认识地理信息技术，最终让学生推测除导航之外，地理信息技术在城市管理中可能的应用。由此，让学生通过亲身体验，感悟地理的实用价值。

◇教师总结◇

通过以上内容的探究，学习了城镇化的概念、指标、意义、世界城镇化的进程、城镇化影响和地理信息技术在城市管理中的应用，为我们今后看待城镇各种问题提供了相关的知识储备、思想方法。感兴趣的同学还可以就以下内容做进一步思考与探究：城镇化除了水污染外还有哪些生态问题、哪些社会问题、地理信息技术在城镇管理中还可以应用到哪些领域……

◇板书设计◇

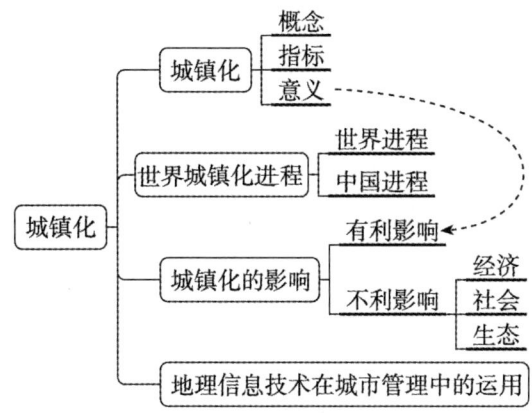

◇设计感悟◇

本教学设计用大量结合新闻事件和最新数据作为情境，以比较新颖的角度引导学生思考城镇化的相关问题。比如，在旧教材中对城镇化的不利影响主要侧重在生态角度（水、大气、土壤、固体废弃物等污染等），教学设计中特意增加了对经济的不利影响（产业趋同），对生态的影响仅选取一个水污染来阐述，其他环境问题则留给学生课外去拓展。在处理新教材时，没有完全按照教材顺序，而是对新教材进行重组将城镇化的意义（有利）并入到城镇化的影响中来，这样可以更好地培养学生对城镇化的相关问题进行辩证思考。

※课后达标检测※

下图为1850～2050年中国、英国和美国三国城镇化进程示意图（含预测）。读图回答1～2题。

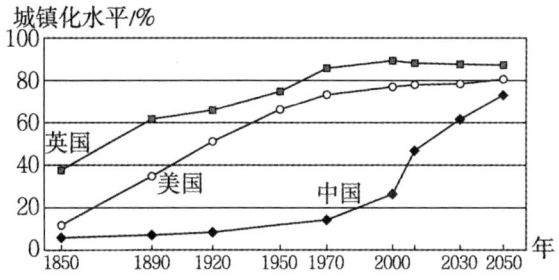

1. 图中（　　）

    A. 英国城镇化进程的速度始终高于美国
    B. 美国先于英国达到 80％的城镇化水平
    C. 1970 年以后中国城镇化进程快于美国
    D. 各国城镇化水平的最重要衡量指标是城镇人口数量

2. 2030 年与 2000 年相比，三国城镇化带来主要变化有（　　）

    A. 英国——第一、二产业比重增加
    B. 美国——城市环境质量持续恶化
    C. 中国——城市土地价格普遍上涨
    D. 中国——第一产业成为主导产业

下图是北京土地覆盖变化示意图，读图完成 3～4 题。

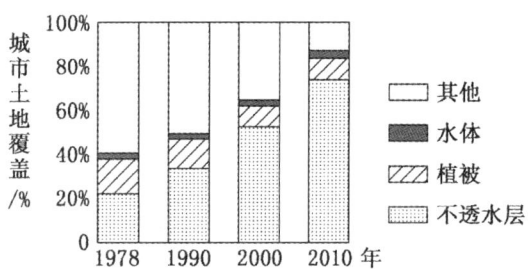

3. 北京城镇化过程中水量减少最明显的水循环环节是（　　）

    A. 降水　　　B. 蒸发　　　C. 下渗　　　D. 径流

4. 北京城镇化过程中最容易诱发（　　）

    A. 地质灾害　　B. 洪涝灾害　　C. 风沙侵袭　　D. 焚风效应

"潮汐车道"方便"钟摆族"上下班。（"潮汐车道"是指根据交通流量的变化，通过交通指示标志，对其行驶方向进行适时调整的车道，"钟摆族"指工作在城里，生活在郊县或其他城市，两处奔波的职场人士。）读图，回答 5～6 题。

5. 对"钟摆族"的叙述最可信的是（　　）

    A. "钟摆族"多居住在高级住宅区

B. "钟摆族"购房主要考虑环境质量

C. "钟摆族"都自己驾车上下班

D. "钟摆族"的形成与城镇化有关

6. "潮汐车道"的设置目的主要是（   ）

A. 优化配置道路资源　　　　B. 美化城镇道路景观

C. 加强城镇交通管理　　　　D. 减少道路交通事故

7. 读材料，回答下列问题。

材料一：党的十八大指出：加快完善城乡发展一体化机制，着力在城乡规划、基础设施、公共服务等方面推进一体化，促进城乡要素平等交换和公共资源均衡配置，形成以工促农、以城带乡、工农互惠、城乡一体的新型工农、城乡关系。下图为我国城镇化曲线图（含预测）。

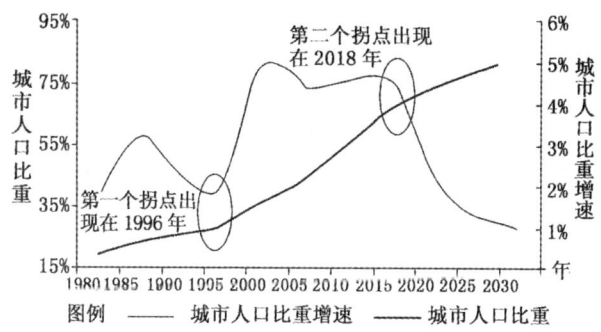

材料二：下表为某城市市中心与郊区16时的气温差。

时间	1月	2月	7月	10月	全年
平均气温差/℃	5.2	6.0	5.4	6.0	5.5

（1）1990－2030年，我国城镇化进程处在哪一阶段？该阶段有何特点？

（2）结合所学知识，简述我国实施城乡一体化新格局的地理意义。

（3）据材料二表中数据，分析该城市在城镇化进程中城郊之间污染物迁移的方向与原因，并提出为改善城区空气质量在郊区应采取的有效措施。

【参考答案】

1. C 2. C 3. C 4. B 5. D 6. A

7. （1）加速发展阶段。人口和经济活动向城镇聚集，城镇化水平加速提高；城镇数量增加；城镇用地规模大幅度增加；出现城镇密集地区和城镇群。

（2）有利于缓解城镇压力，壮大城镇经济实力；有利于发展农村经济，促进农村的城镇化进程；有利于缩小城乡差距（或增强农村发展活力），实现城乡共同繁荣。　（3）方向：高空污染物由城镇向郊区扩散，近地面污染物由郊区流向城镇。原因：城郊气温差产生了城郊之间的热力环流（或城镇热岛效应）。措施：在郊区布局有大气污染的工业时，应该选择在热力环流下沉气流之外的区域；提高郊区绿化率。

第三节　地域文化与城乡景观

教学内容分析

※课标要求※

2.3 结合实例，说明地域文化在城乡景观上的体现。

※课标解读※

1. 主要概念

地域文化是指在一个地区的人们共享的，在生产生活、精神活动中体现的价值观和审美情趣。

景观是指相对固定在地表的实体要素，自然景观如土壤、植被、地貌等，人文景观如农田、矿山、道路、建筑。本模块主要涉及人文景观。

2. 解读

地域文化对城乡发展影响深远，这种影响是长期的浸润式的。由于城乡景观是看得见、摸得着的，因此，课标要求选择从城乡景观的角度来看地域文化的影响。分析城乡景观体现的地域文化，可以分为以下步骤。第一步，确定景观的基本功能。第二步，找到景观的位置和占地范围。第三步，确定景观所在的地域范围。第四步，确定景观处于城乡的哪个功能区或者文化区，从而判断景观是如何体现功能区或文化区的特点。第五步，判断景观是否具有象征意义，这种象征意义属于地域内哪些人。确定了意义主体是哪些人，就可以知道未来该景观是被重视，被忽视，还是被消灭。

※**教材分析**※

本部分内容主要是帮助学生了解地域文化对城乡景观的影响，树立人地协调发展的观念。本节课在设计上采用案例教学法，以"婺源地区建筑"为本节课分析案例，借助徽州地区建筑来阐释婺源文化对景观的影响。

※**学情分析**※

高中学生具有较强的自学能力和分析问题、解决问题的能力。在本节课之前学生已经学完人口与城镇的相关知识，学生已经学会利用地理信息技术或其他地理工具，收集和呈现地理数据、图标和地图，但分析问题、解决问题有待提高。

※**核心素养培养目标**※

1. 学会分析婺源地区区域特征，进而复习区域认知素养，如能认知婺源地区。（区域认知）

2. 探寻地域文化对聚落空间形态的影响。掌握一定的科学研究方法（如归纳演绎法），根据收集到的资料对现象进行分析，对可能的影响和结果进行归纳演绎推理。体验地理事物和现象的形成过程，从中获取地理规律、培养综合思维。（综合思维）

3. 通过对婺源地区建筑真实情境的对比分析，了解婺源地区建筑与自然环境的关系。（人地协调观）

4. 通过婺源地区建筑的真实情境，让学生探究影响婺源地区建筑的因素。（地理实践力）

※**教学重难点**※

通过婺源地区建筑的真实情境，让学生探究地域文化如何影响婺源地区建筑。

※**教学方法**※

案例探究法、小组合作探究法。

※**教学课时**※

1课时。

教学过程设计

※**课前预习**※

地域文化的定义：_____。

地域文化类型：_____。

聚落的定义：_____。

聚落类型：_____。

景观的定义：_____。

※**课堂教学**※

◇**课堂导入**◇

材料：在婺源，徽派的官宅与商宅的建筑有所不同，官宅讲究气魄，商宅注重财运。婺源思溪延村的古建筑处处体现着商人的这种讲究与追求。

村内至今较为完整地保存着56幢清代商人建造的古民居，被誉为"清代商宅群"。当时，婺源属徽州管辖，作为古徽商队伍中一支劲旅的婺源人（主要是茶商和木商），纷纷把当地盛产的茶叶和木材运销到外地经营。他们经商致富后，又纷纷把白花花的银子寄回来买田造屋，以此来光宗耀祖。

整个村落以明清古建筑为主，村落内以青石板铺地，古建群背靠青山，面临清溪和稻田，四周都是绿地，村庄与秀水青山的优雅自然风光融为一体。现有172户，667人，占地约8.6公顷。有古民居156幢，其中明代建筑5幢，清代建筑80多幢，现存古建筑占地面积约为16 000平方米。（教师播放有关徽派建筑的视频，解说，导入）

[设计意图]

视频导入，观看婺源文化视频，让学生对婺源文化遗产产生兴趣，激发学习动力。

◇问题情境1◇

阅读下图与材料，小组推演教师设置的几个问题。

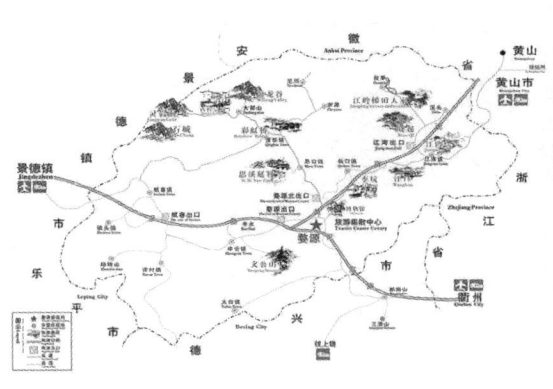

材料：思溪延村位于江西省婺源县思口镇境内，距县城紫阳镇13千米左右。始建于南宋庆元五年（1199），至今已有800多年历史。当时建村者俞氏以（鱼）思念清溪水而名。几百年来在江西、浙江、上海乃至湖南、广西等地经商，主要从事木材、茶叶、盐业等商业活动。经商致富的人多携资归故里买田置房、兴建书院，创建了大批府第楼阁、祠堂牌坊等。

◇问题探究1◇

(1) 描述婺源位置。（今属江西省上饶市下辖县。位于江西省东北部，赣、浙、皖三省交界处）

(2) 婺源县思溪延村的基本功能。（居住、历史文物、旅游）

[学生探究研讨]

略

[设计意图]

以婺源县思溪延村的案例推演，探寻婺源县思溪延村的基本功能。

◇问题情境2◇

材料：婺源地区典型建筑为：祠堂和牌坊。虽然祠堂在江南村落中并不少见，但像婺源地区拥有如此为数众多、规模宏伟、装饰精美的祠堂却不多见。祠堂主要用于祭祀祖先，也作为各房子孙办理婚、丧、寿、喜等的场所。家族内部的重要事务，也常在祠堂进行商议。

◇问题探究 2◇

婺源地区典型建筑祠堂受什么地域文化的影响？

[学生探究研讨]

分组研讨，得出基本结论：婺源地区存在的大量祠堂说明当地人们有极强的宗族宗法观念，这不仅属于儒家思想文化影响范畴，而且更进一步上升到儒教的层面。这实际上反映了精神文化与制度文化的影响。

[设计意图]

通过观察婺源地区典型建筑祠堂和牌坊，引导学生分析婺源地区典型建筑祠堂和牌坊受什么地域文化的影响。

◇问题情境 3◇

材料：婺源建筑的主要形式为天井四合院，严格意义上讲应该是天井三合院，虽然也可以归属四合院，但与老北京四合院有较大区别。

◇问题探究 3◇

(1) 说明婺源建筑天井的功能。（承接和排除屋面流水、采光、通风的功能）

(2) 婺源建筑天井四合院受到哪些自然因素的影响？（皖南地区气候湿润，特殊地形相对封闭）

(3) 婺源建筑天井四合院受到哪些地域文化的影响？（由于屋面檐口内朝天井，四周流水从檐口流入明坑，当地称之为"四水归堂"，由于水主财，当地徽商非常重视，要"聚财气"，"肥水不流外人田"，所以这种建筑设计正是"聚

财"想法在建筑上的外化)

[学生探究研讨]

略（可分组进行）。

[设计意图]

通过天井的功能引导学生分析天井的影响因素，从而探究地域文化对天井的影响。

[教师小结]

地域文化在城乡景观上的体现

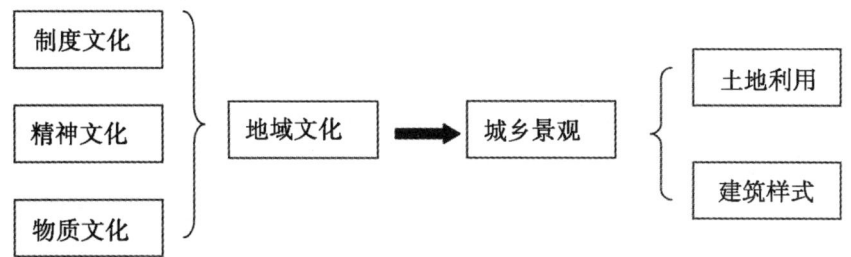

◇问题情境4◇

教师展示有关满洲里的城市区位图和景观图。

材料：满洲里是国务院确定的国家重点开发开放试验区。满洲里口岸是中国最大的陆路口岸。满洲里原称"霍勒津布拉格"，蒙语意"旺盛的泉水"。1901年因东清铁路的修建而得俄语名"满洲里亚"，音译成汉语变成了"满洲里"。刚出火车站，大家就能看到大量独特的建筑，这些别具特色的建筑使满洲里这座城市充满了异国风情。

解放前的满洲里

现在的满洲里

◇ 问题探究 4 ◇

(1) 满洲里大量独特的建筑有什么特点？这些建筑属于什么风格？（有的是高又大的圆穹顶，有的是尖顶的楼房，这些建筑多属于俄罗斯式的建筑）

(2) 满洲里为什么有大量的异国风情建筑？（满洲里大量的异国风情建筑式，深受俄罗斯文化的影响）

[学生探究研讨]

略

[设计意图]

通过对满洲里（城镇）材料的分析，学会应用前面所学，在分析乡村文化对景观影响的基础上以满洲里俄式建筑为载体，分析地域文化对城镇景观的影响，达到举一反三，提升分析问题、解决问题的能力。

◇ 设计感悟 ◇

本节课应用探究式教学方式，在教学过程中，注意尊重学生，使学生充分发挥自身的能力，引领学生利用所学的课堂知识对某个问题进行分析。教学的关键在于教师根据课本上的知识提出有价值问题，从而激发学生对课本知识产生兴趣。须注意给学生创造探究式的氛围，然后引导学生以小组合作的方式，或者独立地利用所学知识解决问题，最后教师再对提出的问题进行总结，通过这样的方式，不仅可以培养学生解决问题的能力，而且还可以培养学生独立思考的能力。

※ 课后达标检测 ※

1. 下列属于城市景观特色的是（　　）
①文物古迹的特色　　②自然环境的特色　　③民族风情与民间艺术特色
④城市格局的特色　　⑤城市商业广告

　　A. ①②③⑤　　　　　　　　B. ①②④⑤
　　C. ①②③④　　　　　　　　D. ①③④⑤

2. 有关城乡特色景观的叙述，错误的是（　　）
　　A. 文物古迹代表着一个城市历史文化的内容和形式
　　B. 大理濒临洱海，泉州紧靠晋江，虽然两个城市均依山傍水，但由于

山水景色不一，其自然景观各具特色

C. "小桥、流水、人家"，反映出独特的水乡特色

D. 城市的轮廓、绿化空间及所有建筑物都是城市的特色景观

3. 阅读下列材料，回答问题。

材料：晒秋是一种典型的农俗现象，具有极强的地域特色。湖南、安徽、江西等生活在山区的村民，由于地势复杂，村庄平地极少，只好利用房前屋后及自家窗台屋顶架晒、挂晒农作物，久而久之就演变成一种传统农俗现象。发展至今，不少地方的这种晒秋习俗慢慢淡化，篁岭晒秋被文化部门评为"最美中国符号"之后，其更演变成乡村旅游提升的"图腾"和名片。

"篁岭晒秋"所表现的景观体现了什么样的区域文化？

【参考答案】

1. C 2. D

3. 篁岭晒秋是特有的地域乡土文化，是一种独特的民俗文化现象，婺源"篁岭晒秋"体现农家喜庆丰收的"盛典文化"，体现篁岭"朝晒暮收"、晒台"话桑麻"的田园生活文化特点，体现"晒秋人家"的农俗乐趣。

问题研究　从市中心到郊区，你选择住在哪里

教学内容分析

※课标要求※

2.2 结合实例，解释城镇和乡村内部的空间结构，说明合理利用城乡空间的意义。

※课标解读※

课标要求培养学生地理实践力、综合思维等核心素养，其中落到实处就是学生在学习过程中形成的、在解决真实情境中的问题时所表现出来的必备品格和能力。城市内部结构的形成受到经济、政策、环境、文化、规划等因素的影响，随城市的发展而变化。城市中的经济活动之间发生空间的竞争，同一种经济活动对用地空间和位置需求往往是相同的，这就会导致同类活动在空间上高度集聚，形成住宅区、商业区、工业区等不同的功能区。但城市地域功能分区的形成受到多种因素的综合作用，主要包括经济因素、历史因素、社会因素等。历史因素是形成城市功能分区的基础；社会因素（收入、知名度、种族等）对城市功能分区的影响主要表现在住宅区的分化上。对于某一城市功能区形成原因的分析，既要用综合的观点进行思考，同时更要抓住促使其形成的主要因素。城市内部住宅区分布最为广泛，其形成受到多种因素的影响。通过人们对于住宅区的选择，从微观入手，探知住宅区形成的影响因素。

※教材分析※

"从市中心到郊区，你选择住在哪里"是高中地理必修2第二章"乡村和城镇"的问题研究内容。学生在了解城乡内部空间结构及其形成原因、意义后，为帮助学生更好地理解学习内容，联系生活实际，增强教学效果，以学生身边"住宅区"的选择为抓手，理解城市功能区的形成，郊区城市化的发展和城市化的影响三方面内容，既能让学生在活动中体会到学习的乐趣，又使学生学到了

对生活有用的地理,并将地理课堂知识运用于生活实践中,在"地理实践力"中渗透乡土情感,提升地理教学的亲和力。

※学情分析※

在本节课之前学生已经学完有关乡村和城镇的空间结构,了解了城市内部结构形成的影响因素,在生活中也对所在城市的房价有简单的了解,对自己所居住的住宅环境有一定的认识。同时高一学生基本已经具备一定的收集信息能力,并能利用电脑进行一定的信息处理。由于综合思维能力尚不完善,因此对于问题的分析往往带有一定的片面性,地理实践力也有待提高。

※核心素养培养目标※

1. 学生分小组收集自己住宅区的案例,了解影响人们住房选择的因素。(综合思维、地理实践力)

2. 以点带面,通过对广州、北京住房发展趋势案例的分析,了解郊区城市化原因及其带来的影响。(综合思维)

3. 通过对家乡不同区位的住房相关材料的收集,更加深入地了解家乡自然、人文地理特征,激发学生热爱家乡的乡土情感,树立积极进取的人生观。(区域认知、人地协调观)

※教学重难点※

1. 通过分小组收集自己住宅区的案例,了解影响人们住房选择的因素。

2. 通过对广州、北京住房发展趋势案例的分析,掌握郊区城市化的原因及其带来的影响。

※教学方法※

问题式教学法、小组合作探究法。

※教学课时※

1课时。

教学过程设计

※课前预习※

课前学生分小组进行问卷调查,了解小区居民选择居住在这里的原因,以及所居住地区的优缺点。

※课堂教学※

◇课堂导入◇

师：(导入新课) 播放《大腕》视频片段，视频中精神病院里患者的一段关于房地产的言论，不仅讽刺了一部分人错误的消费观念，同时也从侧面反映出某些影响住房选择的因素。

师：房地产业有一句名言："第一是地段，第二是地段，第三还是地段。"这句名言中所谓的"地段"用地理语言怎么描述呢？

生：具有一定区位优势的地方。

师：那究竟是什么影响了地段的价格？让我们以福州市的住宅区价格来看看。

◇问题情境1◇

教师展示福州市小区分布图以及福州房价表等资料。

福州市住宅价格变化趋势遵循离中心城区越远价格越低的特性，从中心向四周降低，向西北方向延伸比较明显。以东街口商圈、三坊七巷为中心，下沿至五一广场到中亭街一带向四周呈现梯度下降趋势。闽江两岸住宅价格形成条状分布带，闽江北岸住宅价格略高于闽江南岸。福州市住宅价格整体变化情况，说明区位因素、交通条件、城市发展和居住环境是影响住宅价格的主要因素。

◇问题探究1◇

结合你的调查问卷，说明人们选择居住的小区的原因及其优缺点。

[学生探究研讨]

展示调查问卷的结果。

生1：所在小区离东街口较近，方便购物、逛街等，交通便利，服务设施较好，但容易出现交通拥堵、停车困难等现象，房价也较高。作为学区房，许多人选择这里是考虑孩子上学或者离工作单位较近。

生2：所在小区距离宝龙万象近，小区环境较新，交通方便，基础设施比较完善，房价适中。但是周边环境较差，商业区附近，较为吵闹。

生3：住在五四北，属于郊区接近乡村地带，离城市距离较远，小区环境

优美，小区附近基础设施如医院等不太完善，但是通了地铁后，交通更加便利了。周边治安环境较差，房价较低。

［教师指导归纳］

通过刚才这几位同学的分享，我们了解到对于住房的位置，不同的人往往会有不同的选择，那么人们对居住地的选择一般会考虑哪些因素呢？根据大家的案例，我们知道了距市中心的远近、房价、个人收入、个人兴趣、交通、住宅区环境、服务设施、居住观念等因素都会影响人们对住房的选择。

［设计意图］

以福州住宅区为背景展开，结合学生居住的小区，提高学生学习地理的兴趣。通过开展问卷调查，提高学生的地理实践力，从真实地理情境中获得构建理论知识。

◇问题情境2◇

2007年到2017年十年间福州市的人口变动：人口增长速度最快的是近郊区，近郊区人口增长不断加快，远郊区的长乐和闽侯县近几年人口不断迁往近郊区。虽然福州市人口依然向市中心区集中，但是市中心区最核心的南街街道、安泰街道等从2000年出现人口负增长。随着福州市交通的发展，人口流动的加速，中心城区人口聚集将持续减缓，人口郊区化现象将越来越明显。

◇问题探究2◇

福州市居住区呈现向郊区扩散的倾向。这个现象的出现需要具备哪些条件？

［学生探究研讨］

受到市中心房价过高，郊区交通、基础设施的改善，郊区环境更优质等的影响。(小组讨论，自由发言，言之有理即可)

［教师指导归纳］

福州市居住区呈现向郊区扩散的倾向，主要原因是人们对环境质量和经济发展水平要求的提高、郊区基础设施的逐步完善。如地铁一号线的建成，金山省立分院的设立，如福州八中在三江口设立高中部（教育）等，使得人口向金山、五四北和城门（福州南部）扩散。

［设计意图］

通过福州人口增长的变化，了解福州郊区城市化的现象。结合乡土地理，促进学生对郊区城市化的发展因素的理解，进而培养学生的区域认知和综合思维能力。

◇问题情境 3◇

福州市自 20 世纪 90 年代以来不断扩容提质，城市化快速推进。但仍存在新增建设用地占用大量耕地、建设用地效率偏低、城市用地结构不尽合理、土地利用过度与闲置并存等问题。

1981－2017 年福州平均每年有 32.6 个高温天（35 ℃以上），7 月平均气温高达 34.5 ℃，均超过了传统"四大火炉"之首的重庆，成为我国省会城市 7 月份的高温王者，跻身全国新"四大火炉"之首。

在福州郊区，道路拓宽了，工厂多了，人流、物流繁华了，然而配套却远远没有跟上。不少小区入眼的依旧是拥堵的交通、漆黑的路面、杂乱的周边。

◇问题探究 3◇

福州城市向郊区扩散给土地利用方式带来哪些影响？给城市发展带来哪些影响？

［学生探究研讨］

有利影响：市区环境改善；郊区土地利用率提高，交通等基础设施的改善。不利影响：环境污染加剧，热岛效应增强。

［教师指导归纳］

有利影响：(1) 使市中心人口密度降低，减少了人口压力，有利于环境的改善；(2) 可以刺激汽车消费，促进汽车工业的发展；(3) 促进郊区交通等基础设施的改善。

不利影响：(1) 私家车大量使用增加交通压力；(2) 加剧郊区污染；(3) 郊区耕地被占用。

［设计意图］

通过分析福州市郊区城市化产生的问题，理解其对福州城市发展的影响，培养学生对地理环境整体性的认知以及综合分析能力，从而形成正确的人地协调观。

◇课堂小结◇

本节课的话题并无标准答案，从市中心到郊区，人们选择住在哪里是因时因地因人受到不同因素影响的，这就需要用地理综合思维方法去选择适合自己的住房。随着城市人口不断增加，对环境质量要求的提高和经济发展水平的提高、郊区基础设施的逐步完善，人口不断向郊区迁移，因此对城市的发展产生了有利和不利影响，这就需要我们用正确的人地协调观去看待。

◇**课外拓展**◇

讨论思考：在发达国家或发达地区，居住区经历了由城区向郊区扩散的过程之后，未来人们选择居住地将会出现哪种趋势呢？为什么？

在郊区化之风盛行多年后的许多发达国家，目前正以"回归都市生活"的理念大规模地推进着新一轮的住宅运动。在纽约、巴黎，随着城市规划建设的日趋完善，越来越多的中产阶级告别郊外重返都市的怀抱。相信若在城市的中心，有一个规模适度、品质高尚、价格适宜的社区，城市绿化和主题广场、城市公园的大规模建设，让城区的居住环境和生活指数得以大幅度提高，置业者将会作出毫不犹豫的选择。

(开放性讨论) 如果你的家人或亲属现在要买房，让你帮助选择，从市中心到郊区，你会选择住在哪里？为什么？未来呢？

"择郊而居"，还是"固守老城"？

(学生展开讨论，开放性问题，只要言之有理即可)

◇**板书设计**◇

问题研究　从市中心到郊区，你选择住在哪里

一、影响人们选择住房位置的主要因素

　　自然地理因素：小区及周边自然环境的优劣

　　社会经济因素：交通通达性、房价与收入的对比、基础设施完善程度、
　　　　　　　　　小区治安环境、个人偏好等

二、郊区城市化

　　1. 影响因素：环境改善、经济水平提高、交通等基础设施完善

　　2. 郊区城市化的影响

　　(1) 有利影响

　　(2) 不利影响

◇**设计感悟**◇

新课程倡导采用真实情境下的问题探究教学法，体现学生的主体地位，把课堂真正给予学生。同时利用乡土地理，提高学生学习的兴趣，学习对生活有用的地理。这就要求教师做足做好课前准备工作，只有充分的准备工作才能指

导学生探究学习、才能"随机应变"地不断调整动态发展的学习过程，保证"问题研究"的顺利进行。

※课后达标检测※

下图为某城市地租分布等值线图，读图完成1~2题。

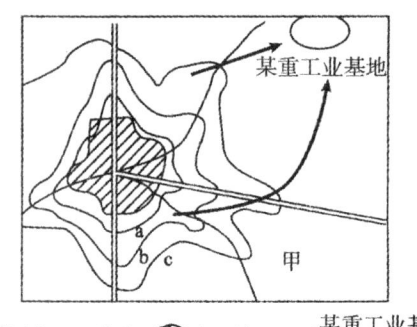

1. 图中，等值线a、b、c的付租能力关系是（　　）

  A. a＞b＞c   B. a＜b＜c

  C. a＝b＞c   D. a＞b＝c

2. 近年来甲地出现了高级住宅群，主要原因是该地（　　）

  A. 位于城市边缘，环境质量好

  B. 远离中心城区，地价便宜

  C. 地势开阔，便于建立住宅区

  D. 位于河流附近，取水方便

3. 近年来，发达国家出现逆城市化现象，城市人口向郊区、乡村居民点和小城镇流动，其原因不是（　　）

  A. 人们对环境质量要求提高

  B. 乡村及小城镇基础设施逐步完善

  C. 城市经济发展缓慢

  D. 地铁、高速公路等交通事业的发展

廉租房是政府向住房困难的家庭提供的社会保障性住房，下图为我国某大城市2016年城区地价等值线示意图。读图回答4~5题。

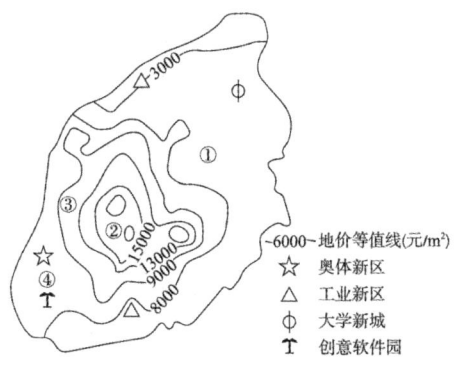

4. 该城市的廉租房,应选建在图中的( )

　　A. ①　　　　B. ②　　　　C. ③　　　　D. ④

5. 近年来④地地价涨幅较大且不断吸引人口迁入的主要原因是( )

　　A. 出现郊区城市化　　　　B. 高附加值产业集聚

　　C. 出现逆城市化　　　　　D. 原有基础设施完善

下图是某城镇略图,读图回答6~7题。

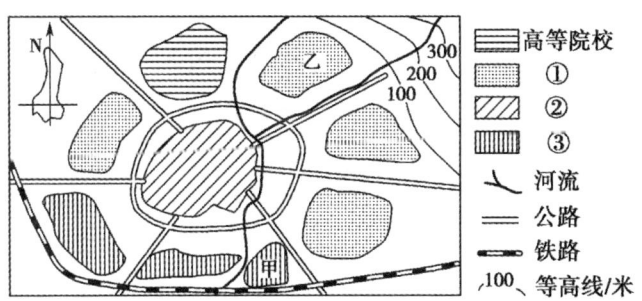

6. 图中①②③所代表的城市功能区分别是( )

　　A. 住宅区、工业区、商业区　　B. 工业区、住宅区、商业区

　　C. 商业区、住宅区、工业区　　D. 住宅区、商业区、工业区

7. 若乙处为新开楼盘,下列房地产开发商的广告词中,能反映其优美自然环境的是( )

　　A. 毗邻大学,学术氛围浓厚　　B. 交通便利,四通八达

　　C. 视野开阔,俯瞰全城　　　　D. 水岸名邸,上风上水

下图是我国某城市简图。读图完成8~9题。

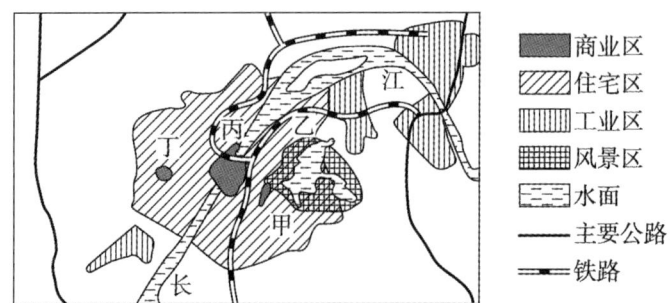

8. 由于会产生噪音，通常铁路不适宜穿过市区，该城市铁路穿越市区的影响因素最可能是（ ）

    A. 经济因素   B. 社会因素   C. 行政因素   D. 历史因素

9. 图中住宅区价格最高的是（ ）

    A. 甲   B. 乙   C. 丙   D. 丁

10. 城市土地利用的空间结构受多种因素的影响。目前，一般城市选择在远郊建造公租房、经济适用房，影响这一决策的主导因素是（ ）

    A. 土地价格   B. 地租支付能力

    C. 交通条件   D. 土地利用效率

【参考答案】

1. A 2. A 3. C 4. A 5. B 6. D 7. D 8. D 9. A 10. A

第三章 产业区位因素

第一节 农业区位因素及其变化

教学内容分析

※**课标要求**※

2.5 结合实例,说明工业、农业和服务业的区位因素。

※**课标解读**※

1. 主要概念

农业生产活动和农业区位因素,其中农业生产活动概念简要说明即可,农业区位因素指的是影响一个地方农业生产选择的因素。

2. 解读

可从区位和区位因素的简单概念入手,为后续其他产业活动区位因素的学习分析奠定基础,课标要求说明各个产业的区位因素,关键在于两点,一是有哪些因素可能影响产业区位,二是这些因素的变化对相关产业区位的影响,因此教学中需注意区位知识体系的构建,以区域为背景,通过案例分析让学生掌握分析区位因素的方法并达到举一反三、学以致用的目的。

对农业的区位因素,可以从自然因素、经济(市场)因素等方面分析。农业与自然条件密切联系,一个地区的自然条件(地形、气候、土壤等)影响当地农业产品的种类和质量。有些农业专业化地区不完全由自然条件决定,而是生产资料市场起了作用。专业化地带的空间分布与地租有直接关系。所有的农业生产者都愿意靠近市场,从而节约运输成本,但是有些农业生产活动更需要靠近市场,如那些运输、保鲜成本高的鲜果和绿叶蔬菜种植业。当区域农业生产的自然条件没有很大差异时，这些更需要靠近市场的农业生产者就宁愿支付较高的地租，而其他不太需要靠近市场的农业生产者就将离市场较近的地方让给愿意出高地租的生产者。

※**教材分析**※

"农业区位因素及其变化"是人教版普通高中课程标准实验教科书必修2第三章第一节的内容，是第三章其他内容的基础，因此，本节内容对于整章内容的学习具有重要的作用。

教材通过两种不同农业景观图的对比，引出农业区位的概念以及影响农业区位选择的因素。教材在内容的安排上，先正文，后活动，之后是自学窗，正文内容简洁明了，活动案例具有典型性和针对性，自学内容拓宽学生视野。教材选取的典型材料主要目的是引导学生正确地解读信息，并准确地分析各因素对农业区位的影响，并以辩证的观点认识自然条件对农业区位的影响；以动态的视角探究社会经济因素特别是市场、交通、科技等因素的发展变化对农业生产的影响。

※**学情分析**※

高一的学生已经在必修1学习的基础上具备一定的人文地理知识和地理基本素养，在初中具备一定的区域地理的基本知识，思维比较活跃，已具有一定的问题研究能力、分析能力及表达能力。但是对农业生产了解相对较少，且缺乏相应的地理概括能力和思维能力，因此在教学设计中要通过大量的文字及图片、视频，在帮助学生正确理解课本知识的同时也培养学生读图析图及获取相关材料信息的能力。要注意利用生活中的地理帮助学生理解教材理论，同时用理论帮助指导生活，并努力营造学生自主合作探究的课堂学习氛围，激发学习的兴趣和热情。

※**核心素养培养目标**※

1. 通过地图确定区域的地理位置，建立空间概念，进而复习初中地理的相关区域特征。(区域认知)

2. 通过图文资料，学会分析农业区位因素及其变化对农业区位的影响；学会分析某地或某种农业区位选择的主要因素。(综合思维、地理实践力)

3. 以具体案例引导学生学会进行区域比较。通过生活中的地理，理解农业

区位因素及其变化对农业区位的影响,并学会运用这一理论知识评价某一地区的农业选择。(综合思维、地理实践力)

4. 通过对农业区位的学习,让学生理解在发展农业生产时要因时、因地制宜,形成农业可持续发展的理念。(人地协调观)

※**教学重难点**※

影响农业选择的区位因素以及农业区位因素变化对农业发展的影响。

※**教学方法**※

问题式教学法、案例探究法、小组合作探究法。

※**教学课时**※

2课时。

教学过程设计

※**课前预习**※

一、农业区位因素

1. 农业的概念

人们利用土地的自然生产力,_____或_____等,以获得所需的产品,这就是农业生产活动。

2. 农业生产的特点:_____、_____、_____。

3. 农业区位的含义:

(1) 农业生产所选定的_____。

(2) 农业与相关地理因素的_____。

4. 主要农业区位因素:

(1) 自然因素:_____、_____、_____、_____等。

(2) 人文因素:_____、_____、_____、_____、_____等。

二、农业区位因素的变化

1. _____因素较为稳定,_____因素变化较快。_____的变化,使生产经营的_____和_____发生变化。

2. 随着_____的进步,人们可以利用_____、_____等,改善农作物生长所需的_____、_____等因素，从而扩大了农作物种植的_____；_____的发展使干旱地区也能栽培农作物。

3. 交通运输条件的_____和农产品_____技术的发展，使市场对农业区位选择的影响在_____大为扩展。

※课堂教学（第1课时）※

◇课堂导入◇

[展示图片]

"吃货眼中的中国地图"

[教师引入]

从图中我们发现不同的地域有不同的美食，说明美食也要受到不同地域地理环境的影响。那么这些美食会受到哪些地理环境要素的影响，又是怎样受其影响的呢？今天我们就要来学习一下。我们刚才图片中所展示的美食原料其实都是离不开农业生产的。

[提问]

古诗《过华清宫》云："长安回望绣成堆，山顶千门次第开。一骑红尘妃子笑，无人知是荔枝来。"唐明皇那么宠爱杨贵妃，为什么不在长安种植荔枝？

[学生回答]

略

[教师小结、承转]

这充分说明了不同的农作物需要有不同的种植环境。就像我们前面所展示的"吃货眼中的中国地图"一样，图中南北方的美食就无法对换，体现了农业与自然环境的关系最密切，其受自然环境的影响最大。但随着社会发展和科技的进步，社会环境对农业的影响也越来越大，因此农业地域的形成和自然环境、社会环境都有着很大的关系。那么影响农业生产的区位因素到底有哪些？

[设计意图]

以"吃货眼中的中国地图"及"为什么不在长安种植荔枝"的导入让学生明白我们的生活与农业息息相关，引发学生学习兴趣，并引出农业区位因素。

◇问题情境1◇

展示、引导学生阅读分析两种不同的农业景观示意图和农业主要区位因素示意图（即教材 P55 图 3.2、图 3.3）。

◇问题探究1◇

(1) 根据图示教材，分析湄南河平原和澳大利亚牧场的农业类型有何不同？其原因是什么？

区域	景观	原因	农业类型
湄南河平原			
澳大利亚牧场			

(2) 影响泰国湄南河平原与澳大利亚东南部农业景观不同的区位因素有哪些？

(3) 结合教材图 3.3 思考，除图中列出的因素外，影响农业区位选择的因素还有哪些？

[学生探究研讨]

略

[教师指导归纳]

(1)

区域	景观	原因	农业类型
湄南河平原	人力耕种的水稻田、地势低平、红色土壤	气候湿热、机械化程度低	人力耕种的水稻田
澳大利亚牧场	放养的羊群、牧草茂密，远处有树林	地势平坦，降水较少	牧场

(2) 两个地方的气候、地形、劳动力、市场等区位因素差异显著，导致了两地的农业景观差异。

(3) 影响农业的区位因素还包括科技、历史文化、资金等，而且我们还可以将农业的区位因素分为自然因素和人文因素，自然因素包括气候、地形、土壤、水源等，人文因素包括市场、交通、劳动力、科技、政策等。

[设计意图]

让学生确定地理位置，建立空间概念，进而帮助他们正确分析影响这两个地区的农业区位因素并得出影响农业区位的主要因素。

◇问题情境2◇

材料一：柑橘，是亚热带常绿果树，性喜温暖湿润气候，不耐低温，一般认为12.8 ℃为柑橘开始生长温度，生长最适宜温度为23 ℃～31 ℃，达37 ℃～38 ℃时生长受抑制。有效积温对柑橘生长影响很大，我国的柑橘产区，≥10 ℃年积温为4500 ℃～9000 ℃。苹果是喜低温干燥的温带果树，要求冬无严寒，夏无酷暑。适宜的温度范围是年平均气温9 ℃～14 ℃，冬季极端低温不低于－12 ℃，夏季最高月均温不高于20 ℃，≥10 ℃年积温5000 ℃左右。

材料二：河套平原地处我国半干旱地区，主要指阴山以南的黄河冲积平原，海拔在1000米左右，地势由西南向东北倾斜，自清代以来，开渠引黄河水自流灌溉，农业发达，是内蒙古自治区最重要的灌溉农业区和商品粮基地，素有"塞外江南"的美称。

材料三：读江西省千烟洲的立体农业示意图（教材图3.4），思考为什么千烟洲要采取这样的农业布局模式。

材料四：茶树喜温湿的气候和酸性土壤。杭州的明前龙井世界知名，日本茶道研究者曾经把茶种带回日本栽培，但效果始终不好。

◇问题探究2◇

(1) 读材料一，说出柑橘主要分布在我国南方，苹果主要分布在我国北方，影响其区位选择的主要因素是什么？

(2) 读材料二，河套平原能成为"塞外江南"的主要影响因素是什么？

(3) 读材料三、四，分别说出最根本的原因是什么？

[学生探究研讨]

略

[教师指导归纳]

橘子与苹果的分布差异，塞外江南的形成，最根本的因素是自然因素。

自然因素	对农业生产的影响	对农业区位选择的影响
气候	(1) 光照长短、强弱的地区分布，在很大程度上决定农作物的地区分布 (2) 热量不仅制约着农作物的产量，而且关系到农作物种类、耕作制度和栽培方法	根据当地的气候条件，选择适当的农作物品种、耕作制度
地形	地形的类型、海拔、坡度和坡向影响农作物种类分布和生产规模	坡度大于25°的坡地不宜发展种植业，适宜发展林、牧业；平原地区宜发展耕作业
土壤	土壤是农作物生长的物质基础，不同的土壤适宜生长的作物不同	根据不同土壤类型，选择适宜生长的农作物
水源	干旱、半干旱地区水源是发展灌溉农业的先决条件	根据不同地区的水分差异，选择种植不同的作物

[设计意图]

让学生通过对材料的分析得出影响农业区位的四种自然因素及其对农业区位选择的影响，培养学生获取和分析材料信息的能力。

[过渡]

农业生产活动所考虑的并非只是如何利用土地生产作物，更重要的是如何将生产的农产品运到市场销售，以获得经济收入。所以，除了自然因素外，人文因素对农业生产活动的影响也很重要。

◇**问题情境 3**◇

材料五：荷兰的花卉业享有盛誉，每年鲜切花、花卉球茎、观赏植物出口总值达 60 亿美元，是荷兰重要经济支柱之一，对于园艺产品，及时的运输和运输前后良好的存储条件至关重要。荷兰良好的交通基础设施、可靠的运输部门为此提供了保证，产品能以最快的速度通过机场运往美国及远东地区，带有冷藏集装箱和卫星通信装置的特别运输火车每日发往法国和俄罗斯。

材料六：太空玉米能结出 6～7 个棒子，长出 5 种颜色，而且味道比普通玉米好。上天"修炼"回到"尘世"的太空种子，具有十分广阔的市场，必将撒播广袤的大地，生产出更多更好的太空食品，给人类带来无限的福音。

◇**问题探究 3**◇

阅读教材中有关深圳郊区蔬菜种植和基本农田保护标志牌的图片（图 3.5 和图 3.6）结合材料，指出哪些人文因素会对农业生产产生影响？

[**学生探究研讨**]

略

[**教师指导归纳**]

人文因素	对农业生产的影响	对农业区位选择的影响
市场	市场的需求量最终决定了农业生产的类型和规模	关注市场动态，根据市场需求安排生产
交通	发展商品农业必须有便利的交通	园艺业、乳畜业等应布局在交通运输便利的地方
政府政策	政府制定相应的政策，直接干预农业生产	响应政府决策，在政策规定的范围内发展农业生产
科技	通过机械化、良种化、水利化等农业现代化过程影响农业的发展	改变农业生产方式，如利用玻璃温室和塑料大棚生产反季节蔬菜；利用科技，提高土地生产率和粮食产量
劳动力	劳动力的数量和素质影响农业生产的类型和经营方式	劳动力丰富的地区可以精耕细作，集约经营

[设计意图]

让学生通过对材料的分析得出影响农业区位的人文因素及其对农业区位选择的影响，培养学生获取和分析材料信息的能力。

[活动拓展]

完成教材 P57～58 活动题：分析亚洲水田农业形成的区位因素。

[学生探究研讨]

略

[设计意图]

通过活动帮助学生进一步理解影响农业的区位因素包括自然和人文两大方面，学会通过材料及图片获取和分析地理信息，达到学以致用的目的，帮助学生树立在发展农业生产时要因时、因地制宜的观念。

◇课堂小结◇

通过本节课的学习，我们明白了一个地区的农业区位选择会受到自然因素和社会因素的共同影响，所以在选择农业时应因时、因地制宜。

※课堂教学（第2课时）※

◇问题情境1◇

播放视频《广西宜州——中国桑蚕之乡》

材料一：随着广东、浙江、江苏等东部省区经济的发展，工业化和城市化进度的加快，土地成本和人工成本不断上涨，致使传统的蚕桑产业发展受到制约，生产规模逐年下降；我国中西部地区社会经济发展相对落后，并拥有较为丰富的土地资源和劳动力资源，具备发展蚕丝产业的自然条件和社会基础。因此，将蚕茧产区逐步从东部地区向中西部地区进行战略性转移，对稳定我国蚕丝产业、保证我国茧丝绸大国地位、促进中西部地区农民增收和经济发展都具有重要意义。

材料二：随着改革开放经济的发展，在我国广东深圳、上海等大城市郊区的农民，开始改种蔬菜，发展肉、乳、蛋、禽生产，如教材 P60 图 3.10、图 3.11。

材料三：荷兰的鲜花出口占全球市场的 60%，在 24 小时之内，荷兰的鲜花可以空运到世界上每一个角落。荷兰人自豪地说,是他们的鲜花装点了整个世界。

◇问题探究1◇

(1) 观看视频,并结合材料一分析为什么我国最大的桑蚕生产基地由江浙地区转移到广西宜州?

(2) 结合材料二、三,说明哪些区位因素的发展变化对当地农业区位选择产生了影响?

[学生探究研讨]

略

[教师指导归纳]

江浙地区城镇化程度变高,从事农业生产的人越来越少,因此需要耗用大量劳动力的传统桑蚕业逐渐萎缩,而广西则利用气候条件优越、农村劳动力丰富且价格较低的优势,大力发展桑蚕业。可见,一个地区的人文因素如政策、劳动力、土地价格等的变化会影响其农业的区位选择。

[设计意图]

通过视频及材料的分析,让学生明白影响农业的区位因素中,人文因素是会发展变化的,且其中一个因素的变化还会带动其他因素变化,进而影响一个地区的农业区位选择,所以要学会具体问题具体分析,而且要学会用发展的眼光看待问题。通过对江浙和广西宜州的农业区位差异的比较,使学生学会进行地理区域比较的方法,培养学生分析问题、解决问题以及获取有效信息的能力。

[过渡]

一般情况下,一个地区的自然因素可以看作是相对稳定的,而农业生产的人文因素则处于不断的发展变化中,因此,对农业区位的选择,要更多地考虑人文因素的发展变化。

例如很多情况下,人们也会根据经济技术条件,对不适宜农业生产的自然因素进行改造,使之适宜发展农业。

◇问题情境2◇

展示塑料大棚、玻璃温室、梯田等人类改造自然环境发展农业生产的相关图片资料。

图 1

图 2

图 3

图 4

◇问题探究 2◇

(1) 图 1 和图 2 展示的是建塑料大棚、玻璃温室发展的农业，这是改造自然条件中的哪个因素？

(2) 图 3 是在我国南方低山丘陵的缓坡上修筑的梯田。图 4 是山东省邹平县采用的平移式节水喷灌机。这是改造自然条件中的哪些因素？

(3) 我国南方土壤属酸性土壤，农民向土地施加石灰，为什么？

[学生探究研讨]

略

[教师指导归纳]

人们不仅可以对自然条件进行改造，还可以通过培育良种，改良耕作制度，使农作物种植的范围不断扩大，例如教材 P60 图 3.12 所示，水稻经过品种改良，并采取室内育秧技术后，使三江平原、松嫩平原由原先不能种植水稻发展成我国最重要的商品稻米生产基地；另外我国已经可以将橡胶生产向北推广到北纬 22°，小麦种植高限扩展到海拔 4000 m 的高度。这些都得益于科学技术的发展。

[活动拓展]

完成教材 P61 活动题：以花卉种植业为例，说明区位因素变化对农业发展的影响。

[设计意图]

通过图片及材料让学生了解科学技术对农业的自然条件改造及影响。培养学生读图、析图的能力。同时，通过活动帮助学生进一步理解区位因素的发展变化对农业发展产生的影响，达到学以致用的目的，让学生学会用发展的眼光看待问题。

◇课堂小结◇

通过上面的案例，我们知道地理环境具有整体性，影响农业的区位因素不是一成不变的，其中某个区位因素的变化会导致其他区位因素跟着发生变化。尤其是社会经济、文化和科技的发展，对自然环境的影响越来越大，进而对农业的区位选择影响也越来越大。

◇板书设计◇

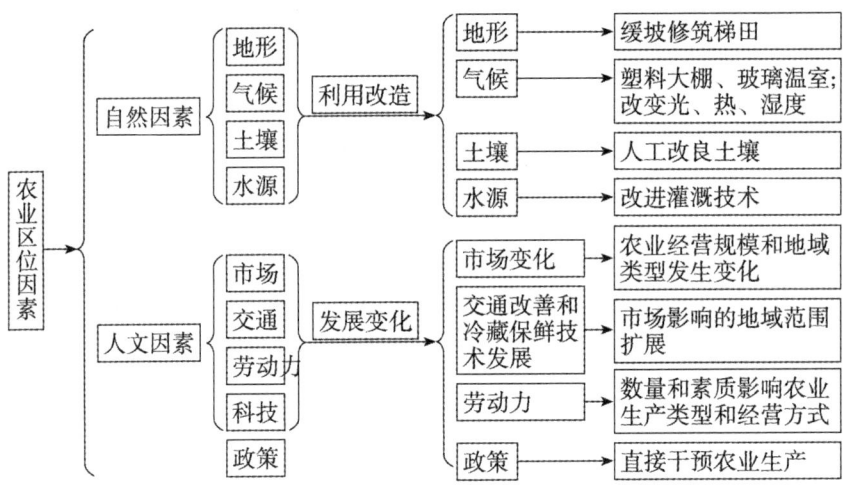

◇设计感悟◇

在知识点的引导讲解上，主要是利用课本提供的案例以及选取一些有针对性的图片、视频、资料等，以问题式的教学方式引导学生通过合作研讨，自主分析所选取的案例，然后得出结论，归纳总结，充分调动学生学习的积极性，并利用教材中的活动题让学生能学以致用，同时配以相对应的随堂练习，让学生学会用课本知识分析、解决身边的实际农业生产问题，使学生熟练掌握本节课的知识。总体教学设计体现核心素养背景下对学生的区域认知、综合思维、人地协调观、地理实践力等能力的培养。

※课后达标检测※

下图为世界咖啡主要产地分布图，读图回答1~2题。

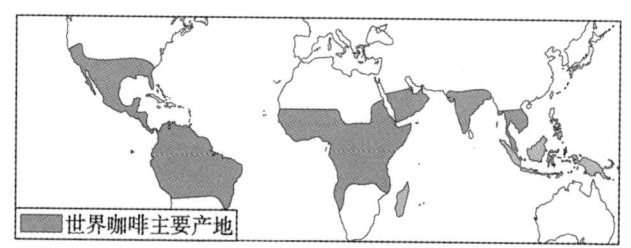

1. 由图中咖啡产地的分布可知，影响其分布的主导因素是（　　）

  A. 热量　　　　　　　　B. 地形

  C. 水分　　　　　　　　D. 土壤

2. 在人类的影响下，美国咖啡种植的最北界线已经比图中的标注北移了，造成此现象的原因是（　　）

  A. 交通　　　　　　　　B. 科技

  C. 政策　　　　　　　　D. 市场

下图为我国新疆棉花分布示意图和澳大利亚棉花分布示意图，读图回答3~4题。

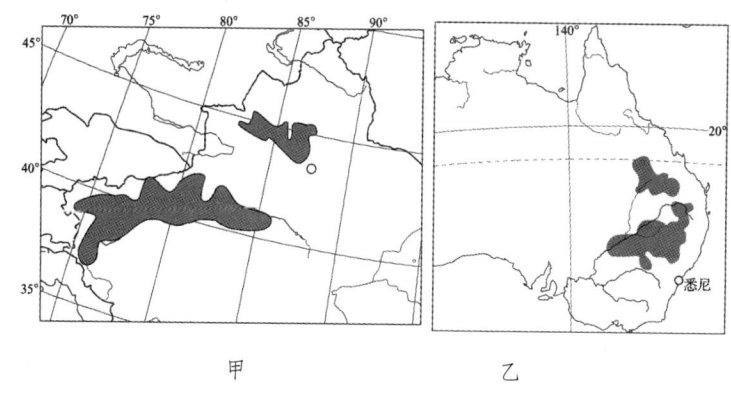

3. 新疆与澳大利亚棉花生长共同的有利自然条件是（　　）

 ①光热充足　　②水热组合好　　③降水丰沛　　④土壤肥沃

  A. ①②　　　　　　　　B. ①③

C. ①④ D. ②④

4. 与澳大利亚相比，新疆发展棉花生产的不利条件是（　　）

①商品率低　　②劳动力价格低　　③政策扶持力度小　　④科技水平低

A. ①② B. ①③

C. ①④ D. ②④

花卉种植产业已成为海口市农业经济增长的新亮点，尤其是鲜切叶生产交易量，目前已占到全国市场份额的80%。2015年春节前，天猫、淘宝网的鲜切叶交易及物流配送异常繁忙。读下图回答5～6题。

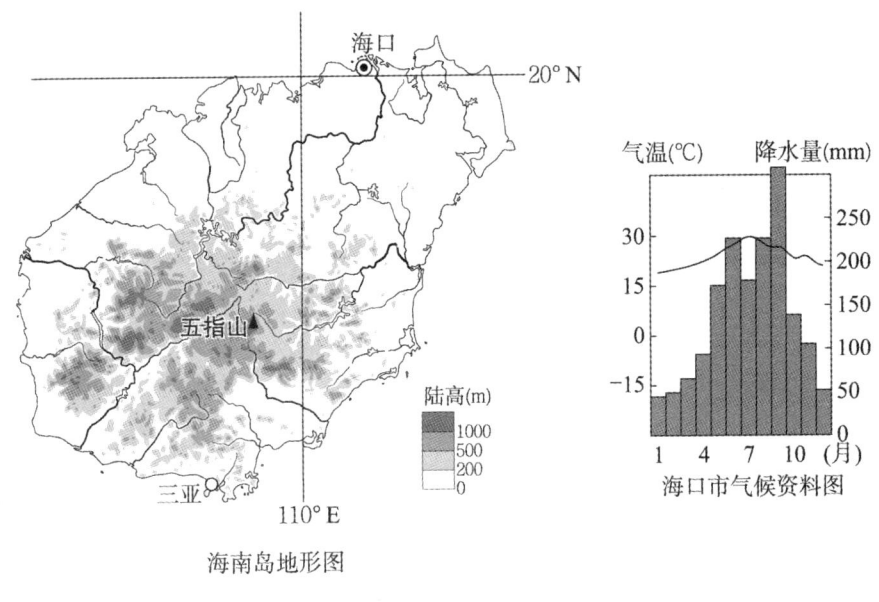

图 3

5. 海口市发展鲜切叶产业的有利条件是（　　）

①地形以丘陵为主，土地资源丰富　　②水热充足，雨热同期

③市场需求量大　　④海陆运输便利

A. ①②　　B. ③④　　C. ②③　　D. ①④

6. 网络销售模式对海口市鲜切叶生产的最大影响是（　　）

A. 改变了生产工序　　B. 改变了种植模式

C. 降低了生产成本　　D. 扩大了销售市场

7. 阅读材料，回答下列问题。

材料一：猕猴桃原产于我国，新西兰引入栽培，将改良后的优良品种称"奇异果"。奇异果生长怕旱、怕风，宜栽培于湿润、疏松、深厚的土壤。新西兰的奇异果产区高度集中分布在北岛普伦蒂湾沿岸地区，鲜果主要出口到欧洲、日本等地，出口量居世界第一。我国已引种奇异果，并建立了加工企业。

材料二：新西兰北岛图。

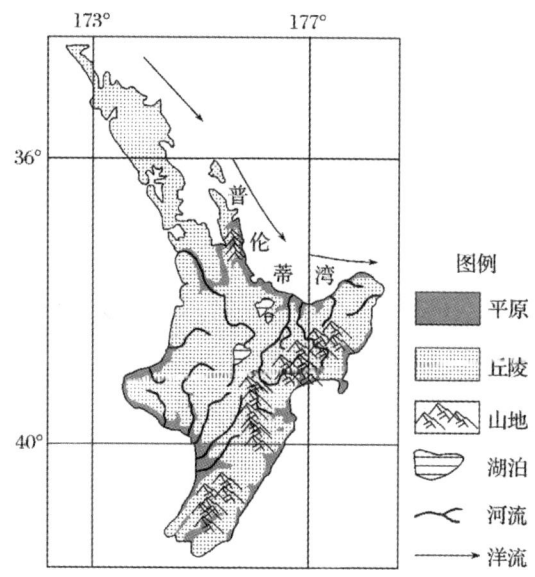

(1) 分析新西兰普伦蒂湾沿岸栽培奇异果的有利自然条件。

(2) 与新西兰相比，评价我国生产奇异果产品的市场优势。

【参考答案】

1. A 2. B 3. B 4. C 5. C 6. D

7. (1) 中纬偏低地区，热量条件好；沿岸有暖流流经，气候湿润；西风受地形阻挡，风较小；沿岸平原，地势低平；河流泥沙淤积，土层疏松、深厚。

(2) 我国人口多,果品消费市场大;我国劳动力价格相对低,生产成本低;距欧洲、日本市场较近;与南半球季节相反,鲜果上市时间不同,利于销售。

第二节 工业区位因素及其变化

教学内容分析

※课标要求※

2.5 结合实例,说明工业、农业和服务业的区位因素。

※课标解读※

1. 主要概念

工业区位是指工业企业的经济地理位置以及工业企业在生产过程中与相关事物的联系。

2. 解读

与农业相比,工业更多是受经济、环境、政策法规等人文因素的影响。大多数情况下,工业区位选择往往是多种因素综合作用的结果。在进行工业区位选择时,需要根据实际情况综合多种因素做出合理选择,而且随着社会的发展,工业区位因素以及各因素所起的作用也在不断发生着变化。

※教材分析※

本章节隶属于必修模块地理 2 的内容。本章结合课标 2.5 根据工业、农业和服务业的区位因素共分 3 节,本节内容主要是帮助学生了解影响工业区位布局的因素以及工业区位因素的变化,旨在引导学生树立因地制宜、绿色发展、人地协调发展的观念。与第一节一样,本节内容主要涉及区位论原理的运用,要注意运用学习农业区位论的原理方法来学习分析工业的区位选择。

本节可采用案例教学法,在理解工业区位因素的基础上借助"上海石化总厂的选择""日本主要钢铁工业分布的区位变化""新型服装公司的市场销售流程示意图"等多个具体案例,帮助学生理解工业区位选择的基本原则,了解社会的发展、科技的进步如何改变工厂的区位选择，并通过活动题中的案例"首都钢铁厂的搬迁"巩固加深，通过"顺德家具生产"的案例渗透工业集聚的概念，实现抽象概念形象化，切实理解工业区位因素如何从经济、社会、环境等方面综合作用影响工业企业的布局。

※学情分析※

高一学生具备一定地理基础和自学能力，初步掌握了通过材料获取信息、分析问题、解决问题的能力；且在本章的上一节刚刚学完了农业的区位因素，学生对区位因素有了一定的了解，对于本节工业区位的理解会更深刻。

※核心素养培养目标※

1. 了解主要工业区位因素，理解工业区位选择的基本原理；结合具体案例分析工业区位因素如何影响工业企业区位的选择。（综合思维、地理实践力）

2. 理解工业区位的发展变化对工业区位选择的影响，结合具体案例分析工业区位的变化。（区域认知、综合思维）

3. 理解环境因素对工业区位的影响，培养学生的环保意识，树立工业发展必须走可持续发展之路的理念。（人地协调观）

※教学重难点※

教学重点：影响工业区位的主要因素；工业区位因素的发展变化对工业区位选择的影响；工业集聚的原因和优点。

教学难点：结合实例，运用工业区位选择的基本原理对工厂进行合理的区位选择。

※教学方法※

案例教学法、探究教学法。

※教学课时※

1课时。

教学过程设计

※课前预习※

1. 影响工业的自然因素有_____、_____等，人文因素有_____、

_____、_____、_____等。

2. 从经济角度考虑，决策者往往把工业布局在成本最_____，利润最_____的地方。

3. _____的进步、_____的扩大、_____的改变等促使工业区位发生改变。

※课堂教学※

◇问题情境 1◇

播放视频《如何制造一辆特斯拉》。

2019 年 1 月 7 日下午，特斯拉上海超级工厂在上海临港产业区正式开工建设。据悉，特斯拉上海超级工厂是上海有史以来最大的外资制造业项目，工厂一期预计年生产规模为 25 万辆纯电动整车，包括 Model 3 等系列车型。该工厂集研发、制造、销售等功能于一体，全部建成运营后年产能将达 50 万辆纯电动整车。

◇问题探究 1◇

特斯拉为何要把超级工厂设在上海？

[学生探究研讨]

略

[设计意图]

以当前热点事件引入，创设情境激发学生兴趣，设疑导入。

[教师引导归纳]

引导分析工业生产的一般过程示意图（教材图 3.17）。

工业区位是指工业企业的经济地理位置，以及工业企业在生产过程中与相关事物的联系。

特斯拉上海超级工厂选择上海考虑了多种因素，其中最重要的是市场。

工业是指从事自然资源的开采，对采掘品和农产品进行加工和再加工的物质生产部门。

工业生产是在工厂里，劳动力利用动力和机械设备，将原料制成产品的过程。

[教师投影展示]

影响工业布局的主要区位因素示意图（教材图3.18）。

◇追问◇

除了图中列出的这些因素外，还有哪些因素影响工业区位？

[学生探究研讨]

略

[教师引导归纳]

影响工业布局的因素有：（1）自然条件：土地、气候、水源、资源、动力等；（2）社会经济因素：市场、交通、劳动力、政策、技术水平、基础设施、投资环境、信息通达性以及环境生态等。

◇问题情境2◇

如果一个工厂建在原料和动力充足、劳动力质优价廉、交通便利、市场前景广阔的地方当然是很理想的，但是实际上很少有这样各种条件都能满足的理想场所，所以决策者必须有所取舍。假若你是一个工厂的总经理，你准备分别投资建4个厂（石化厂、家具厂、制鞋厂、飞机制造），不同工厂考虑的工业区位因素是否有差别？

◇问题探究2◇

分组讨论，每组选择一个工厂合作探究，从经济、社会、生态等不同角度分析：如何取舍不同的区位因素，使得工厂的效益最好呢？

[学生探究研讨]

略

[教师引导归纳]

从经济效益看，工厂应当选择在成本最低而利润最高的地方。

（1）考虑运输成本

原料运输成本很高的工业或原料容易腐烂的工业应选择建在原料产地附近。如水产品加工业、水果罐头加工业等。

产品运输成本较高的工业或产品容易变质的工业要建在靠近市场的地方。如肉类加工业、新鲜乳制品等。

一些需要大量运进原料的工业要建在有便捷的交通运输条件的地方，如沿海和沿江港口、铁路枢纽，以及高速公路沿线等交通便捷的地方。

（2）考虑能源成本

消耗能源多的工业应建在能源供应地附近。例如，电解铝厂一般建在水电站附近，因为电解铝需要消耗大量电力，水电成本低，电力价格便宜。

（3）考虑劳动力成本

一些对技术要求不高但需要劳动力数量多的工业，如普通服装制造、制鞋、家用电器装配等工厂一般多建在具有大量廉价劳动力的地方。

一些技术要求高的工业，如集成电路、机器人制造、生物制药、航空航天等工业，需要素质较高的技术人员，一般多分布在高等教育和科技发达的地区。

◇追问◇

从生态环境角度分析，应该如何选择工业的区位？

［学生探究研讨］

略

［教师引导归纳］

不同工业对环境的要求是不一样的，对环境质量要求较高的，多选择建在环境质量良好的地方。例如，饮用水厂应临近清洁水源地。而对环境污染严重的工业，区位选择应非常慎重。例如，造纸厂、皮革厂等水污染较严重的工业，应远离水源地及河流上游。

◇追问◇

除了经济和生态因素，还有什么会影响工业的区位？

［学生探究研讨］

略

［教师引导归纳］

有些情况下，政策、文化、个人偏好等也是重要的工业区位因素，有时甚至会成主导因素。例如为了促进区域经济发展，推动产业升级换代，有时国家或地区也会制定一些政策，通过提供廉价的土地、优惠的税收、适当的补贴、配套的基础设施等措施，使企业转向成本更低的地区布局。改革开放以来，广大港澳台同胞、海外华侨华人纷纷回国、回乡投资建厂，其中主要的影响因素就是文化和个人情感方面。

大多数情况下，工业区位选择往往是多种因素综合作用，不同企业进行工业区位选择时，需要根据实际情况，综合多种因素，做出合理的选择。

［设计意图］

通过一系列问题分析，使学生形成对工业区位因素的初步认识，训练学生综合思维。

◇问题情境 3◇

展示教材案例"上海某石油化工厂的选址"图文资料。

◇问题探究 3◇

建设大型石化厂需要从哪些角度考虑问题？金山卫的优势条件是什么？

［学生探究研讨］

略

［教师引导归纳］

石化企业有以下特点：企业需要大量原料，用水量大；污水量大；用地多；生产过程散发热量大，有强烈上升气流，加上设备高耸，对航空不利。建设大型石化厂需要从多角度考虑问题，自然方面：多考虑位置、地形、水源；人文角度：要考虑经济、社会、生态的因素。

金山卫距市中心 70 多千米，距杭州湾地区较近。杭州湾水深条件好，金山卫一带海岸比较稳定，有建港条件。金山卫取水方便，水量丰富，水质也基本符合要求。

金山卫可围海造陆，基本上不占用农田，工程能较快开工，总的说比较经济。

在金山卫进行工业城镇的建设有利于大城市人口的合理分布，同时也有利于杭州湾地区的经济开发。

金山卫内河和陆路的交通运输条件也比较好，海运也比较方便。

金山卫远离市区，散热对市区影响不大，对航空影响也不大；金山卫相对远离渔场，污水排放对水生资源也影响较小。

综合多因素考虑，金山卫适合大型石化厂的布局。

［设计意图］

用具体案例分析深化、加强学生对工业区位因素的理解和应用，训练学生综合思维能力的培养。

◇问题情境 4◇

1969 年，根据政府决策，某汽车公司工厂选址在湖北武当山北麓的十堰市。2006年公司总部迁到武汉。

◇问题探究4◇

该汽车公司为什么要将总部从十堰迁到武汉？

[学生探究研讨]

略

[教师引导归纳]

一个工业的区位形成以后并不是一成不变的，随着社会的发展，科学技术水平的不断提高，工业区位因素以及各因素所起的作用也在不断变化，导致工业的布局也在不断发生改变。

市场一直是工业布局的重要因素，像特斯拉在上海开超级工厂就是看重了中国的巨大市场。随着信息技术和互联网的发展，工业生产实现了设计与加工的空间分离；在经济全球化的背景下，复杂产品的各种组件可以在全球采购。因此，一些大型工业企业，如汽车制造企业、飞机制造企业，其总部更趋向布局在市场广阔的地方。东风汽车这个例子说明市场影响日益加大，总部布局趋向市场。

◇问题情境5◇

投影展示日本主要钢铁工业分布示意图（教材图3.23）。

◇问题探究5◇

(1) 影响日本早期钢铁工业分布的主要区位因素是什么？

(2) 影响日本现代钢铁工业分布的主要区位因素是什么？

(3) 为何钢铁工业布局会出现这样的变化？

	主导区位因素	布局	典型例子
早期煤炭炼铁时代			
20世纪初期开始			
二战后			

[学生探究研讨]

略

[教师引导归纳]

通过上表我们发现，影响钢铁工业布局的区位因素是在不断变化的。日本

早期钢铁工业分布主要靠近原料和燃料地，现代钢铁工业多分布在沿海地带。科学技术水平的不断提高，导致工业的布局也在不断发生改变。

	主导区位因素	布局	典型例子
早期煤炭炼铁时代	煤炭资源	靠近大煤田	德国的鲁尔区
20世纪初期开始	铁矿资源	靠近大铁矿	我国的包钢、武钢、鞍钢
二战后	市场	沿海钢铁消费区	上海宝钢

◇追问◇

随着社会的发展，还有哪些工业区位因素也在不断变化？举例说明。

[学生探究研讨]

略

[教师引导归纳]

随着社会的发展，原料、能源等区位因素对工业区位选择的影响逐渐弱化，而交通运输、消费市场等区位因素对工业区位选择的影响日益增强。

工业生产方式的变革，改变了产品形态，降低了产品的运输成本从而使区位选择发生了很大变化。例如，家具生产的产品由整体家具变革为组装家具，极大地降低了产品的运输成本，使得家具厂的区位选择由临近市场转为临近原材料供应地，同时也扩大了其市场范围。保鲜、包装的技术提升以及冷藏、运输的不断发展使得一些本需临近市场的工厂，转而临近优质原料地，如奶制品加工厂等。此外，船舶的大型化也极大地降低了大宗货物的运输成本。由此，钢铁、石油化工等对原料消耗大的工业的区位选择逐渐摆脱了原料地的束缚，而转向交通便捷的沿海、沿江港口。

◇问题情境6◇

展示并引导学生观察某新型服装公司的生产、销售流程示意图（教材图3.24）。

◇问题探究6◇

这家企业既没有自己的制衣工厂，也没有自己的销售门店，它是靠什么生存下来？

［学生探究研讨］

略

［教师引导归纳］

在发达的物流支撑下，出现了一些完全依托互联网的新型工业企业。这些企业需要与客户和相关企业保持即时的联系，因此，区位选择更看重信息的通达性。

◇问题情境7◇

展示"首都钢铁厂的搬迁"（教材活动题）的相关资料。

◇问题探究7◇

(1) 促使首钢搬出北京市的主要原因。

(2) 说明在曹妃甸建造钢铁厂的优势条件。

(3) 首钢搬迁后，原来的首钢厂址可以用来做什么呢？有人建议发展工业旅游，有人建议开发成购物中心，还有人建议发展文化创意产业。查阅资料，并结合你学过的知识，提出自己的建议。

［学生探究研讨］

略

［教师引导归纳］

工业搬迁的原因可从土地成本、生产成本、交通、劳动力、环境保护、政策影响等方面进行考虑。北京地价昂贵，郊区土地价格低廉，搬出北京可以降低生产成本；交通更加便利；利于保护城市环境。

曹妃甸承接首钢整体搬迁，其有利的区位条件可从土地租金、交通、政策与资金、基础设施和原料等方面回答。曹妃甸土地广阔，土地价格低廉；水陆交通运输便利；国家政策和资金扶持；完善的基础设施和便利的协作条件；靠近油气资源。

第(3)题作为开放性题目，答案很多，学生可以根据自己的想法各抒己见。例如选择发展文化创意产业，有利于工业资源的再利用和再开发；有利于优化区域产业结构，带动旅游业的发展；有利于城市功能区结构的优化；有利于发挥现有资源的教育功能，促进创业精神的传承；利于保护城市环境。

［设计意图］

以首钢的搬迁为例，引导学生分析说明工业区位因素的变化如何影响工业

的布局，培养学生思维能力，开放性题目可进一步培养学生创新能力。

◇课堂小结◇

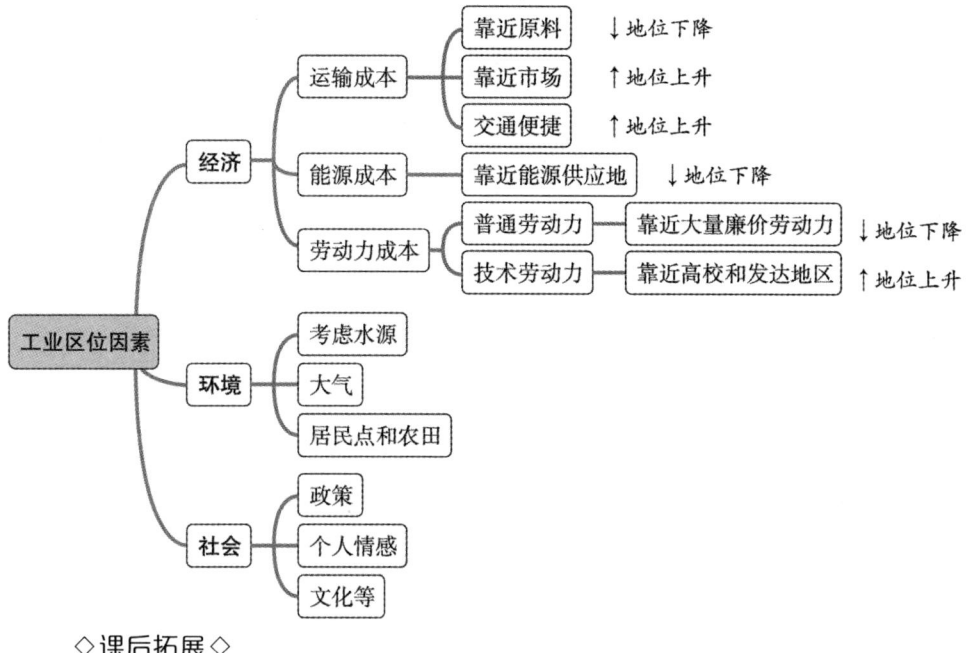

◇课后拓展◇

顺德家具产业集聚与专业化生产

具有相同工业区位选择的同类工厂可以集聚在一起。工业集聚可以共同利用基础设施，节约生产建设投资。还可加强企业间的信息交流和技术协作，降低中间产品的运输费用和能源消耗，进而降低生产成本，提高生产效率和利润，取得规模效应。专业镇的形成有助于明确分工，加强专业化，提高生产效率，增强在市场上的竞争力。同时可以加强企业间联系协作，增强规模效应。

阅读材料并思考：

1. 指出顺德家具产业兴起的主要区位因素。
2. 讨论顺德家具业高度集聚的优势。
3. 说明顺德家具形成分工明确的专业镇的优点。

［设计意图］

通过活动，拓展学生知识面，深化对工业区位因素的理解，培养分析问题解决问题的能力。

◇板书设计◇

一、工业区位因素

（一）经济效益

    1. 考虑运输成本：原料、市场、交通

    2. 考虑能源成本：动力

    3. 考虑劳动力成本：普通劳动力、科技

（二）环境因素

（三）社会因素

二、工业区位因素的变化

    1. 市场改变工业布局

    2. 科学技术改变工业布局

    3. 交通运输变化改变工业布局

    4. 信息技术改变工业布局

◇设计感悟◇

本节课通过创设问题情境，用具体的案例引发学生探究思考问题，把抽象的工业区位理论形象化，利于学生理解消化；用一连串的设问引导学生层层深入，再通过教师的归纳建构知识框架，有利于学生综合思维的培养。设计过程重视地理素养的形成，多个案例分析有利于学生人地协调观念的养成。

由于学生探究活动较多，本节课安排一课时时间偏紧，故把部分内容安排到课后拓展；探究活动的材料除了课本图文资料外可以适当补充些视频以提高课堂的生动性。

※课后达标检测※

某企业集团计划新建有色金属冶炼厂。下图为甲、乙、丙、丁四地的成本分析图（单位相同）。读图完成1~2题。

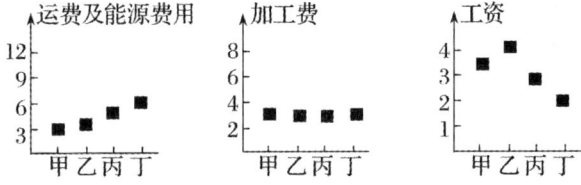

1. 从企业生产的经济成本考虑,最适宜建厂的地点是( )
   A. 甲   B. 乙   C. 丙   D. 丁
2. 该企业集团最终选择在乙地建厂,最主要原因可能是( )
   A. 接近原料产地和市场   B. 经济、社会、环境效益好
   C. 交通便利、劳动力丰富   D. 不会对环境造成污染

工业是国民经济的主导产业,而工业区位选择是多种区位因素综合作用的结果。据此回答3~4题。

3. 以下世界著名工业区中,钢铁、冶金企业主要依靠进口原料、燃料的是( )
   A. 德国鲁尔工业区   B. 中国京津唐工业区
   C. 日本阪神工业区   D. 美国东北部工业区
4. 曾经的杨浦"工业锈带"上,科技园区、创业园区、孵化基地如雨后春笋般兴起。"锈带铮亮"反映了某些区位要素的影响力越来越强,这些要素主要是( )
   A. 能源与原材料   B. 技术与人文环境
   C. 物流与市场   D. 劳动力与土地价格
5. 钢铁工业是四川省攀枝花市的主导工业部门,下图是攀枝花及其附近地区简图,读图回答问题。

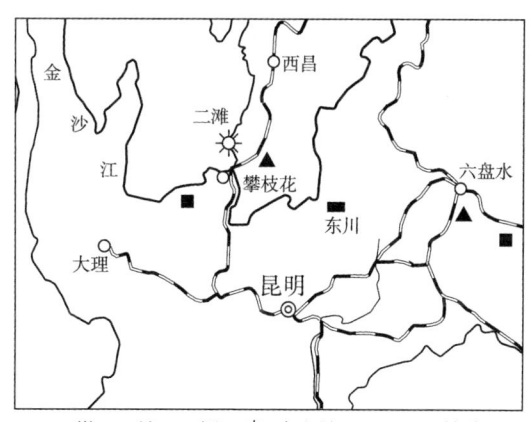

（1）简述攀枝花发展钢铁工业的有利区位条件。

（2）评价攀枝花发展汽车工业的区位条件。

6. 世界博览会通过展示科学技术成果,预示世界发展方向。1962 年世博会在美国西雅图举行,下图是西雅图主导产业变化过程示意图,归纳西雅图产业转型过程中主导区位因素的变化。

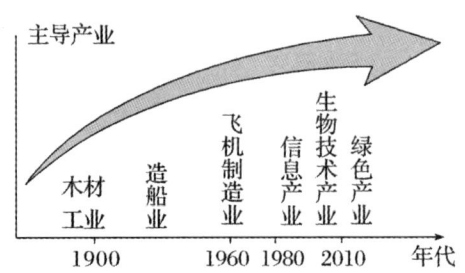

【参考答案】

1. A 2. B 3. C 4. B

5.（1）接近铁矿产区,原料丰富;接近煤矿区、水电站,能源丰富;水源充沛;有铁路经过,交通便利;有国家政策支持。 （2）有利条件:靠近钢铁基地,原料充足,煤炭、水能等能源丰富。不利条件:远离消费市场,对外交通联系相对落后。

6. 从资源、劳动力密集型向资金密集型转型,再向知识和技术密集型转型。

第三节　服务业区位因素及其变化

教学内容分析

※**课标要求**※

2.5 结合实例,说明工业、农业和服务业的区位因素。

※**课标解读**※

1. 主要概念

服务业是为社会生产和生活服务的产业,通常可以把服务业分为商业性服务业和非商业性服务业。

2. 解读

课标要求结合实例，分析服务业的区位因素。相较农业、工业而言，影响服务业产生和发展的因素变化的可能更大，更需要用动态发展的眼光来分析。教学中应尽可能选取生活中的实际案例，设计丰富的教学活动，帮助学生掌握分析人文地理问题的思路和方法，实现知识与方法的迁移，同时要注重社会调查等方法的运用，联系生活实际，解决现实问题，提升地理实践力。

※**教材分析**※

"服务业的区位因素"属于高中地理教学中的新内容，过去的地理教学中主要探讨农业和工业的区位因素，很少涉及服务业的内容，几乎没有讨论过关于服务业的区位因素，可以参考的教学素材与资料相对较少。

教材将服务业分成商业性和非商业性两大类，商业性服务业以营利为目的，非商业性服务业更多考虑社会公平，二者的区位因素差异较大，因此教学中做了区分对待，但总体内容还是区位论的原理运用，知识结构上与前两节的农业、工业较为相似。同时服务业更贴近学生的生活，便于开展社会实践活动，增强学生的地理实践力。

※**学情分析**※

高一的学生对生活已有一定的了解，同时由于前面已经学习了工农业的区位选择等相关内容，对区位的认识已经有了一定的基础。本节内容和生产生活实际密切相关，所以在课堂上应为学生创设情境，让他们对自己周围地理事物的体会由感性认识逐渐过渡到理性认识，进而激发学生学习的积极性，增强学生学习的自信心。

※**核心素养培养目标**※

1. 能够结合福州零售业分布的区位条件，理解服务业分布要遵循客观规律，理解人地协调发展的重要性。（人地协调）

2. 能够综合分析福州零售业各区位因素，解释服务业区位的变化。（综合思维）

3. 能够自主辨识福州零售业的区位因素，认识该区域的服务业区位条件。（区域认知）

4. 能够组成学习小组，自主调查所在城镇的主要商业中心，分析商业中心的主要区位因素,能够在地理实践中理解和接受不同的想法,表现出合作的意识、求真的态度与应用知识的能力,提高地理实践力。(综合思维、地理实践力)

※教学重难点※

重点:影响服务业的区位因素。

难点:结合案例,对某区域的服务业区位因素(或条件)进行分析。

※教学方法※

充分运用案例、图片、文字材料等直观手段创设问题情境,采用学生自主探究法和案例教学法以及多媒体教学法。

※教学课时※

1课时。

教学过程设计

※课前预习※

1. 完成下表服务业的分类及特点。

分类	举例说明	目的	影响因素
商业性服务业			
非商业性服务业			

2. 依赖_____和_____技术,涌现出了新兴的服务业,如远程医疗、电子商务、_____、_____等。

※课堂教学※

◇课堂导入◇

教师介绍我国服务业发展的大背景、概况。

"十二五"以来,我国服务业在国民经济中的比重稳步上升。2013年,我国服务业增加值占国内生产总值的比重首次超过第二产业,中国产业结构"三二一"的格局初步形成,2017年,服务业增加值占国内生产总值比重超过50%,我国经济发展正步入服务经济时代。

◇问题情境 1◇

展示福州市 2018 年三大产业结构图,引出三大产业的划分,指出服务业是为个人或企业提供服务的行业。

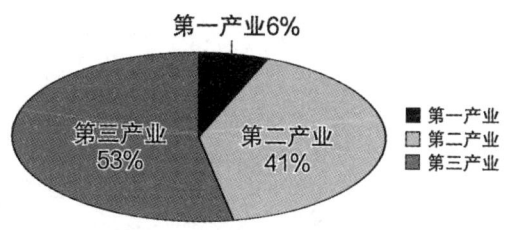

福州市 2018 年三大产业结构图

◇问题探究 1◇

(1) 教师引导学生对服务业进行细分,可以将服务业简单分为商业性服务业和非商业性服务业。请学生尽可能举例子,说出哪些属于商业性服务业(如零售、餐饮、住宿、金融、娱乐等,以营利为目的),哪些属于非商业性服务业(如教育、卫生和社会工作等,不以营利为目的)。

(2) 展示福州市城市地图和福州市人口热力图,要求学生在地图上标出心目中比较重要或者比较高等级的商业区。要求学生先独立完成,之后小组讨论,交流各自的结果,讨论福州市各等级商业区区位的特征。

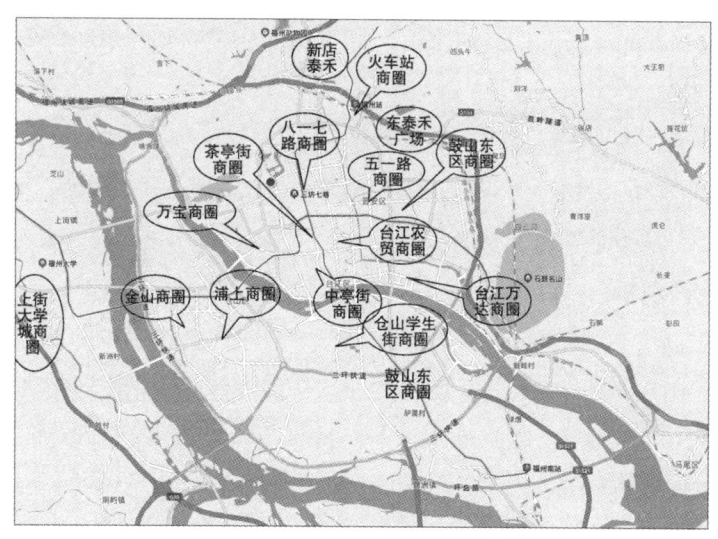

福州市区商业圈分布图

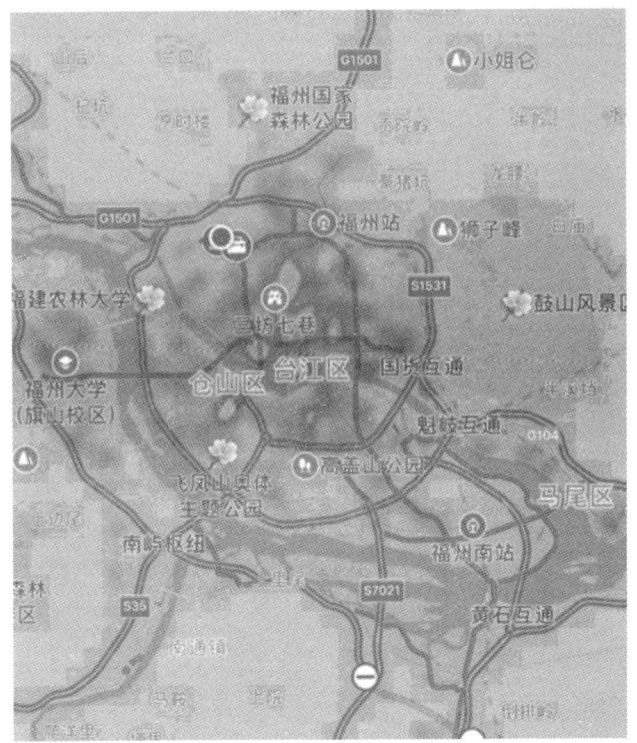

福州市人口热力图

[学生探究研讨]

(1) 第一个问题旨在明晰概念，可通过类似如下的判断题让学生自主诊断。

[自主诊断]

①金融、信息等产业属于生活性服务业。（   ）

②计算机服务业和软件等行业，可布局在高等院校附近。（   ）

③现代物流产业等同于交通运输业。（   ）

④大型购物中心一般布局在城市中心区和主要商业街沿线。（   ）

提示：①× 生活性服务业包括餐饮娱乐、文化与旅游业、家庭健康与养老服务业以及法律服务等。金融服务业、信息服务业属于生产性服务业。

②√ 计算机服务业和软件等行业，技术水平是其核心竞争力，往往布局在靠近高等院校和科研机构等科技创新能力强的地区。

③× 现代物流业涉及交通、装卸搬运和其他运输服务业以及仓储业、批发业、零售业等诸多部门。

④√ 大型购物中心和商场规模大、等级高、付租能力强，一般布局在城市中心区和主要商业街沿线。

(2) 第二个问题旨在讨论分析零售业等级结构特点，可适当结合、参考"中心地理论"知识加以分析，主要包括：

①零售业规模越大，数量越少。
②规模最大的零售业往往位于城市中心地带，交通非常便利。
③规模越大的零售业，其服务范围越大，提供的服务等级越高。

[设计意图]

利用学生熟悉的身边环境激发学生的兴趣，学习生活中的地理，活跃课堂气氛，同时利用不同等级商业区的分布、特征为后续的区位因素分析打下伏笔。

◇问题情境2◇

播放福州市东街口的有关视频。

◇问题探究2◇

小组合作探究：影响零售业的区位因素有哪些？

[学生探究研讨]

引导学生总结零售业的区位因素，同时注意个性化的引导。教师总结零售业的区位因素，即市场与交通。进一步解释，联系"中心地理论"的知识，当市场规模超过企业的门槛规模时，企业才能生存，因此零售企业必须贴近市场。市场主要表现为人口密度，人口密度较高的区域零售企业的密度也较高。此外，人口平均消费水平、居民消费偏好等也是商业性服务业区位选择时需要考虑的市场因素。

交通条件也会影响消费者的购买意愿。距离越远，消费者需要支付的交通费用就越高，购买意愿自然下降，因此零售企业往往选择交通比较便利的区位布局，比如地铁站、公交枢纽等。

教师要强调，零售业的特点是与消费者直接见面，因此市场对于零售业来讲至关重要，有时相隔几十米甚至是几米的区位差距都可能会造成盈利与亏损的差异。引出不仅宏观区位很重要，有时零售业还需要考虑微观区位。

设计学生活动，设定一个街区模型，包括主要道路和次要道路等 (见下图)。在街区模型中标注出五个商铺的位置，分别标记为商铺A—商铺E (商铺A位于两条主要道路的交叉口、商铺B位于主要道路路旁、商铺C位于两条次要道路的交叉口、商铺 D 位于次要道路路旁、商铺 E 位于弯道路旁）。要求学生结合所学知识和生活经验对 A—E 五个商铺的区位优劣程度进行排序，并说明理由。

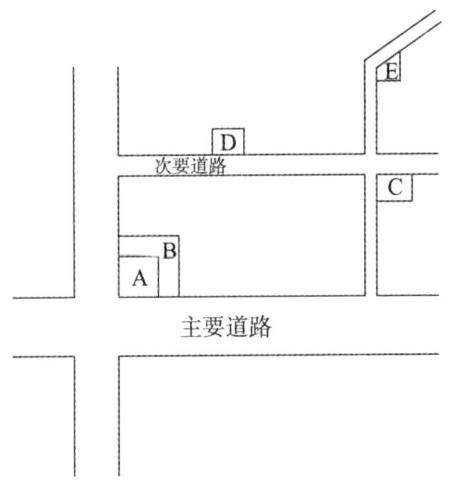

服务业微观区位选择

[教师小结]

商业性服务业尤其是零售业的微观区位非常重要。位于主要道路的区位强于次要道路，位于交叉路口的强于中街区位，直道区位强于弯道区位。还可以根据实际情况设计社会实践活动，如调查身边的商场中各店铺的微观区位并进行评价，利用学到的知识进行分析。例如，可于适当讲解后，用类似下面的案例引导学生学以致用，分析商业性服务业的区位选择。

潍坊市区公共自行车租赁系统于 2013 年底完成初建并投入运营，越来越多的市民选择自行车出行。下图为某区域公共自行车租赁点分布示意图，读图判断关于图中自行车租赁点分布的说法，正确的是（   ）

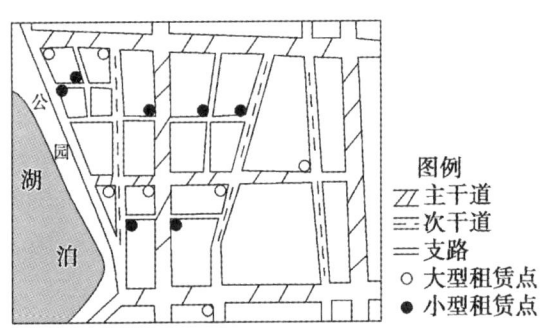

A. 属于生产性服务行业，呈分散布局
B. 大型租赁点均沿主干道分布
C. 小型租赁点均沿次干道分布
D. 公交站附近不适合布局租赁点

◇追问◇

（1）展示商业性服务业的主要区位因素示意图（教材图 3.27）思考：除了市场和交通因素外，还有哪些影响商业性服务业的区位因素呢？举例说明。（劳动力、政策法规、集聚、历史文化等）

（2）展示陕西省西安市钟楼十字路口照片和交通干道旁的大型购物商场照片（即教材图 3.28 和图 3.29），引导学生思考：①集聚在美食街和大型购物商场的服务业种类有什么区别？②集聚效应会给商家带来哪些利弊？

[教师小结]

与商业服务业不同，公共服务业着眼于社会福利分配公平，以均衡化为区位选择原则，主要考虑被服务对象的需求与分布。例如，学校、医院的布局主要根据人口分布来确定。

[设计意图]

设置情境，从商业化服务业影响因素的分析切入，逐个分析不同区位因素的影响，而后对非商业性的公共服务业的因素则相对简单带过，做到主次分明。

◇问题情境 3◇

播放视频（京东机器人快递员、远程医疗、顺丰物流公司快递分拣场景、福大怡山创业园）。

◇问题探究 3◇

（1）服务业出现了哪些新模式？
（2）什么因素对服务业的影响正在逐渐增强？
（3）服务业的区位因素发生了什么变化？

[学生探究研讨]

（1）学生利用网络终端进行一次订餐活动，体验地理信息技术在物流配送业中的作用，说明在食品外卖配送的各个环节分别利用的地理信息技术。

（2）除了食品外卖，请你再举出一些实例，说明地理信息技术在服务业中的应用。

◇课后活动◇

(1) 选择一个感兴趣的商业中心,实地调查,了解该商业中心主要商铺的数量、类型、规模等概况。

(2) 通过观察、访谈或问卷调查,了解各商铺的服务范围、服务人群和客流量等情况。

(3) 结合调查情况及相关地图,分析该商业中心的主要区位因素。

[设计意图]

通过展现图文资料,进行小组合作探究,归纳现代服务业的特点,结合案例和实践活动对现代服务业的影响因素及其变化进行分析,培养学生分析地理问题的能力和团队合作的意识。

◇板书设计◇

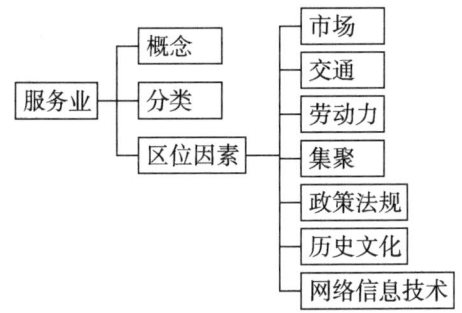

◇设计感悟◇

我们身边的地理事物,尤其是人文地理事物变化较快,这就需要我们的地理教学也要与时俱进,不断更新。

地理教学的目标是要培养地理核心素养,达到"立德树人"的要求,人文地理教学的直接目的是让学生能学以致用。高考题中综合题也是针对某一个区域进行综合分析,围绕案例的材料来设计问题。本节课以乡土地理案例为主线进行的教学设计与之在大的目标上是一致的,但以乡土案例为主线的人文地理教学需要较多的相关材料,教学中要重点引导学生掌握解决人文地理问题的思路和方法,实现学用结合,如此才能实现人文地理教学的地理核心素养培养。

※课后达标检测※

计算机的广泛应用,电子商务快速发展,网上营销迅速崛起,京东商城、淘宝网等电子商务公司应运而生,人们足不出户就可以购买商品。据此完成1~3题。

1. 网上营销过程中,买家和电子商务公司之间的地域联系方式是(   )

   A. 电子通信   B. 商业贸易
   C. 交通运输   D. 邮政通信

2. 与传统的售货方式相比,网上营销(   )

   A. 增加了营销环节,提高销售成本
   B. 促进了技术革新和产品升级换代
   C. 使生产企业不必致力于市场开拓
   D. 增强了商业网点布局的空间限制

3. 近年来,杭州市着力加快结构调整,推进产业转型升级,经济快速发展,特别是大力发展阿里巴巴、网盛科技等知名电子商务平台,杭州电子商务行业发展迅速,其原因主要是(   )

   A. 网络购物迅速兴起   B. 交通基础设施的日趋完善
   C. 政府的大力支持   D. 电子商务产业起步早,集聚效应好

生产性服务业是指为了保持工业生产过程的连续性、促进工业技术进步、推动产业升级和提高生产效率而提供保障服务的服务行业。据此回答4~5题。

4. 生产性服务业所包含的主要部门有(   )
   ①物流服务 ②餐饮服务 ③旅游服务 ④管理咨询 ⑤机构培训
   A. ①②③   B. ②③⑤   C. ①③④   D. ①④⑤

5. 关于生产性服务业的叙述,正确的是(   )

   A. 生产性服务业会使工业生产投入加大,产品附加值增加,利润增加
   B. 发展中国家劳动力丰富,是生产性服务业首先兴起和发展的地区
   C. 科学技术的发展可以使生产性服务业的服务方式实现虚拟化
   D. 随着产业升级和生产专业化的推进,生产性服务业将会逐渐衰落

6. 在"互联网+"的热潮下,各种共享模式遍地开花,如共享单车、共享汽车等。很多传统行业都纷纷加入共享行列,其中共享办公成为资本市场追逐

的新宠儿。以办公空间、办公服务、第三方服务、社群四类共享为理念，2010年 WeWork 公司于纽约曼哈顿中心商务区创立"共享办公"产业。该公司以相对低价租赁空置的办公楼层，装修改造成时尚办公环境（如下图所示），转租给全球有创意的自由职业者、微小型企业和初创型科技公司。WeWork 的社群平台提供财务、广告、商务运营、管理咨询等商业服务，为创业公司和大企业牵线搭桥。目前，WeWork 共享办公产业已经拓展到全球多个国家、地区。

改造前

改造后

（1）指出纽约吸引 WeWork 选址的最主要区位因素。

（2）"传统办公"产业主要提供房地产租赁和物业管理服务，"共享办公"与其不同的服务项目有哪些？

（3）分析小型创业公司青睐"共享办公"的原因。

（4）有人认为："共享办公"具有"创业孵化器"的积极作用，试阐述理由。

【参考答案】

1. A 2. B 3. D 4. D 5. C

6.（1）交通便利；商务活动频繁。 （2）提供（网络、复印机等）共享办公服务；提供（贷款、法律等）第三方服务；建立社群交流平台。 （3）创业环境成本相对较低；办公环境时尚，迎合年青创业者的需求和喜好；便于交流与协作，资源共享；服务完善，提供创业活动所必需的材料、设备和设施。

（4）为创业者提供共享空间、共享服务、资金等良好的创业条件；有利于小型创新企业集聚，加强交流与合作；帮助创业者把创新发明加速转化成商品进入市场；帮助新兴的小企业迅速发展，形成规模，为社会培养成功的企业和企业家。

问题研究　实体商店何去何从

教学内容分析

※**课标要求**※

2.5 结合实例，说明工业、农业和服务业的区位因素。

※**课标解读**※

服务业包括商业性服务业（以盈利为目的）和公共型服务业（以社会服务为目的），区位因素包括区位条件和区位条件的变化。本问题研究旨在探讨商业性服务业区位条件和区位要素的变化引起的未来转型方向。

※**教材分析**※

人教版地理必修课程在每章后有一个"问题研究"板块，围绕本章的重点内容或核心思想设计研究主题，引导学生自主探究，为学生自主学习和探究学习提供条件。通过探究加深对相关问题的理解和认识，增加学生探究的过程体验，培养学生的扩散性思维和创造性思维。

※**学情分析**※

学生通过本章节内容的学习，已经具备了服务业区位分析的能力，但认识的深度不够，知识迁移能力有待提高，还不能很好地运用知识解决实际问题。服务业尤其是零售业更贴近学生的生活，便于开展生活实践活动，增强学生的地理实践力。

※**核心素养培养目标**※

1. 通过自主学习，归纳以福建新华都超市为代表的实体零售业发展的区位

条件，培养学生获取和解读地理图文材料的能力。(综合思维)

2. 通过合作学习，借助课前收集的数据，分析实体零售业发展面临的问题及原因，培养学生提取信息、分析材料的能力。(综合思维)

3. 借助角色扮演，找出实体零售业发展的具体对策与措施，加强情境教育，培养学生表达自己的能力。(综合思维、地理实践力)

※教学重难点※

重点：(1)"新华都"前期发展的区位条件。(2)"新华都"发展面临的问题。

难点：(1)寻找"新华都"发展的具体对策与措施。(2)知识迁移："新华都"不同部门经理可采取的发展举措。

※教学方法※

资料收集法、问题式教学法、小组合作学习法。

※教学课时※

1课时。

※课前预习※

教师准备：1. 收集近些年来实体零售业发展的相关资料；2. 收集"互联网＋"模式下的零售业发展新思路的相关资料。

学生准备：1. 调查家中网络购物开始的时间；2. 每年全家网络购物的总值占家庭花费的占比；3. 这些年来网络购物的总值逐年的变化情况；4. 网络购物种类的调查。要求将数据进行统计，制作成数据图表。

※课堂教学※

◇课堂导入◇

新华都超市在2019年初出现了闭店潮，曾经的商业霸主在这些年发生了什么？从2000年开始的大规模的扩张到20年后的落寞关门，这其中到底有什么巨大的转变？我们这节课一起来探讨一下实体商店"新华都"超市何去何从。

◇问题情境1◇

材料一：自1999年创立福建省第一家大型综合超市——新华都购物广场福州五四店以来，"新华都"先后获得中国驰名商标、福建省流通龙头企业等称号。在2004—2012年连续八年跻身全国商业连锁企业排名前百强，并于2012年实现销售128.67亿，同比增长17.0%。同时，"新华都"与诸多国内外知名品牌保持战略合作伙伴关系，是众多知名品牌在福建最大的终端零售商。

材料二：福州、宁德"新华都"门店数及分布

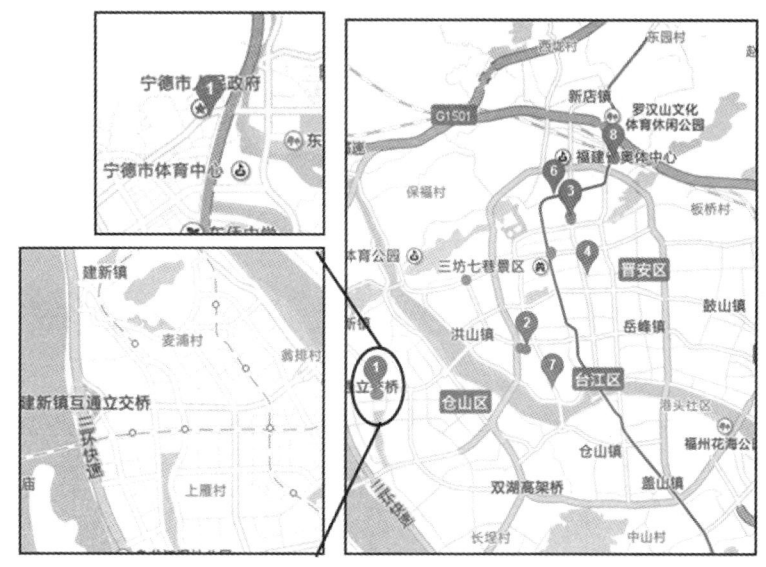

◇问题探究 1◇

结合材料,比较宁德、福州两地"新华都"数量及分布状况,并分析原因。

[学生探究研讨]

宁德和福州两地的"新华都"数量有很大的不同,这和两个城市的经济规模、城市规模不同有着很大的关系。但两地的"新华都"都分布在城市中心、交通比较便利、人流量很多的核心地区。另外由于"新华都"与诸多知名品牌有战略合作伙伴关系,是最大的终端零售商,商品的云集,带来集聚效应,也让"新华都"快速发展,随着人们生活水平的提高,超市人规模扩张。

[设计意图]

借助材料分析像"新华都"这样的大型零售超市形成和发展的主要区位因素。明确市场规模和交通便利是其主要的区位因素。同时强调"众多零售品牌的终端销售商",也体现了产品销售的集聚效应。

◇问题情境 2◇

材料一:2015 年国内电子商务零售规模达到了 5.89 万亿元,同比增长 65.8%,占 2015 年社会消费总额的 12.8%,同比增长 5.1%,而与此同时,零售企业的销售额占社会消费总额的比例,同比下降了 2.8%。

材料二:网上零售快速增长,其透明的报价比对和优惠促销活动以及便利的物流业,对"新华都"零售业的影响逐渐显现。同时零售商同质化严重,加上自身产品和管理问题,国外优质企业入驻等冲击,"新华都"选择了关闭门店以应对。

◇问题探究 2◇

结合课前收集的数据,归纳"新华都"选择了关闭门店的主要原因。

[学生探究研讨]

结合家庭网购发现,网购已经对实体店的销售产生了巨大的影响。

[设计意图]

用数据和学生身边的实践说明互联网购物已经融入人们生活的方方面面,网络购物的比例正在逐年上升,网购的种类也更加多元化,阐述互联网的发展已经对实体商业产生了巨大冲击,同时锻炼学生分析数据的能力。要注意引导学生分析比较电商的价格优势所在:包括店租成本、人工成本、中间环节成本、优惠的促销组合、随时购物的便利特点等,同时实体零售店自身同质饱和发展,商品质量、服务管理等问题也要考虑。

◇问题情境3◇

材料：2016年国务院出台了《关于推动实体零售创新转型的意见》，提出要推动实体零售实现3个转变，即：引导业态雷同、功能重叠、市场饱和度较高的购物中心有序退出城市核心商圈，向三四线城市延伸和下沉，形成区域竞争优势，培育新的增长点；增加体验型购物，用体验带动销售；增加线上、线下合作、融合。

◇问题探究3◇

(1) 小组合作收集资料，为"新华都"发展献策。

(2) 以某一零售产品为例，如果你是店长，你会有哪些促进销售的举措。

[学生探究研讨]

要学会线上和线下的结合，实体店可以增加定制式消费和上门服务等。

[设计意图]

以学生分组讨论为主，结合《关于推动实体零售创新转型的意见》的3个转变，为实体零售业拟定一个总体的发展规划。再细化从零售业的不同方面（服装店、生鲜店、家居店、零食店、彩妆店、餐饮店……）阐述未来发展的方向。通过角色扮演，借助身边的例子解决身边的问题，从而学习生活中的地理，这也是提升地理实践力的要求。

◇板书设计◇

问题研究　实体商店何去何从

问题探究1：实体零售业的布局与发展

问题探究2：实体零售业的衰败

问题探究3：实体零售业的转型之路

◇设计感悟◇

本节课选取学生生活中的实际案例，设计实体零售业"新华都"超市的扩展——衰败——转型之路三个层次的教学活动，要求学生从图文信息中获取解题的关键，帮助学生掌握分析人文地理问题的思路和方法，实现知识与方法的迁移，同时注重社会调查等方式的运用，联系生活实际，解决现实问题，提升学生综合思维和地理实践力。

※课后达标检测※

"互联网＋商业"即电商，作为一种新业态，对传统的第三产业产生了多方面影响。据此回答下面问题。

1. 若干年前，某国际著名出版社利用互联网开办网上书店，消费者订购图书后，通过第三方支付平台付款即可。在网上书店购书不但方便，而且更便宜。但网上书店也对某些企业产生不良影响，这些企业包括（　　）

①实体书店　　②实体银行　　③电信公司　　④航空公司

　　A. ①②　　　　B. ②③　　　　C. ③④　　　　D. ①④

2. 网上购书之所以便宜，部分原因是某些传统的商业区位要素对网上书店影响变得很小。影响变小的要素主要是（　　）

①交通　　②人口　　③集聚　　④地价

　　A. ①②　　　　B. ②③　　　　C. ③④　　　　D. ①④

【参考答案】

1. A　2. C

第四章 交通运输布局与区域发展

第一节 区域发展对交通运输布局的影响

教学内容分析

※课标要求※

2.6 结合实例,说明运输方式和交通布局与区域发展的关系。

※课标解读※

1. 主要概念

交通运输布局与区域发展:运输方式的改变,使区域之间联系速度不断加快,可以提高生产效率和生活质量;运输方式的改变,可以扩大区域或城市的辐射范围;城市辐射范围的彼此重叠,促进了都市连绵带的形成;交通线和站点的变化,改变了区域之间的空间组织,进而促进新的区域间合作形式。

2. 解读

课标的行为动词是"说明"。这就要求学生不仅要能指出区域发展与交通运输布局的相互影响,还要能分析其影响的机制或原因。本部分内容主要是帮助学生认识交通布局与区域发展的关系,树立绿色发展、共同发展、人地协调发展的观念。要求以案例来阐释人与物的活动,借助交通线来阐释人、物在不同地点之间按照某种规则进行空间移动的活动,借助各交通站点的布局来阐释影响交通布局的主要因素。

※教材分析※

教材以区域发展对交通运输布局的影响为主题,以义乌民航机场的选择引入教学内容，引出交通布局要适应经济、社会发展需求，还要立足于现有的经济水平和技术、装备等条件。交通运输布局包括交通线、交通站（点）的布局。交通运输布局的一般原则有：依据运输需求、适度超前、因地制宜、尽量少占土地、发挥综合运输优势等。交通运输需求有运距、运时、运量、运价、运向等差异，从而影响交通运输的布局。教材通过京沪高速铁路、上海虹桥综合交通枢纽案例重点分析了交通运输需求与交通布局之间的关系，通过沪昆高速铁路、青藏铁路案例分析归纳资金与交通运输布局的关系。交通运输场站的建设需要资金投入。经济较为落后的地区，交通线与点比较稀疏且质量较低；经济较为发达的地区，交通线与点较为密集，且质量较高。

※学情分析※

本节课的学习要有一定的初中地理知识为基础，八年级地理已学过交通运输方式、各种运输方式的特点及选择。高一学生在此之前学过区位因素的相关知识并掌握区位因素的分析方法，具有较强的自学能力和分析问题、解决问题的能力，基本可以通过案例分析得到相关信息并进行归纳整理，有较强的知识迁移能力，可以做到学以致用。本节课以案例分析为主要模式，分析交通运输布局的影响因素，学生可以通过小组合作探究的模式开展探究学习。

※核心素养培养目标※

1. 理解交通运输布局的一般原则。(区域认知、人地协调)

2. 掌握交通运输需求、资金与交通运输布局的关系。(区域认知、综合思维、人地协调观)

3. 认识区域发展对交通运输布局的影响。(综合思维、人地协调观)

※教学重难点※

1. 掌握交通运输需求、资金与交通运输布局的关系。

2. 认识区域发展对交通运输布局的影响。

※教学方法※

问题式教学法。

※教学课时※

1课时。

教学过程设计

※课前预习※

教师引导学生复习回顾初中所学的交通运输方式及特点，归纳完成下表。

交通运输方式	优点	缺点	适运货物特点
铁路运输	运量____、速度____、运费____、受自然因素影响____、连续性____	修筑铁路造价高、消费金属材料多、占地面积大，短途运输成本高	_____
公路运输	发展最快、应用最广、____、周转速度____、装卸方便、对各种自然条件适应性强	运量____、耗能____、成本____、运费____	_____
水路运输	历史悠久，运量____、投资____、成本低	速度慢、灵活性和连续性差，受自然条件影响	_____
航空运输	速度____、运输效率高	运量____、能耗大、运费____，设备投资____	_____
管道运输	连续性____、安全性能高、管理方便、运量大	需铺设专门管道，设备投资大、灵活性差	_____

※课堂教学※

◇课堂导入◇

随着生产力水平的提高和科学技术的进步，交通运输方式从手提肩扛、牲畜驮运，发展到了现代化的五种交通运输方式。从古至今，随着社会生产力水平的提高，交通运输方式的运量、速度、效益都发生了巨大的变化。

◇问题情境1◇

龙岩冠豸山机场专线北距连城县城区3.9千米，南距龙岩市区106千米，东距福建内陆经济最发达的县级永安市 101 千米。1956 年 12 月动工兴建,1958 年 7 月投入使用。2000 年 6 月经国务院和中央军事委员会批准,同意空军连城机场实行军民合用,由地方政府按 4C 级标准建立民用航站。2004 年 4 月 14 日冠豸山

龙岩冠豸山机场

机场通过民航华东地区管理局行业验收,2004 年 4 月 25 日正式通航,成为华东地区第 36 个民用运输机场。机场 2014 年货物吞吐量突破 121 吨,较 2013 年同期相比增长 85.6%,比 2014 年度目标超出 41 吨。

◇问题探究 1◇

为什么要在山区县城建设机场呢?是什么原因让冠豸山机场由军用改为民用,并且货物吞吐量不断增大?

[学生探究研讨]

略

[教师归纳与承转]

区域发展对交通运输布局有显著的要求与影响,可以促进交通布局的合理化,以获得最大的经济效益和社会效益,进而促进区域的经济发展,区域经济发展反过来对交通布局产生积极影响。

◇追问◇

那么交通布局的一般原则有哪些呢?

[自主学习]

教师引导学生读教材 P80—81,自主学习并归纳区域交通运输布局的一般原则。

[师生归纳]

交通布局的一般原则有:依据运输需求,适度超前,因地制宜,尽量少占土地,发挥综合运输优势,其他如平衡地区发展、适应国防需要等。

[承转]

交通运输网由交通线、站点构成。交通运输布局考虑各种原则,那么,它

在某一地区的布局会受到哪些因素的影响呢?

◇问题情境 2◇

福州长乐国际机场位于福建省福州市长乐区,是区域枢纽机场、"海上丝绸之路"门户枢纽机场。1997 年 6 月 23 日,福州长乐国际机场正式通航,建有一座 13.7 万平方米的航站楼,机位有 24 个,机场设计年旅客保障能力为 650 万人次。2012 年,福州长乐国际机场第一轮扩能工程动工,2014 年竣工,改造新增航站楼面积 1.24 万平方米,达到 14.94 平方千米,机位达到 36 个。2018 年 11 月,福州长乐国际机场第二轮扩能航站楼扩建工程竣工,扩能后航站楼候机楼面积由原 13.7 万平方米增至 21.6 万平方米,机位达到 53 个。

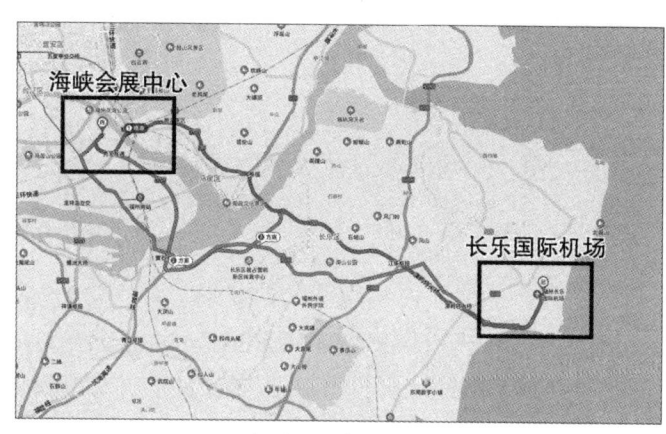

长乐国际机场位置

◇问题探究 2◇

(1) 分析长乐机场选址时考虑的区位因素有哪些?

(2) 影响长乐机场两次扩能的主要因素有哪些?

[学生探究研讨]

略

[师生归纳]

区域交通运输布局总是处于变化之中,这种变化使区域交通运输布局逐渐趋向完善、优化。

◇问题情境 3◇

京沪高速铁路,简称京沪高铁,是一条连接北京市与上海市的高速铁路。京沪高速铁路由北京南站至上海虹桥站,全长 1318 千米,设 24 个车站,在这些站点中,北京南站和上海虹桥站是在原有车站基础上新增线路,其余车站为京沪高速铁路新建车站。

虹桥综合交通枢纽具有高速铁路、磁悬浮、城际铁路、高速公路客运、城市轨道交通、公共交通、民用航空等各种运输方式的集中换乘功能,整个交通枢纽集散客流量为 48 万人次/日。

[投影展示]

京沪高速铁路站点示意图(教材图 4.3)和上海虹桥综合交通枢纽平面示意图(教材图 4.4)。

◇问题探究 3◇

(1) 京沪高速铁路沿线的高铁站的布局有什么特点?如果高铁站布局过密或过疏,会产生哪些问题?

(2) 高铁站基本上都设立在城区的边缘,为什么?

(3) 上海虹桥综合交通枢纽形成的主要条件有哪些?

[学生探究研讨]

略

[拓展迁移]

学生阅读教材 P83 案例材料:非洲的铁路布局。

◇追问◇

(1) 非洲铁路布局有何特点?

(2) 非洲铁路分布的形成原因有哪些?

[师生归纳]

(1) 一般而言,交通运输需求量较小,则布局的交通线标准较低、场站规模较小;交通运输需求量较大,则需要布局的交通线标准较高、场站规模较大。

(2) 区域交通运输布局要充分发挥不同运输方式的特点并注意不同运输方式之间的衔接和转运效率。

(3) 区域交通运输需求增长的特点,决定了区域交通运输布局变化的特点。区域交通运输需求分布的特点也决定了区域交通运输布局的特点。

◇追问◇

学生阅读教材 P83—84。

(1) 在很多发展中国家,尤其是处于工业化初期的国家,交通运输的建设

往往具有滞后性。为什么会出现这样的现象呢？

（2）影响沪昆高铁贵州段和青藏铁路修建的主要因素有哪些？

[学生探究研讨]

略

[承转]

交通运输布局中的站点、线路的建设属于基础设施，修建这些设施需要大量的资金与先进的技术等。

◇问题情境4◇

南昆铁路东起广西壮族自治区南宁市，西至云南省昆明市，途经广西、贵州、云南，全长828千米，是南方铁路网的一条东西向运输大干线，也是西南出海通道的组成部分。南昆铁路经过两广丘陵、云贵高原地区，地势起伏大，地质条件极为复杂，南昆铁路是中国国内科技含量最高的铁路之一。南昆铁路开通运营后，让深藏在祖国西南山区的优势资源迅速转化为生产力，沿线地区依托铁路便捷的交通运输优势，纷纷兴业办厂，有力拉动了地方经济发展，激活了百色革命老区发展动能，带动了旅游业快速发展。

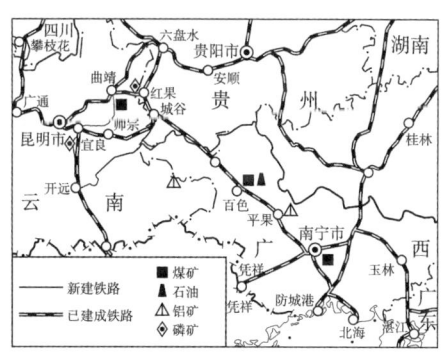 

南昆铁路示意图

◇问题探究4◇

影响南昆铁路建设的因素有哪些？其中起决定作用的因素是哪个？

（1）自然因素：_____

（2）经济因素：_____

（3）社会因素：_____

（4）科技因素：_____

[学生探究研讨]

略

[教师引导归纳]

经济较落后的地区，交通线和站点较为稀疏，且质量较低；经济较发达的地区，交通线和站点较为密集，且质量较高。

◇问题情境5◇

改革开放以来，我国交通线、站布局变化很大，有些交通线、站经历多次改造和扩建，其中，北京首都国际机场就是一个典型案例。

北京首都国际机场于1958年3月投入使用。1980年1月，一号航站楼及配套工程建成并投入使用。二号航站楼于1995年10月开始建设，并于1999年11月投入使用。二号航站楼每年可接待2650万人次的旅客。2004年3月，三号航站楼开始建设，2008年北京奥运会前投入使用。北京首都国际机场旅客年吞吐的设计总量达到8200万人次。下表显示北京首都国际机场旅客年吞吐量突破整千万人次的年份。

北京首都国际机场旅客年吞吐量突破整千万人次的年份

年份	1993	2000	2004	2005	2007	2009	2010	2012	2016
旅客年吞吐量/万人次	1000	2000	3000	4000	5000	6000	7000	8000	9000

◇问题探究5◇

（1）北京首都国际机场二号航站楼、三号航站楼投入使用后，至实际旅客年吞吐量超过设计旅客年吞吐量分别用了多少年？

（2）交通运输线、站布局一般强调"适度超前"。通过北京首都国际机场扩建的案例，说说你对"适度超前"的理解。

（3）北京首都国际机场设计在2015年旅客年吞吐量达到8200万人次，可是至2012年，北京首都国际机场旅客年吞吐量已达8371万人次。北京首都国际机场旅客年吞吐量增加的速度远超专家的预测，就此谈谈你的理解和感想。

[学生探究研讨]

学生分组讨论，派代表展示本小组答案，教师针对学生回答做点评。

◇板书设计◇

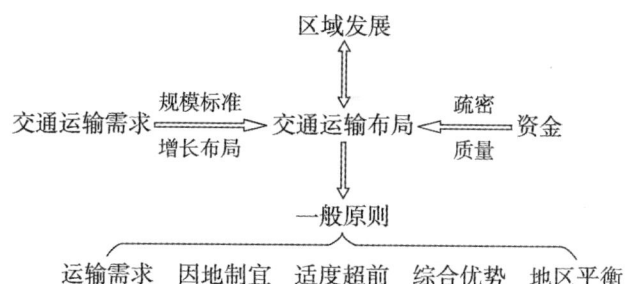

◇设计感悟◇

本节课是高一年级必修二内容,在地理学科素养的水平分级中只要求达到水平2。该部分知识是人文地理,多以案例分析的形式侧重人地关系的阐述,注重对学生区域认识、综合思维能力的培养。本节教学设计中除充分利用教材中的案例材料外,还补充了多个乡土地理材料,培养学生对地理知识的迁移应用,通过案例分析,让学生充分理解区域发展中对交通的需求与经济对交通运输布局的影响,以达成课标要求。因此,这节课的教学设计通过创设问题情境,把知识融入到真实情境中去,通过问题设置,引发学生思考、探究,通过大量的图表与案例材料,让学生用所储备的知识去分析、解决现实的地理问题,让学生感受生活化的地理,实现知识建构。

※课后达标检测※

1. 公路运输的特点是( )

    A. 速度快、运价高、运量小

    B. 机动灵活、运量小、运费较贵

    C. 速度慢、运价低、运量大

    D. 速度较快、运量较大、连续性好

2. 有两吨急救药品要从北京送往武汉抗击新冠肺炎第一线,适宜的运输方式是( )

    A. 铁路运输   B. 航空运输   C. 内河运输   D. 公路运输

下图是我国东南沿海某城镇规划图(比例尺为1∶100000)。读图回答3～5题。

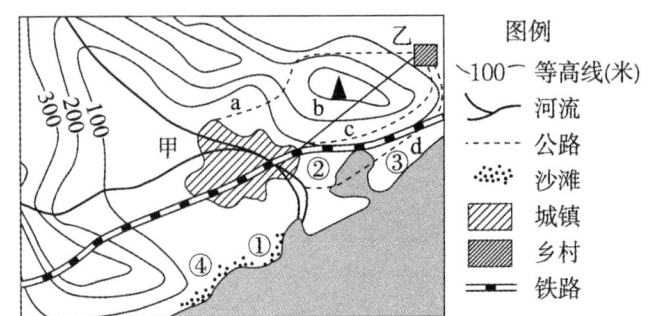

3. 为了加强甲镇与乙村的联系，拟建一条公路，图中四条规划线路中，最合理的是（　　）

  A. a线路　　　B. b线路　　　C. c线路　　　D. d线路

4. 图中铁路分布存在着明显的问题，主要是（　　）

 ①穿越河流　　②临近港湾　　③穿越城区　　④坡度太大

  A. ①②　　　B. ②④　　　C. ①③　　　D. ③④

5. 甲镇计划修建一个小港口，在图中①、②、③、④四处最合理的是（　　）

  A. ①处　　　B. ②处　　　C. ③处　　　D. ④处

塔里木盆地的四周是由冰雪融水补给的河流冲积而成的冲积扇，绿洲就在冲积扇的中、下部地带，这些地区人口集中，农牧业较为发达，交通便捷。下图为塔里木盆地城镇与交通线分布图和甲地段公路线路照片。据此完成6~8题。

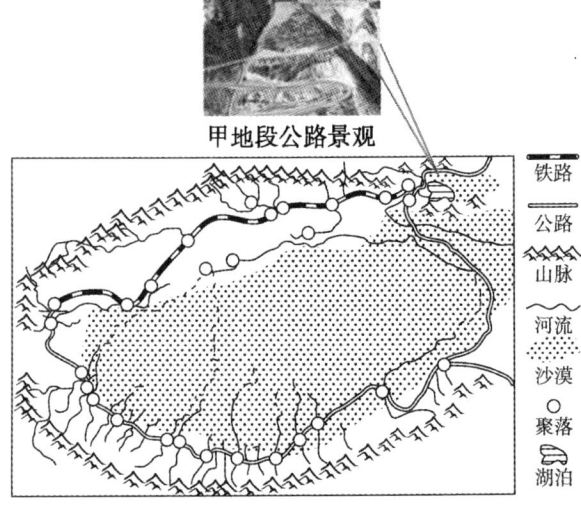

174　高中地理问题式教学设计与案例（必修第二册）

6. 从整体上看，塔里木盆地内的交通线分布特点是（   ）
   A. 网状分布　　　　　　　　B. "之"字形分布
   C. 线状分布　　　　　　　　D. 环状分布
7. 影响塔里木盆地城镇和交通线分布的主导因素是（   ）
   A. 地形　　　B. 气候　　　C. 水源　　　D. 土壤
8. 甲地段公路线分布形态形成的主要原因是（   ）
   A. 气候湿润，降水多　　　　B. 地势较高，坡度大
   C. 水源短缺，近水源　　　　D. 土壤肥沃，梯田多
9. 根据材料，回答下列问题。

受高铁影响天津至南京等城市航空段客流流失情况比较表（2009年）

航空段	平均航距（km）	地面衔接交通改善前流失旅客人数（人）	流失旅客占受影响航段比例
天津—南京/禄口	907	57 783	87.65%
天津—上海/虹桥	1133	311 679	61.21%
天津—杭州/萧山	1250	65 804	44.94%

（1）请说出表中受高铁影响天津至南京等城市航空段客流流失的特点，并简析其原因。

（2）简析我国发展高速铁路运输的原因。

【参考答案】

1. B　2. B　3. C　4. D　5. B　6. D　7. C　8. B

9.（1）特点：平均航距越大（小），流失的旅客占受影响航段的比例越小（大）；流失旅客人数天津到上海航空段最多。原因：平均航距越大，航空相对高铁节省的时间越多；平均航距越大，高铁票价吸引力越弱；上海经济发达，天津与上海来往的旅客相对于其他城市多，所以天津到上海航空段旅客流失也最多。　（2）随着我国社会经济的发展，客运市场需求量增大；修建高铁技术的突破；利于加强区域经济联系，拉动经济发展；可缓解交通运输的压力。

第二节　交通运输布局对区域发展的影响

教学内容分析

※课标要求※

2.6 结合实例，说明运输方式和交通布局与区域发展的关系。

※课标解读※

1. 主要概念

交通运输布局的变化突出体现为交通路线、站点的变化，区域发展则包括区域经济、社会、文化、环境等多方面的发展。影响则既有有利影响，也有不利影响，既有对区域整体的影响，也有对区域内部不同要素、不同细分区域的影响。

2. 解读

课标要求是"结合实例"，因此教师要注意结合现实生活中具体案例引导学生分析交通运输布局（线路、站点），区域的变化对区域发展（总体与局部、有利与不利）的影响，通过案例——原理——案例的方法实现知识和能力的迁移。

※教材分析※

教材以交通运输布局对区域发展的影响为题，以京杭大运河的兴衰导致扬州城市的兴衰为例引入。教材分成两个主题一是交通的变化在促进区域经济发展方面的作用，二是交通对聚落发展的影响。便捷的交通运输缩短了不同区域的时空距离，交通运输发展促进了区域经济发展；交通运输不只是经济发展的重要因素，其本身也是产业链长、经济拉动效应特别明显的产业，有利于带动相关产业发展，带动就业。交通运输布局影响聚落发展，交通枢纽的发展带动聚落的发展；重要交通运输线路或运输方式的变化，会引起区域内客货运输方向和集散地的变化，从而促使商业网点甚至商业中心城市的变化。本部分内容是学生在学习了区域发展对交通运输布局的影响之后来学习交通运输布局反过来影响区域发展，让学生明确两者之间相互影响、相互促进。

※学情分析※

在本节课之前学生已经完成工业、农业、服务业的学习，学生已经学会利用地理信息技术或其他地理工具，收集和呈现地理数据、图表和地图，已经具有一定的收集材料、分析问题、解决问题的能力。因此，本节课以京杭大运河为主线，学生在教师的引导下学习，不存在大的障碍。

※核心素养培养目标※

1. 通过图文材料，分析京杭大运河沿线城市分布的区域特征。（区域认知、综合思维）

2. 根据收集到的资料对现象进行分析，对可能的影响和结果进行归纳演绎推理。体验地理事物和现象的形成过程，从中获取地理规律、培养综合思维。探寻交通运输方式变化对聚落空间形态的影响。（综合思维）

3. 通过图文材料，京杭大运河真实情境的对比分析，了解京杭大运河与城市发展的关系，如交通兴衰影响城市的兴衰。（人地协调观、综合思维）

※教学重难点※

以京杭大运河沿线城市为例，分析交通运输方式和交通布局对区域发展的影响。

※教学方法※

问题式教学法。

※教学课时※

1课时。

教学过程设计

※课前预习※

交通运输布局
- 促进区域经济发展
  - 促进区域经济要素_____，优化配置
  - 缩小区域间时空距离，加强_____，扩大辐射范围
  - 交通本身也是_____，带动相关产业发展
- 影响聚落发展
  - 促进沿线特别是_____，聚落发展
  - 聚落发展因交通运输布局的变化而变化

※课堂教学※

◇课堂导入◇

教师播放有关京杭大运河的视频并讲解导入：

2014年6月22日，在卡塔尔多哈进行的第38届世界遗产大会宣布，中国大运河项目成功入选世界文化遗产名录，成为我国第46个世界遗产项目。

京杭大运河是世界建造最早、使用最久、空间跨度最大的人工运河，总长1000多千米，开凿至今1600多年。

如果说长城是凝固的奇迹，那么大运河就是流动的奇迹。长城如同雄健奇崛的万里一横，大运河就是沧海桑田的千年一叹。

风帆接南北，烟波阅古今。大运河是一部记录时光和变迁的大书，运河旅游就是对这部大书的逐页细读，下面让我们跟随中央电视台视频，和小强老师一起探寻京杭大运河，通过京杭大运河来学习交通运输布局对区域发展的影响。

[设计意图]

激趣导入，观看京杭大运河视频，让学生对京杭大运河文化遗产产生自豪感，激发学习热情。

◇问题情境1◇

运河之子嘉兴

历史上，嘉兴是一座因运河而生、因运河而盛的城市，奔流不息的运河水曾承载着鳞次栉比的船只南来北往，也见证了两岸舟车会聚、商贾云集。200多年前，乾隆沿运河六下江南八登烟雨楼，反映了嘉兴因运河而盛的荣光。

◇问题探究1◇

请从多学科角度谈谈嘉兴在你印象中的关键词有哪些？

[学生探究研讨]

略

[教师引导归纳]

嘉兴看点：嘉兴南湖（中共一大在嘉兴南湖的一艘游船上闭幕，宣告中国共产党成立）、乌镇（世界互联网大会永久会址）……

[展示嘉兴的图片和材料情境]

请大家阅读材料，小组推演老师设置的几个问题。

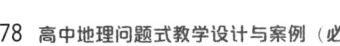

材料：嘉兴聚落形态的变化——隋朝开凿江南河，即杭州经嘉兴到镇江的大运河，给嘉兴带来灌溉舟楫之利，在唐宋时建成的城区为团块状地域形态。明清时期，由于城区河道淤塞，不能通行漕运大船，城市沿环城河道向东、北两个方向伸展。1909年沪杭铁路通车，城市沿铁路迅速延展。新中国成立初期，由于陆路交通发展缓慢，城市仍以沿河伸展为主。20世纪50年代中期至60年代初，工业发展迅猛，在城市外围建立了许多工厂，城市向外扩张，城市形态呈松散状态。70年代后期，公路运输发展较快，城市开始转向沿公路发展，以老城区为中心，沿四条对外公路及大运河伸展，各方向伸展长度为2.5～4.3千米，城市地域演变为星状。

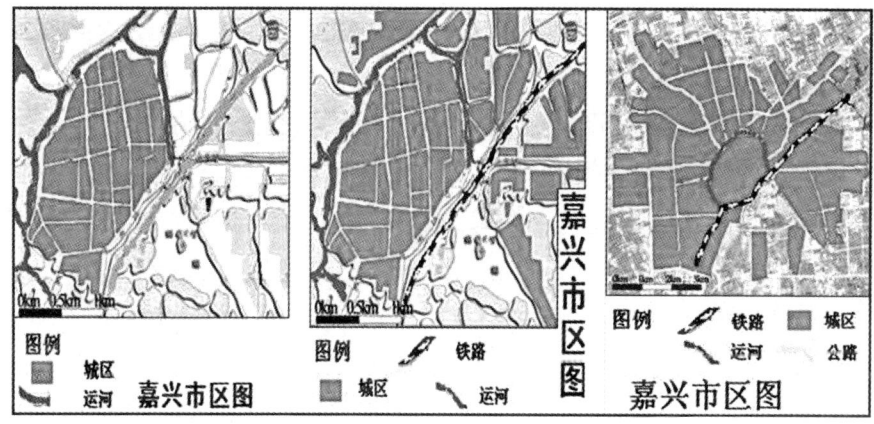

[学生探究研讨]

略

◇设问◇

阅读材料及嘉兴市区演变图，请大家动手将不同时期嘉兴城市形态及变化原因列成表格。

[学生探究研讨]

学生动手绘制表格。

[教师指导归纳]

通过嘉兴城市空间形态变化及其原因的探究，我们可以得出结论：交通运输方式发展会带动聚落空间形态的变化。

时间	城市形态及变化特点	变化原因
唐宋时期	团块状地域形态	初始状态
明清时期	沿环城河道向东、北两个方向伸展	城区河流频繁淤塞
1909 年	沿铁路迅速延展	沪杭铁路通车
新中国初期	仍以沿河伸展为主	陆路交通发展缓慢
50 年代中期至 60 年代初	向外扩张，呈松散状	外围建立许多工厂
70 年代后期	以老城为中心，沿四条公路及运河伸展，星状	公路运输迅速发展

[设计意图]

学生自己列表容易出现各种错误，比如：很难准确地从材料中概括并完整提取几个主要历史阶段；对图片中的城市形态概括和提取不够完整；对变化原因表达不够完整。以运河之子嘉兴站的案例推演，探寻交通方式发展对聚落空间形态的影响。

◇问题情境2◇

运河之都扬州

所谓"烟花三月下扬州"，春季（4～5月）来扬州再适合不过了，此时的扬州城有清风、细雨、斜柳、琼花，堪称一年中最美的时候。

扬州位于长江和京杭运河的交汇处。自隋炀帝开凿大运河以后，古代扬州几度繁荣，曾是我国水陆交通枢纽和盐运中心，"扬州雄富冠天下""十里长街市井连""夜市千灯照碧云"。到了清代，扬州城市人口超过50万，为当时世界上著名大城市之一。

自清代中叶以后，随着大运河的淤

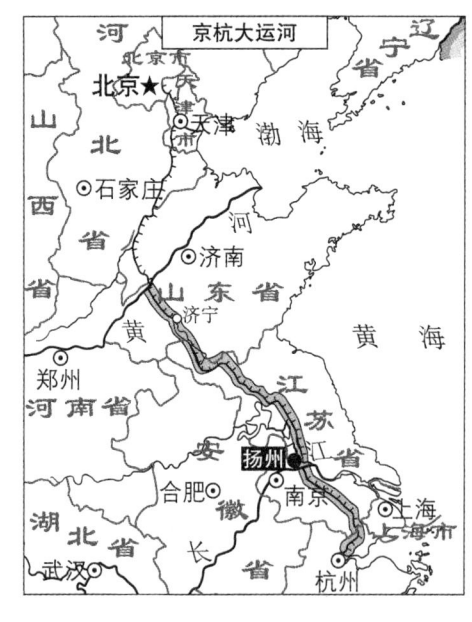

塞和海运兴起，铁路修建，扬州城市发展变缓，甚至停滞，昔日繁荣的扬州变得"门前冷落鞍马稀"。城市空间形态基本保持沿河分布。

◇**问题探究 2**◇

阅读图文材料，分析推测京杭大运河兴盛时，扬州城市空间形态的特点。

［学生探究研讨］

略

［教师引导归纳］

京杭大运河兴盛时，沿着京杭大运河布局，大致呈现条带状。

◇**追问**◇

自清代中叶以后，扬州发展缓慢甚至停滞的原因是什么？

［学生探究研讨］

略

［教师引导归纳］

运河堵塞导致了扬州发展缓慢甚至停滞。

◇**追问**◇

通过扬州市发展变缓甚至停滞的实例，说明交通运输布局对区域发展有何影响。

［学生探究研讨］

运河通，城市兴；运河塞，城市衰。

［教师指导归纳］

交通运输的变化会引起该地区聚落形态的变化，恰好验证了"运河通，城市兴；运河塞，城市衰"。

［设计意图］

通过对扬州发展的分析，让学生对交通运输的变化会引起该地区聚落形态的变化有更深的理解。"运河通，城市兴；运河塞，城市衰"，学生通过运河兴衰理解城市的兴衰变化。

◇**问题情境 3**◇

水旱码头沧州与火车拉来的城市石家庄

京杭大运河贯穿沧州市区，它因东临渤海而得名，意为沧海之州。总面积1.4万平方千米，距首都北京240千米，距天津120千米，距省会石家庄221千米。但作为水旱码头的沧州在经济发展速度上不及火车拉来的城市石家庄。

铁路，是人们认识石家庄的开始，也是石家庄城市历史的开端。石家庄从一个不起眼的小村庄到大城市，转机出现在1903年。那年，京汉铁路（今京广铁路）和正太铁路（今石太铁路）施工，石家庄建了火车站。两条铁路交会，久而久之，商贾云集，形成了以火车站为城市商业中心的石家庄市。石家庄成了一座火车拉来的城市。

京津冀城市群：发挥北京的辐射带动作用，打造以首都为核心的世界级城市群。聚焦重点领域，优化区域交通体系，推进交通互联互通，疏解过境交通；建设好北京新机场，打造区域世界级机场群；加强产业协作和转移，构建区域协同创新共同体。加强与天津、河北交界地区统一规划、统一政策、统一管控。

◇问题探究3◇

交通运输可为其他经济部门的发展和区域之间的交流、合作提供服务。与石家庄相比，分析沧州经济发展速度较慢的原因。

[学生探究研讨]

略

[教师引导归纳]

传统运输方式的衰败，新的交通运输方式的兴起。

◇追问◇

以石家庄为例，交通运输布局对区域发展的促进作用体现在哪些方面？

[学生探究研讨]

略

[教师引导归纳]

交通运输方式的变化——物流、客流的变化，促进经济要素的流通——缩短时空距离——带动消费方式和能力的改变。

◇追问◇

根据材料说明：交通运输方式是如何影响城市群的形成？

[学生探究研讨]

略

◇追问◇

交通枢纽对区域发展有何影响？

[学生探究研讨]

交通枢纽是旅客和货物集散、周转的地方，服务于客、货集散的餐饮、旅馆、装卸、包装、批发和零售等行业便在交通枢纽集聚。在客货吞吐量大的交通枢纽，还会集聚与货物相关的制造业，并促进其他产业的发展，往往会形成规模较大的城市。

[教师指导归纳]

随着人口、物质和经济活动的聚集，交通运输布局的一个重要变化是交通运输网的形成，由高速公路和铁路等交通干线组成的运输网，将各聚落更紧密地联系起来，促使多个城市相互连接，形成沿交通网分布的大城市带。交通运输使区域经济发展所需要的资源、产品、设备、劳动力等要素合理流动，实现空间上的优化配置。一方面，交通运输越便利、快捷，经济各要素的流动速度越快、耗时越短，实现的产值也就越大。另一方面，便捷的交通运输缩短了不同区域之间的时空距离，使一个区域的经济活动可以辐射其他区域，甚至世界各地，从而加快经济发展速度，提升经济发展水平。此外，交通运输不只是经济发展的重要因素，其本身也是重要的产业，而且还是经济拉动效应明显的产业。发展交通运输，可以直接拉动原材料、能源、建筑、旅游等行业的发展，增加就业。

[设计意图]

通过沧州和火车拉来的城市材料情境,让学生理解随着时代的发展,交通运输方式会越来越多,而随着交通运输方式的变化、交通运输网的建设,沿着交通网分布的城市会慢慢形成大城市带。让学生对交通带来城市群的变化有一定的认识和理解。

◇问题情境 4◇

元朝把北京定为全国的首都,称"大都",当时位于北京南北中轴线以西的积水潭,同大运河连通,成为南米北运、物资交流的停泊港。于是,沿湖岸码头,靠近钟鼓楼一带,开始形成并发展为北京市的商业中心——钟鼓楼市场。

自明朝起,由于城内码头和航道废弃,紫禁城的修建和王城的扩大,北京城内的交通阻隔,出现了三个相对隔离的区域,分别形成了以前门为中心,以西四和东四为次中心的商业网点格局。

20世纪初,东交民巷向外国使团开放,随着交通等市政设施的完善,王府井很快成为一个新的商业中心。同时,一些过去被王城阻隔的主要街道被打通,内城各部分之间的通达性增强,全城性的购物活动活跃起来。除了东四、西单和西四等传统商业区外,前门和王府井成为北京两大商业中心,前者位于铁路车站附近,而后者则临近高级住宅区,有十分便利的交通。

50年代末随着东西长安街延长扩宽,提高了西单的通达性。铁路客站由前门迁往东单附近,加强了王府井的区位优势。北京地铁在王府井、西单、前门均设立站点。这些交通条件的变化形成了北京西单、王府井、前门商业中心三足鼎立的格局。

近些年来,北京市三环路、四环路、五环路相继建成,沿线出现了大型超市和批发市场。今后,随着地铁服务范围的扩大和六环公路的建成,北京市商业中心和商业网点的布局也必将随之发生新的变化。

◇问题探究 4◇

根据材料情境推测:交通运输布局对区域经济发展的促进作用体现在哪些方面?

[学生探究研讨]

略

◇追问◇

结合材料，京杭大运河的变化，对区域商业中心城市带来什么影响？

[学生探究研讨]

略

[教师指导归纳]

重要交通运输线路或运输方式的变化，会引起区域内客、货运输方向和集散地的变化，从而促使商业网点甚至商业中心城市的变化。古代，我国东部地区南北方向的大宗货物运输，主要依靠京杭运河，于是京杭运河沿岸形成一批商业繁荣的城市，其中扬州因位于京杭运河南北段的中间位置，且是长江航运与京杭运河航运的转运点，成为运河城市中最为耀眼的明珠。近代，海运兴起，清末铁路修通，沿海航线和铁路成为连接东部地区南北方的主要交通运输线，京杭运河的交通运输地位不断下降，加之北段逐渐淤塞，运河沿岸商业城市则失去了进一步发展的运河航运条件，运河沿线许多城镇，如扬州，也逐渐失去了往日的地位。

[设计意图]

通过小组对北京材料的分析，应用前面所学，进一步学会从区域内部微观经济活动（商业中心分布）的角度去分析交通运输对区域发展的影响，进一步提升分析问题、解决问题的能力。

◇课后拓展◇

上网查阅有关"一带一路"倡议的材料，分析下列问题。

1. 分别指出丝绸之路经济带和21世纪海上丝绸之路连接的大洲和地区。

2. 我国连云港的货物运至荷兰鹿特丹，请从运距、运时、运费几方面，比较陆路运输与海路运输的优劣。

◇板书设计◇

第二节 交通运输布局对区域发展的影响

 1. 运河之子嘉兴

 2. 运河之都扬州

 3. 水旱码头沧州与火车拉来的城市石家庄

 4. 运河流进北京城

◇设计感悟◇

本节课在设计上打破教材已有结构,以"京杭大运河"为线索贯穿整堂课,将交通运输布局对区域的发展融入其中,以大运河为例,引导学生分析交通运输方式的布局、交通运输方式的兴衰、交通运输网的形成等对区域发展带来的影响。在课堂中将促进区域经济发展、带动相关产业发展、影响聚落的发展融入其中,实现真正意义上的"用教材教"而不是"教教材"。

※课后达标检测※

火车拉来的城市是指因为铁路的兴起,火车运输而迅速发展起来的城市。石家庄被称为火车拉来的城市,据此,判断下列城市的区位因素与石家庄相似的是(   )

  A. 扬州   B. 华盛顿   C. 株洲   D. 上海

下图是北京市建材商城分布示意图,读图回答2~3题。

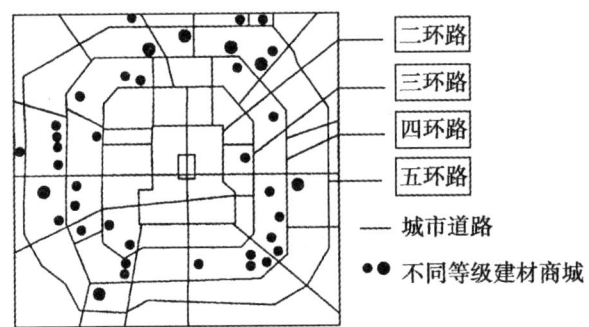

2. 关于图中所示的北京建材商城分布及原因的叙述,正确的是(   )

  A. 二、三环路沿线,接近城区

  B. 五环路与放射状道路交会处,交通便捷

  C. 三、四环路沿线,有大面积停车场

  D. 居民小区内,方便日常购物

3. 近年北京建材商城有向五环路以外扩展的趋势,其主要原因是(   )

  A. 分散城市功能

  B. 新建住宅区不断向外扩展

  C. 缓解市区交通压力

D. 城市外环道路不断扩展

下图是高速公路与城市建成区空间关系示意图，读图完成4～5题。

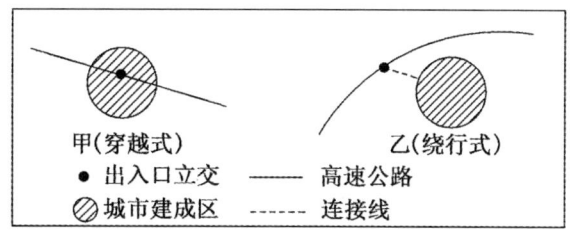

4. 分析两种模式的高速公路对城市建成区的影响，可知（   ）

   A. 甲模式不占用城市建成区用地
   B. 乙模式需要占用城市建成区用地
   C. 甲模式对城市建成区景观与环境的影响比乙模式大
   D. 乙模式对城市建成区内部交通联系的影响比甲模式大

5. 从高速公路与城市建成区关系的动态变化看，可推断（   ）

   A. 城市化初期，高速公路遇到城市时一般会采用甲模式
   B. 随着城市建成区不断扩展，乙模式有向甲模式演变的趋势
   C. 在城市化快速推进时期，甲模式会消失
   D. 大城市发展到成熟期，不会同时存在甲模式和乙模式

6. 下图是某城市略图，读图回答下列问题。

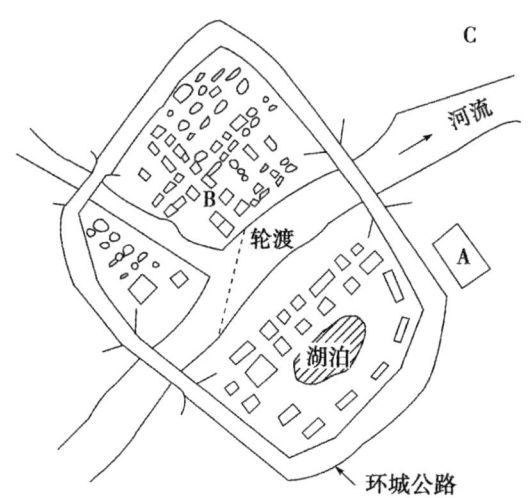

(1) 商业网点 A 的布局符合＿＿＿＿＿＿最优原则，这里发展商业的两大优势是：＿＿＿＿＿＿。

(2) 图中商业中心 B 的布局符合＿＿＿＿＿＿最优原则，这里发展商业的优势是＿＿＿＿＿＿。

(3) C 商业点分布是否合理？为什么？

7. 读下图，回答下列问题。

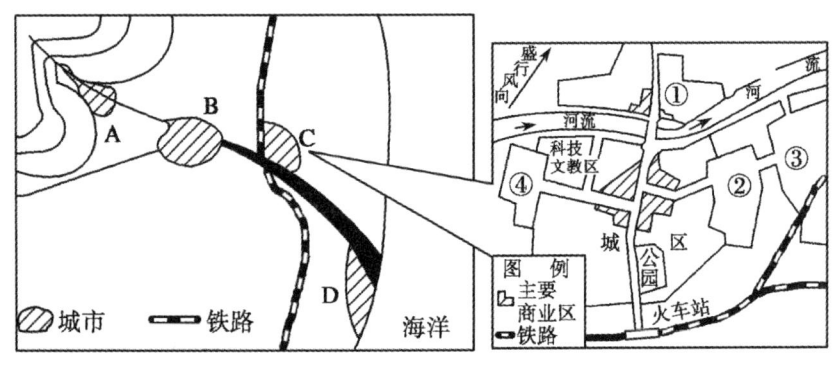

(1) 城市 B 与 C 相比形成较早的是＿＿＿＿，理由是＿＿＿＿＿＿。

(2) C 城市中的商业区的区位优势是＿＿＿＿。

(3) C 城市今后的城市形态可能向＿＿＿＿方向延伸。

【参考答案】

1. C 2. C 3. D 4. C 5. B

6.（1）交通　交通便利、地租较低　（2）市场　人口密集、市场广阔　（3）不合理。这里既不符合市场最优原则，也不符合交通最优原则。

7.（1）B　铁路运输的建设要晚于水运。　（2）位于市中心，交通便利，能够接近最大的消费人群　（3）东南

问题研究　城市交通如何疏堵

教学内容分析

※**课标要求**※

2.6 结合实例，说明运输方式和交通布局与区域发展的关系。

※**课标解读**※

运输方式的改变，使区域之间联系速度加快，可以提高生产效率和生活质量；运输方式的改变，可以扩大区域或城市的辐射范围；城市辐射范围的彼此重叠，促进了都市连绵带的形成；交通线和站点的变化，改变了区域之间空间组织，进而促进新的区域间合作形式。

本章内容主要是帮助学生了解交通布局与区域发展的特点和关系，树立绿色发展、共同发展、人地协调发展的观念。以案例来阐释人与物的活动；借助交通线来阐释人、物在不同地点之间按照某种规则进行空间移动的活动；借助各交通站点的布局来阐释交通布局。

※**教材分析**※

本节课是问题研究课，主要围绕三个方面展开，从我国城市交通的状况材料学习，让学生学会分析福州城市交通的状况及原因；从国内外城市交通疏堵的若干经验学习，让学生思考哪些措施对于福州更加有效。

※**学情分析**※

在本节课之前学生已经学完交通的相关知识，已经具备一定的搜集材料、分析问题、解决问题的能力。因此，本节课以福州交通状况为主线，学生从身边地理去分析问题，不存在大的障碍。

※**核心素养培养目标**※

1. 以福州交通状况为例，分析福州疏堵的措施及效果。（综合思维、地理实践力、人地协调观）

2. 以福州交通状况为例，分析福州疏堵还有哪些措施。（综合思维、地理实践力、人地协调观）

※**教学重难点**※

以福州交通状况为例，分析福州疏堵的措施及效果。

※**教学方法**※

问题式教学法。

※**教学课时**※

1课时。

教学过程设计

※课堂教学※

◇课堂导入◇

城市交通疏堵是近年来城市管理、城市规划等方面高频率使用的词语，老百姓对此十分关注。我国的城镇化正在快速进行，城市人口的大量增加，一方面对城市的建设和发展提供了大量的人力资源，另一方面对城市交通不断提出新的要求。城市交通如何疏堵呢？

对于这一课题的探究，我们可以采用以下思路。

了解福州市交通拥堵的状况，并分析其产生的原因——收集资料，了解国外城市疏堵所采用的措施，思考福州可借鉴的经验——了解我国其他城市为疏堵而采取的措施，思考福州可借鉴的经验——为福州解决交通拥堵问题献计献策。

◇问题情境1◇

城市交通拥堵状况

我国城市交通拥堵情况比较普遍，比较严重，尤其是大城市。城市主城区往往是老城区，人口密度大，交通流量大。从空间上看，道路比较狭窄，出现拥堵的路段和路口较多。主城区的高架路和城市周边的环路，成为客货流主干道之后，也出现了拥堵路段，进出这些干道的路口也会成为堵车点。从时间上看，每天上下班的通勤时间、双休日和节假日进出城的时间，都有可能产生拥堵。从交通运输方式来看，各种私家车上路，拥堵现象比较常见。

◇问题探究1◇

结合福州实例，分析福州交通拥堵与经济、社会发展的关系。

[学生探究研讨]

略

[教师引导归纳]

福州交通拥堵与经济、社会发展大致呈正相关。

◇追问◇

福州交通拥堵的原因有哪些？

［学生探究研讨］

略

［教师引导归纳］

城市发展，人口不断激增，公共交通建设跟不上人口的增长。改革开放以来福州经济快速增长，居民经济收入的增加，机动车辆的增长也呈快速增长的态势，相对而言，道路的扩容与增长却相对滞后缓慢，交通拥堵日益突出。主要原因是福州城区总人口日益增多，城市交通承载容量难以适应发展要求；公共交通事业发展相对缓慢，难以适应城区面积不断扩大的需要；经济发展与政策扶持共同推动了机动车数量的快速增长；不断延伸的通勤距离也大大刺激了机动车辆数量的激增。

［设计意图］

从福州交通拥堵的地理现象入手，培养学生学会观察生活，学会发现和分析身边的地理现象的能力。

◇问题情境2◇

国外城市交通疏堵的若干经验

世界上许多城市采用公交主导的方式解决交通拥堵的问题。美国洛杉矶的做法是：发展低成本的快速公交，比普通公交节省20%的出行时间；开辟共乘车道，2人以上共乘车辆可快速通行且享受优惠；研发智能交通管理系统。法国巴黎的做法是：设置公交专用道，禁止其他车辆通行；构建一流的交通标识系统，提高安全系数。日本东京的做法是：构建由高速公路、城市道路、地铁、电气铁路、新干线等组成的立体的综合交通网络，站点分布便利换乘。

◇问题探究2◇

阅读材料，国外疏堵的哪些方式可供福州借鉴？

［学生探究研讨］

略

［教师指导归纳］

公交专用道；立体交通网络。

◇追问◇

国外疏堵的哪些成功经验可供福州借鉴？

［学生探究研讨］

略

［教师指导归纳］

福州目前通过划定公交专用停靠位，减少进出站点时间；通过发展高架桥、地铁等，构建立体交通；通过拓宽车道等，满足通行需求；通过智能交通管理系统，提升智能化道路通行水平。

［设计意图］

引导学生从身边的地理现象出发，观察福州市目前采取疏堵的具体做法，并结合材料分析，国外疏堵还有哪些经验可供福州借鉴。让学生学会用世界的眼光看待问题、分析问题、解决问题。

◇问题情境3◇

我国城市交通疏堵的一些举措

改革开放以来，我国为疏通城市交通，陆续采取了一些措施。在主城区较窄的道路实行"单行道"制度，车辆只能沿单一方向行驶。设立公交专用道，发展快速公交。调整交通信号灯的切换时间，使其适合十字路口交通流量的实际情况。拓宽主城区部分道路，增加车辆的可通行量。修建高架道路和地下通道，减轻地面交通压力。限制外地车辆进入城市，尤其是在交通高峰时段进入城市干道。有的城市限制部分车辆上路，有的城市还控制车牌供给。

◇问题探究3◇

从交通相关利益方考虑，讨论上述措施各有哪些利弊？

［学生探究研讨］

略

［教师指导归纳］

控制车牌供给可能会带来车牌价格的上涨；限制部分车辆上路，可能会给部分居民出行带来困难；调整信号灯的切换时间，可能无法应对特殊情况……针对福州的实际情况，可能大力发展地铁是比较可行的措施。

◇追问◇

除材料的例子外，请你提出一项解决福州交通疏堵的措施并阐释理由。

［学生探究研讨］

略

[教师指导归纳]

上述的做法在解决疏堵上都可以起到一定的作用，但可能也会带来很多负面的影响。比如"单行道"制度，可能会带来居民出行的不便。调整交通信号灯的切换时间，如果没有动态的变化，会造成出行安全和新的拥堵。限制外地车辆进入城市，会带来居民出行不便；车牌限供可能会带来车牌的爆炒。

福州目前在疏堵上做了很多尝试，其中效果最好的可能就是多条地铁线的修建，有望极大缓解地面的人流量。

[设计意图]

通过对国内其他城市的做法学习、分析，结合福州的具体情况，思考适合福州的疏堵措施，这是一道开放性问题，只要是有理有据的分析都是值得表扬的。这样的问题对于培育学生开放性思维有非常重要的作用和意义。

◇课外拓展◇

针对福州的交通拥堵状况，结合福州发展实际，提出解决交通拥堵的三条措施，并说明其可行性。

◇板书设计◇

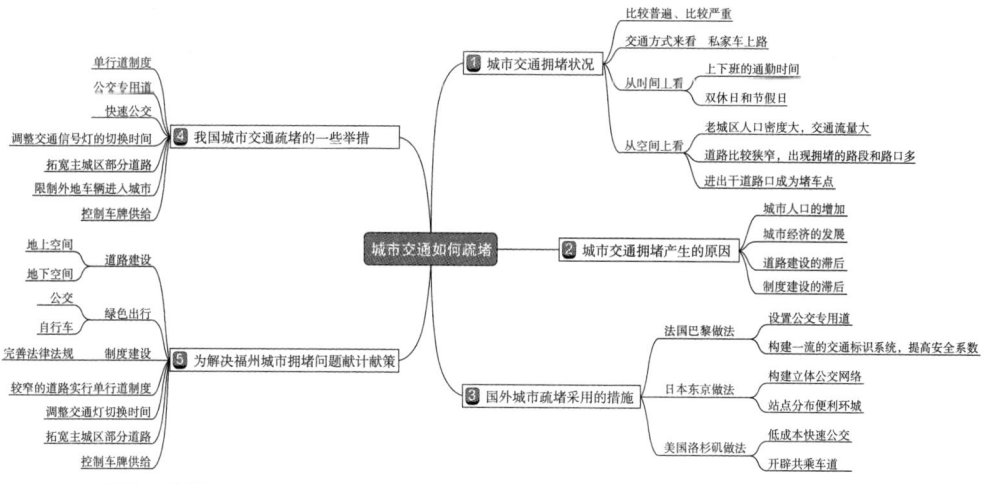

◇设计感悟◇

本节课为问题研究课，重点在于教会学生发现问题、分析问题、解决问题的能力。本节课以课本材料为基础，让学生事先了解福州市交通状况及解决交通拥堵方面所做的努力，从政府、居民等角度去思考每一种措施在解决交通拥堵方面所起的作用，引导学生从生活中去发现地理、学习地理。

※课后达标检测※

国内许多大城市实行"即时通告制"和"明日交通预报制",同时在多条主干道临时限行,以缓解交通拥堵。据此完成1~2题。

1. 上海、北京、武汉等城市交通面临的主要问题是(　　)
①道路交通安全问题突出,交通秩序混乱
②交通结构不合理,与小汽车迅速发展相比,公共客运交通发展缓慢
③市区路网结构不合理
④交通公害问题突出
⑤市中心区开发强度过大,导致交通量在中心区过度聚集

  A. ①②④   B. ②③④⑤
  C. ①②③④⑤   D. ①②③④

2. 针对人们对交通问题的担心,你认为武汉不应采取的措施是(　　)
  A. 在城市交通规划、建设、经营和管理的各个层面,建立有效的公众参与机制
  B. 交通建设适度超前,引导城市空间的拓展,鼓励使用公务车和私家车
  C. 形成科学的交通预报机制,切实发挥实效,辅助市民出行,有效调整交通流量
  D. 关键在于土地利用形态的调整和综合交通系统的整合

2016年4月29日,首届城市交通管理高峰论坛成功举办,多位专家以"城市多种交通方式的共存共享共赢"为主题、以"引导绿色交通、提升城市品质"的先进发展理念为核心,深入探讨目前城市交通所面临的形势和任务。据此完成3~4题。

3. 城市交通发展中存在的主要问题是(　　)
  A. 城市交通堵塞   B. 道路过于狭窄
  C. 道路建设超前   D. 管理设施过多

4. 有利于缓解城市交通问题的措施是(　　)
  A. 拓宽城市道路,努力满足车辆通行需求

B. 普及私家车，减轻公共交通的压力

C. 大型企事业单位同时上下班

D. 提倡市民多乘公共交通工具

交通拥堵指数又称交通运行指数，是综合反映道路网畅通或拥堵的概念性数值，其数值越高，表明交通拥堵状况越严重。下表为我国2015年和2017年交通拥堵指数前十城市，其中北京市交通拥堵成本一直高居首位。据此完成5~7题。

2015年				2017年			
拥堵前十位	城市拥堵指数	拥堵前十位	城市拥堵指数	拥堵前十位	城市拥堵指数	拥堵前十位	城市拥堵指数
1 北京	2.06	6 广州	1.89	1 哈尔滨	2.22	6 济南	1.82
2 济南	2.04	7 上海	1.87	2 重庆	1.95	7 长春	1.74
3 哈尔滨	1.99	8 深圳	1.86	3 北京	1.90	8 西安	1.73
4 杭州	1.98	9 青岛	1.85	4 大连	1.88	9 济宁	1.71
5 大连	1.91	10 重庆	1.84	5 上海	1.86	10 南京	1.68

5. 与2015年相比，2017年下列城市中拥堵指数变化最大的是（ ）

　　A. 北京　　　B. 哈尔滨　　　C. 重庆　　　D. 杭州

6. 北京市交通拥堵成本一直高居首位，与其密切相关的有（ ）

①平均通勤距离短　　②网约车大量出现　　③机动车保有量多　　④实行单双号限行政策

　　A. ①③　　　B. ①④　　　C. ②③　　　D. ②④

7. 2017年青岛、广州、深圳等城市下榜，这些城市为缓解交通拥堵而采取的措施中不包括（ ）

　　A. 大力推广共享单车　　　B. 开通或多建高铁

　　C. 合理规划城市道路　　　D. 加强城市交通疏导

8. 根据图文资料回答问题。

2017年，北京市缓堵行动计划各项任务均得到全面落实，疏堵工程和次支路建设等超额完成预定目标，绿色出行比例达到72%。"自2003年起，北京市区两级已完成了2200多项各类疏堵工程，为缓解局部地区交通拥堵起到了重要作用。"北京市交通委副主任、新闻发言人容军表示，2017年北京在"规建管限"四个方面运用"加减乘除"四项方法，缓解交通拥堵。

（1）请列举城市交通拥堵引起的环境问题。

（2）分析北京缓解交通拥堵的规划措施。

9. 阅读图文材料，回答问题。

　　城市跨座式单轨交通（如图甲所示），类似"空中小火车"。重庆轨道交通2号线和3号线分别是我国第一条和世界最长最繁忙的跨座式单轨交通线（如图乙所示）。重庆轨道交通产业积极谋求"走出去"战略，设计适应东南亚当地环境的方案参与多国轨道交通建设竞标。

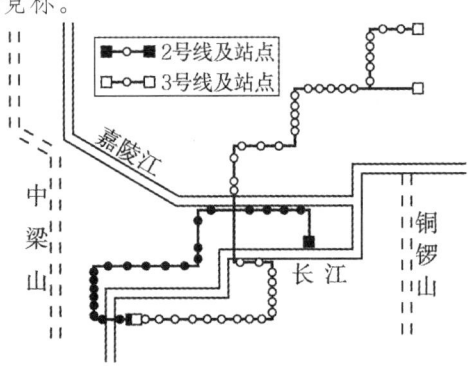

图甲　　　　　　　图乙

(1) 结合自然与单轨交通特点，分析重庆轨道交通建设首选跨座式单轨的原因。

(2) 说出重庆建设 3 号线对城市交通发展的积极作用。

【参考答案】

1. C 2. B 3. A 4. D 5. D 6. C 7. B

8.（1）增加能源消耗；加剧大气污染，尤其是增加 PM2.5 的排放；增加噪声污染 （2）合理规划城市交通道路网；规划城市新区和卫星城

9.（1）重庆是山城（或地表状况复杂、地势起伏大）；嘉陵江、长江穿城而过；跨座式单轨借助高架，适应性强（或建设成本较低）；列车车身轻短（或转弯半径小，或爬坡能力强）；视野开阔，景观好。 （2）跨越长江、嘉陵江、将各个城区串联起来，进一步完善交通网络；缓解交通压力；方便乘客出行；缩短市民出行时间；促进绿色交通发展。

第五章 环境与发展

第一节 人类面临的主要环境问题

教学内容分析

※**课标要求**※

2.10 运用资料,归纳人类面临的主要环境问题,说明协调人地关系和可持续发展的主要途径及其缘由。

※**课标解读**※

1. 主要概念

人地关系:人文系统与自然环境系统动态关系的简称。人类和自然环境在人文生态系统中是相互依存、相互制约的两大要素。自然环境为人类提供生存条件,人类活动反过来影响自然,甚至局部改造自然。

2. 解读

协调人地关系和可持续发展的主要缘由是人们的自然观、发展观的变化。当人们提高对生态环境的质量要求,提升对自然万物的关爱,扩大自然审美对象的种类时,都会带来新的生态环境议题,协调人地关系和可持续发展的主要途径包括技术途径、制度途径、经济途径、教育途径等,但是其中与区域或空间相关的途径更为重要。

本条要求旨在结合生态环境问题,进一步强化区域认知能力,即将生态环境问题放在区域空间的框架中来思考。分析这一类问题时可按以下三个步骤进行。第一步,确定一个人类面临的重要生态环境问题。第二步,找出该问题形成的因果逻辑关系图。第三步,找到这个问题中的利害关系主体及其大致的地理分布范围，进而理解生态环境问题多为"外部性"问题，即主体产生的生态环境益处或害处都"溢出"到了可控的区域范围之外，并且产生的益处没有得到回报，产生的害处没有得到补偿。

※**教材分析**※

本节课是第五章第一节的内容，本节教材从环境问题的产生原因和类型两个层面阐述了人类面临的主要环境问题。关于环境问题的类型，教材将众多的环境问题归结为资源枯竭、生态破坏、环境污染三个方面，并以详实的数字资料和生动的实例加以说明。教材引导学生以生活中的实例对每个环境问题进行说明，这样不仅可以加深对环境问题类型的理解，还可以理论联系实际，培养学生的学习兴趣，提高学生的能力。

※**学情分析**※

本节课知识点贴近人们生活实际，是近几年的热点问题，学生易产生浓厚的兴趣，对本节课的知识点，学生在义务教育阶段中已接触到大量的环境问题，已经具备一定的知识储备，再通过前面的学习，学生已经具有了自然地理环境整体性思想，了解了人口的合理容量、环境承载力，掌握了城市化过程中的主要问题等知识。总体上学生有了一定的基础和自我探究能力，但缺乏系统的知识理论和分析问题的能力，需要创设情境进行引导。本节教学可以让学生充分发挥主体作用，教师只作为课堂的引导者。

※**核心素养培养目标**※

1. 通过分析人地关系，理解环境问题产生的原因。（地理实践力、综合思维）

2. 运用资料，归纳人类所面临的主要环境问题及环境问题存在地域差异。（区域认知）

3. 结合相关资料，认识环境问题的严重性，并能主动探究解决措施。（地理实践力、综合思维）

4. 引起学生对全球性环境问题的关注，对环境问题的严重危害有深刻的认识，初步树立正确的环境观和可持续发展观。（人地协调）

※**教学重难点**※

重点：运用资料，归纳人类面临的主要环境问题。

难点：认识环境问题的严重性，并能主动探究解决措施。

※教学方法※

问题式教学法、案例探究法、小组合作探究法、归纳演绎法。

※教学课时※

1课时。

※课前预习※

一、环境问题及其产生的原因

1. 人类的生存和发展要占据一定的空间，人类通过生产活动从自然界攫取_____；同时，人类生产活动和消费活动产生的_____又被排放到环境中。

2. 环境问题的产生原因：当人类向环境的索取超过环境承受能力，就会出现_____、_____等问题；当人类向环境排放废弃物的数量超过环境自身的_____，就会导致环境质量下降，产生_____等问题。

3. 分析人类社会与环境关系模式图，了解各个箭头代表的意义。

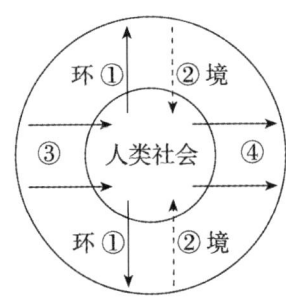

二、环境问题的表现

1. 主要环境问题：

主要环境问题	自然资源枯竭	森林减少、水资源危机、_____短缺等
		水土流失、_____化、生物多样性减少等
	环境污染	大气污染、水体污染、土壤污染、固体废弃物等

2. 环境问题的地域差异：

200　高中地理问题式教学设计与案例（必修第二册）

(1) 城市的环境问题主要表现为_____；乡村的环境问题主要表现为_____。

(2) 发达国家的环境问题主要体现在过度_____带来的环境影响；发展中国家的环境问题主要表现在掠夺式开发带来的_____，以及快速工业化导致的_____，环境承受着_____与_____的双重压力与发达国家的污染转移。

※课堂教学※

◇课堂导入◇

教师播放震撼人心的环保公益广告视频，并讲解导入：

20世纪末，全球有100多万种生物被灭绝，这并非危言耸听。联合国环境计划署预测，在今后二三十年内，地球上将有1/4的生物物种陷入绝境；到2050年，约有半数动植物将从地球上消失。这就是说，每天约有50～150种、每小时约有2～6种生物离我们悄然而去。

1992年在巴西里约热内卢召开的联合国环境与发展大会上，当时的秘书长加利先生提议全体代表为地球上的"不幸与悲哀"静默2分钟。古巴领导人卡斯特罗说："有一种重要的物种正在灭亡，那就是人类。"卡斯特罗为什么这样说？

[学生活动]

学生观看视频，谈观后感。

[设计意图]

引起学生的注意，激发学习动机，强化对环境问题严重性的认识。

[过渡]

环境问题对人类的影响如此之大，它是怎样产生的呢？

◇问题情境1◇

展示、分析人类社会与环境的相关模式图（教材图5.2）。

◇问题探究1◇

(1) 从图中可以看出人与环境是怎样的关系？

(2) 人类活动一定就会产生环境问题吗？

[学生探究研讨]

略

[教师提示归纳]

明确内圆、外圆及内外圆之间的空间含义；明确每个箭头的含义。

如图所示，内圆表示占有一定空间的人类社会；外圆代表人类社会与周围环境构成的人地系统；内外圆之间的空间——人类社会周围的地理环境。人类通过生产活动从自然界攫取所需的资源，并把资源转化成消费品，以满足人类的消费需要；同时人类生产活动和消费活动产生的废弃物，又被排放到环境中。在正常情况

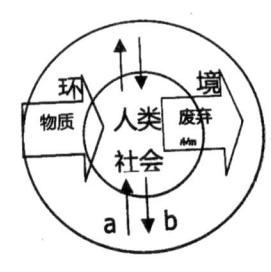

下，对于人类合理和适度的索取，自然环境具有一定的恢复能力。但是，当人类对环境的影响超过一定程度时，即人类向环境索取资源的速度超过了资源再生的速度，就会出现自然资源枯竭、生态破坏等问题。自然环境也具有一定的容纳、分解和清除等作用，即环境的自净能力。但是如果人类向环境排放的废弃物的数量超过了环境的自净能力时，就会出现环境问题。图中 a、b 表示的意思是：b 是人类对环境的影响，a 是环境对人类的反馈作用，环境问题就是在这个环节中产生的。

环境问题与人类活动密切相关。在人与环境相互作用的过程中，人类对环境不同的态度和行为，会产生不同的环境效应。环境问题就是由于人类对环境采取了不恰当、不友好的态度和做法所导致的结果。

[设计意图]

通过人类社会与环境的相关模式图，让学生明确环境与人类的关系，人与环境处于统一关系，人地和谐发展。随着人口压力增加、资源的不合理利用、片面追求经济增长等，人与环境处于对立关系，环境会进一步恶化。

[过渡]

人类对环境采取什么样的态度和行为，就会得到环境对人类的相应反馈。例如，人们过度垦荒导致生态破坏、环境恶化，这种状况又进一步加剧人地矛盾，甚至使人类陷入越垦越穷的恶性循环中。

◇问题情境 2◇

展示过渡垦荒引起的恶性循环示意图（教材图 5.4）。

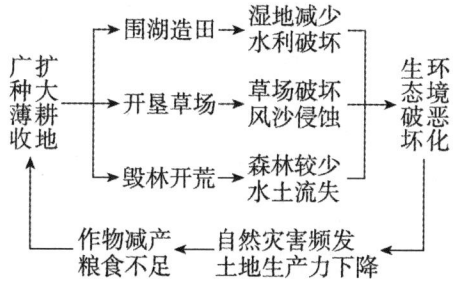

◇问题探究 2◇

(1) 人们为什么要不断扩大耕地面积？

(2) 人们是通过什么方式扩大耕地面积？

(3) 这些扩大耕地面积的方法会带来哪些负面影响？

(4) 耕地面积是扩大了，但是并没有像人们期待的那样解决了吃饭问题，反而越来越贫穷。讲讲其中道理。

[学生探究研讨]

略（可分组进行）

[设计意图]

给出一组因果联系框图，让学生分析相互之间的联系。对于已经给出的完整的因果联系框图，要把握住主导因素，将材料进行整理归类，层层深入，递进分析地理事物或现象的发展变化过程。

[教师归纳]

教师在引导学生归纳时要特别注意提醒：环境问题的成因不全是人为原因，环境问题的产生既有自然原因，也有人为原因。在采集文明时期，环境问题主要由洪涝、干旱等自然原因引起的，即自然灾害也会导致环境问题，而当今世界环境问题主要由人类不合理的活动造成的。

[承转]

人类活动改变了环境，环境又会把受到的改变反作用于人类社会，那么环境问题有哪些体现呢？

◇问题情境 3◇

请同学们阅读下列材料，了解人类面临的主要环境问题。

材料一：自工业革命以后，环境问题日益凸显，环境污染也日趋严重。从

20世纪30年代至今引发了一系列令人震惊的环境公害事件,其中影响较大的有"八大公害事件":比利时马斯河谷烟雾事件(一周内死亡60人)、美国洛杉矶光化学烟雾事件、美国多诺拉烟雾事件(全镇45%人口患病、死亡20人)、英国伦敦烟雾事件、日本水俣病汞污染事件、日本哮喘病事件、日本米糠油事件、日本骨痛病事件。20世纪80年代以后,又发生了规模更大、影响范围更广、危害更为严重的博帕尔泄漏事件(3300人死亡,20万人致残)、莱茵河污染事件(160千米河段鱼死亡,483平方千米范围内井水不能饮用,造成巨大经济损失)等。

材料二:世界森林面积急剧减少,(近200年来,地球上的森林已有三分之一以上被采伐和毁坏,进入20世纪80年代,每年砍伐森林15万平方千米,热带雨林每年消失11万平方千米)、土壤侵蚀严重、物种资源减少、水资源匮乏(世界上有80个国家,20亿人口在缺水的边缘)、矿产资源枯竭等。

◇问题探究3◇

上述材料说明了哪些环境问题?

[学生探究研讨]

略

[教师指导归纳]

主要环境问题	自然资源枯竭	森林减少、水资源危机、矿产资源短缺等
	生态破坏	水土流失、土地荒漠化、生物多样性减少等
	环境污染	大气污染、水体污染、土壤污染、固体废弃物等

◇追问◇

(1)除了以上材料一中涉及的环境污染,教材图5.3中所示的环境污染还有哪些?

(2)造成污染的原因是什么?

[学生探究研讨]

略

[教师指导归纳]

大气污染、水污染、土壤污染等是由工业"三废"和有害农药等排放到江河湖海和土壤中造成的。固体废弃物污染是由人们生产和生活产生的大量垃圾，堆积在城市中或郊区造成的。噪声污染是由工厂和交通造成的。放射性污染是由放射性物质泄漏产生的。海洋污染是由陆地上的人类生产和生活的污染物排入海洋，以及海上运输、海上钻井平台等人类活动造成的。

[承转]

不同区域所面临的环境问题是不尽相同的，即环境问题的地域差异。请同学们说一说，在城市和乡村两类聚落地区，环境问题的表现有何不同？

[学生探究研讨]

略

[教师指导归纳]

环境问题的表现在城市和乡村有所不同。城市人口高度聚集，交通和工业活动排放大量废弃物，环境问题主要表现为环境污染。广大的乡村地区则是因利用资源的方式不当和强度过大，环境问题主要表现为生态破坏。近年来，随着乡村经济发展，我国一些乡村地区的环境污染也比较突出。

◇问题情境 4◇

从全球范围看，发达国家和发展中国家的环境问题表现也不一样，你能说说其中的原因吗？请看教材图 5.6 "当今世界环境问题举例"。

◇问题探究 4◇

(1) 列举发达国家和发展中国家所面临的主要环境问题，并分析其中的差异。

(2) 分析图中的案例，哪个地区的环境问题有可能影响到其他地区甚至全球？

[学生探究研讨]

略

[教师指导归纳]

环境问题的表现在发达国家和发展中国家也有所不同，发达国家的环境问题主要表现在过度消耗资源带来的环境影响，发展中国家的环境问题主要表现在掠夺式开发带来的生态破坏，及快速工业化导致的环境污染，发展中国家问题比发达国家严重（环境承受着发展和人口的双重压力；发达国家将污染转嫁给发展中国家）。

[设计意图]

问题探究3旨在引导学生学习环境问题的类型，问题探究4则主要是引导学生分析环境问题的区域差异。

通过读图获取信息，了解环境问题在空间轴上的分布，培养学生总结地理规律的能力，得出发展中国家与发达国家环境问题的共性和差异，培养全球环境意识，明确保护环境是人类的共同使命。

[过渡]

环境问题根据地域还可以分为全球性的环境问题和区域性的环境问题。有些区域环境问题有可能影响到其他地区甚至全球，如酸雨、臭氧层破坏、全球变暖等。

◇问题情境5◇

材料一："蓝天白云，椰林海风"的马尔代夫一直是全球游客梦想的旅游胜地，然而，这个天堂美景现在岌岌可危，马尔代夫全国平均海拔高度仅为1.5米，如果气候持续变暖，海平面继续上升，天堂就会变成地狱。除了马尔代夫，面临相似危机的还有其他岛国。例如：位于太平洋上，全世界每天最早迎接日出的基里巴斯，目前已有两座岛屿被海水吞噬；图瓦卢，西太平洋上的一个群岛国家，只有1.2万人口。这个国家最大的岛屿的周边区域，最近被海水入侵了1米。另外，很多人都熟悉的水城威尼斯、岛国瑙鲁等地，也都是海平面上升首当其冲的受害者。

材料二：随着气候发生变化、海平面逐渐上升，一些岛国已经开始谋划如何应对土地遭淹没的危机。南太平洋岛国基里巴斯在邻国斐济购买土地，巴布亚新几内亚也开始分析哪些国民最可能遭受海水威胁并做相应的准备。

海平面上升不但侵蚀这些岛国的海岸线，也会渗入这些国家的地下水，同时淹没岛内农地。此外，气候暖化也意味这些岛国将面对更多热带气旋与风暴。联合国气候变化会议每年由不同的国家主办，将各国代表聚集在一起，推动全球防止气候的危险变化。

◇问题探究5◇

(1) 小岛国的忧虑是什么？你认为他们的担心有道理吗？

(2) 找出下列地理事实的内在联系，试着绘出联系框图，并说明全球变暖所带来的一系列影响。

(3) 根据所绘框图，找出上述问题的关键环节，就解决这一问题提出自己的看法。

[学生探究研讨]

略

[教师指导归纳]

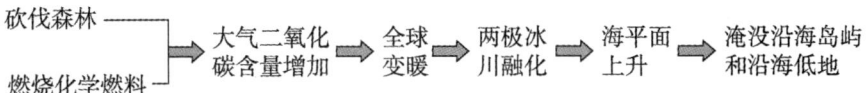

(1) 全球气候变暖产生的危害。

①全球气候变暖使冰川融化和海水受热膨胀，造成海平面上升，引发系列环境问题。如：一方面加剧风暴潮和洪涝灾害的发生，造成城镇排污系统失效；另一方面，出现海水倒灌，导致土地和农田盐渍化。

②影响区域气候，导致某些极端天气的出现。

③对生态系统的稳定发展产生影响。影响区域农业的发展，造成产量的变化。

④影响人体健康。

(2) 全球气候变暖的解决措施。

①减少矿物燃料燃烧，开发利用新型能源。

②禁止乱砍滥伐，保护植被。

③发展清洁燃烧技术，提高能源的利用率。

④倡导低碳生活，发展低碳经济，节能减排。

⑤加强国际合作，加强环境保护的宣传教育。

[设计意图]

通过某个具体的案例，引导学生思考其环境问题形成的原因及其影响，力争达到举一反三，能够用综合思维去看待环境问题带来的影响，并提出解决的措施。

◇课堂小结◇

本节课主要学习了环境问题的产生原因和分类，并通过实例对当前人类面临的主要环境问题进行介绍，由于本部分内容在初中和高中地理各章的学习中已有所了解，因此，建议学生将学习的重点放到对知识的梳理和归纳上来，实现运用原来所学的知识，总结概念，归纳类型的学习目的。

◇**课外拓展**◇

引出《京都议定书》正式生效的报道材料，阐述针对全球气候变暖加强国际合作的必要性和迫切性。

◇**板书设计**◇

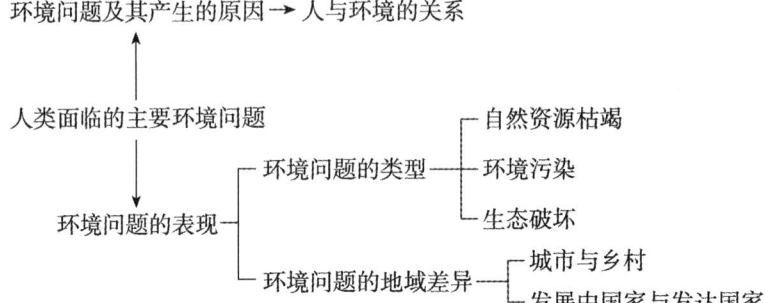

◇**设计感悟**◇

本节课主要结合教学内容和课标理念，依据建构主义理论，把问题研究性学习方法引入课堂，充分利用教材资源和身边的生活资源创设情景。本节课重在激发学生对人类面临的环境问题的深刻认识，让学生意识到环境保护的重要性，得到一种情感上的共鸣——保护环境、节约资源，树立正确的环境观和资源观。本设计遵循上述的教学理念，采用案例分析法，充分调动学生的积极性，开展讨论、分析、归纳，明确人类面临主要环境问题的学习思路，试图达到举一反三的教学效果。

※**课后达标检测**※

1. 随着城市化的发展，城市环境问题日益严重。据报道，广州近年最大的空气污染物为"可吸入颗粒物"（俗称粉尘），该污染物的主要来源是（　　）

  A. 工业生产中排放的废气

  B. 建筑工地的施工

  C. 用煤作为主要的生活燃料

  D. 汽车行驶过程中排放的废气

下图是人类社会与环境的相关模式图，读图回答2～3题。

2. 图中箭头③表示的人类活动可能引起（　　）

　　A. 台风、寒潮

　　B. 地震、海啸

　　C. 滑坡、泥石流

　　D. 土地荒漠化、盐碱化

3. 为了防止风沙侵袭包兰铁路，在宁夏沙坡头地区，人们用草方格沙障来固定流沙，从而很好地保护了包兰铁路，人们的这种做法与图中相应的环节是（　　）

　　A. ①　　　B. ②　　　C. ③　　　D. ④

4. 下列选项中属于人类与环境对立的做法的是（　　）

　　A. 洞庭湖四周围湖造田

　　B. 我国东海渔场实行休渔制度

　　C. 修建都江堰水利工程

　　D. 为改善大城市交通状况，修建立交桥和地铁

右图为经济发展与环境关系示意图，读图回答5～6题。

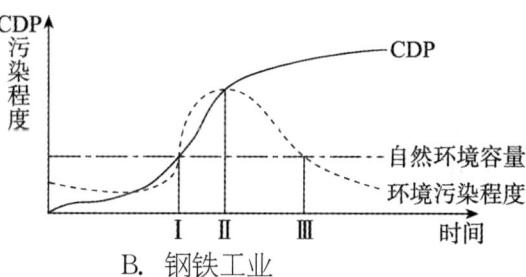

5. 符合图中Ⅰ→Ⅱ阶段环境污染程度、经济发展水平的工业可能是（　　）

　　A. 航空工业　　　　　　B. 钢铁工业

　　C. 旅游业　　　　　　　D. 微电子工业

6. 一些发达国家的环境污染水平进入Ⅱ阶段后有所改变，其原因是（　　）

①增加环保投入　　②科学技术进步　　③工业发展速度增快

④产业结构调整　　⑤城市化水平不断降低

　　A. ①③⑤　　B. ①②④　　C. ②③④　　D. ③④⑤

【参考答案】

1. B　2. C　3. A　4. A　5. B　6. B

第二节 走向人地协调——可持续发展

教学内容分析

※课标要求※

2.10 运用资料,归纳人类面临的主要环境问题,说明协调人地关系和可持续发展的主要途径及其缘由。

※课标解读※

1. 主要概念

可持续发展的内涵:不再单独强调经济发展,强调生态、经济、社会三方面的持续发展。可持续发展的道路:需要社会、企业、政府共同努力,教材中列举消除贫困,发展绿色经济和提倡持续消费仅是推进可持续发展的部分途径,并非全部途径。

2. 解读

(1) 区域认知:联系《21世纪议程》,概述可持续发展的基本内涵;领悟走可持续发展之路是人类的必然选择。

(2) 综合思维:举例说明协调人地关系——可持续发展需遵循的三个基本原则。

(3) 人地协调观:认识在可持续发展过程中,个人应具备的态度和责任。

(4) 地理实践力:内化实践力,在学校中进行闲置物品交换;认识在可持续发展过程中,个人应具备的态度和责任。

※教学重难点※

1. 理解可持续发展的概念、内涵、基本原则。

2. 领悟走可持续发展之路是人类的必然选择;认识在可持续发展过程中,个人应具备的态度和责任。

※学情分析※

高一的学生通过前面所学的人口、城市、工业、农业及交通等人文地理的知识，对地理问题已基本掌握了一定的分析能力，通过上一课时的学习，对目前人地关系矛盾的尖锐性有了更深刻的了解。在此基础上通过对本节内容的学习，学生能够实现由感性认知到理性思维的转变，从而得出"寻求一条可持续发展的道路是人们现在的必然选择"。

※**教材分析**※

高中课程中的自然地理和人文地理是本节学习的基础知识，"可持续发展"是整个地理教学的核心部分，是必修2的最后一部分内容，在直面环境问题的基础上思考探索未来人类可持续发展的途径为主要教学内容，因此，它是本书的总结和升华。

※**核心素养培养目标**※

（一）通过可持续发展系统示意图（教材图5.9），使学生知道可持续发展的概念和可持续发展的内涵。

（二）通过活动（课外资料）学生体验，分析，讨论理解，后经教师引导能概述可持续发展的基本内涵。

（三）通过P107设置的闲置物品交换活动，学生能够举例说明协调人地关系——可持续发展需遵循的三个基本原则。

通过本章学习来增强学生的可持续发展意识并将其转化为自身的行动，充分认识到人类与环境协调统一的重要性。

※**教学方法**※

问题式教学法、案例探究法、小组合作探究法。

※**教学课时**※

1课时。

教学过程设计

※**课前预习**※

一、自主预习回答问题

1. 什么是可持续发展？

可持续发展是既满足_____的需求，而又不危及_____满足其需求能力的发展。

2. 可持续发展的基本内涵概括起来可以分为哪三个方面？
_____持续发展、_____持续发展和_____持续发展。

3. 实现可持续发展，要遵循哪三个基本原则？
_____原则、_____原则和_____原则。

4. 实现可持续发展是一项长期而艰巨的任务，需要哪些人的共同努力？
_____、_____和_____。

5. 为实现人地协调和可持续发展，人类已经做了哪些尝试？
_____、发展_____、提倡_____等等。

二、新知学习

1992年6月，联合国环境与发展大会在巴西里约热内卢召开，会议通过了《21世纪议程》，这标志着可持续发展从理论探讨走向实际行动。

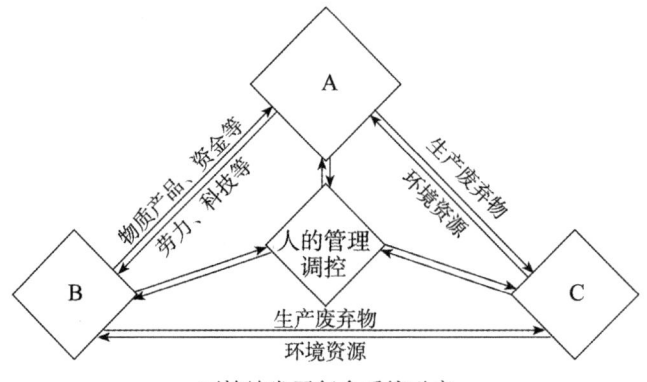

可持续发展复合系统示意

1. 图中的A、B、C分别代表什么？说说你的判断理由。

2. 每年的6月5日为世界环境日，每年的这一天联合国环境规划署都会确定一个主题，呼吁各国政府和人们为改善人类环境，造福子孙后代而共同努力。根据大家对可持续发展三个原则的认识，思考：下列环境日的主题分别体现了哪个或哪些原则呢？

2000年：2000环境千年，行动起来

2008年：促进低碳经济

2014年：提高你的呼声，而不是海平面

2018年："塑"战速决

※**课堂教学**※

◇**课堂导入**◇

以一张图片总结上节课内容，并启迪本节课情境

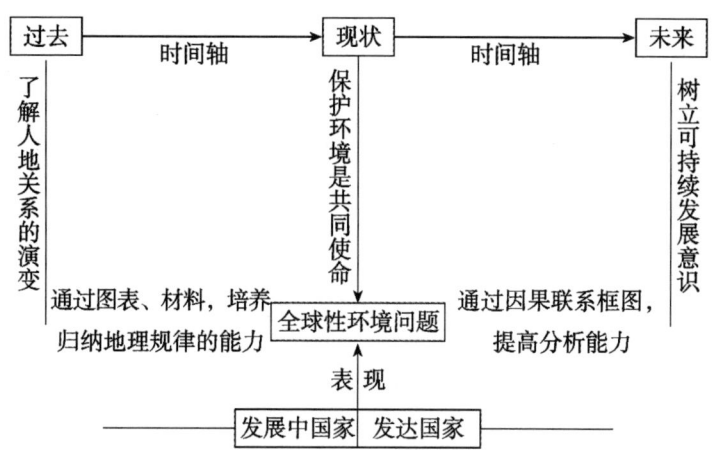

通过上节课的学习，我们认识到在不同时期人地关系的不同变化，知道在认识人和地理环境之间关系的道路上，人类付出了很大的代价，那么在未来的发展道路上，我们应该如何走才能使社会持续地发展下去，这是这节课需要大家讨论的问题。

◇**问题情境1**◇

活动一：贫困村的村干部为了带领大家奔小康，想出了一个致富的好办法：决定把本村麦田的土卖给城市建筑公司做工程用土，取土形成大坑，又用收费方式给城市堆放垃圾。这样他们两头进钱，是种麦收入的几十倍。

◇**问题探究1**◇

角色扮演：现在组织全体村民（学生）进行民主表决。

[学生探究研讨]

正方意见：可以带来丰厚的收入。

反方意见：影响农业生产，又污染环境，危害村民健康。这种行为目光短浅，只顾眼前利益，没有考虑长远发展。

[教师指导归纳]

略

[设计意图]

用生动、浅显的例子引导学生对日常生活中的一些地理事项进行思考,引出本课探讨的主题,使学生初步具备可持续发展的理念。

◇追问◇

我们还有什么思路,请村民(学生)来讨论村子的接下来发展方向。

[学生探究研讨]

意见一:生态农业。

意见二:盖房子出租。

意见三:蔬菜大棚。

……

[教师指导归纳]

教师引导分析上述案例中体现出的人与经济、社会、生态三者之间的关系。引出可持续发展的理念和可持续发展的系统组成。(画示意图)

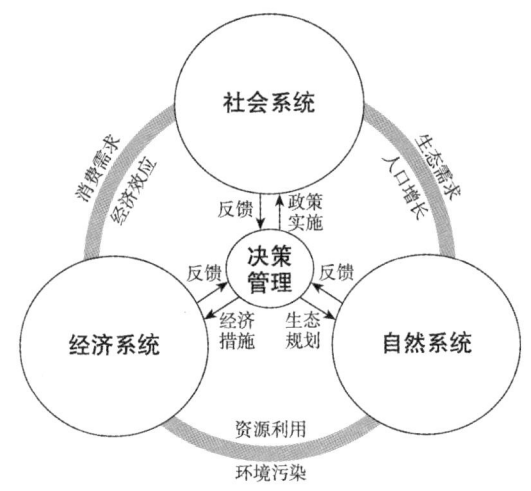

得出结论:在可持续发展系统中,生态持续发展是基础,它强调发展要与资源环境承载力相协调;经济持续发展是条件,它强调发展不仅要重视数量增长,更要追求改善质量,改变传统的生产和消费模式;社会持续发展是目的,它强调发展要以改善和提高生活质量为目的,与社会进步相适应。

◇追问◇

你期待未来你的家乡是什么样子?我们该如何做,才能拥有我们所期待的家乡？

[学生探究研讨]

学生1：期待家乡山青水绿，所以资源开发必须保持在环境承载力之内。

学生2：期待人人有幸福生活，期待人和自然的和谐，期待世界没有饥荒。

学生3：期待……

[教师指导归纳]

通过同学们的讨论，我们意识到要实现人和自然的和谐发展任重道远，发展是我们的主旋律，如何高质量地发展才是我们的关注点。

[设计意图]

通过讨论，总结出实现可持续发展，实现社会系统、经济系统、生态系统三者的协调发展中，人们需要遵循的三个基本原则：公平性、持续性、共同性。

◇问题情境4◇

实现可持续发展是一项长期而艰巨的任务，需要政府、企业和公众的共同努力。当前，从政府制度层面看，基于公平性原则，消除贫困是实现可持续发展的重要目标。

◇问题探究4◇

贫困对环境变化有什么影响？哪些措施可以消除贫困？

[学生探究研讨]

略

◇问题情境5◇

教师展示我国发展绿色经济的主要内容示意图（教材图5.13）。

人们将基于煤球、石油等化石能源的经济称为"褐色经济"，提出与之相对的"绿色经济"，强调节能减排、环境保护、社会包容。我国目前积极发展低碳经济和循环经济。

◇问题探究5◇

低碳经济和循环经济有何异同之处？

[学生探究研讨]

略

◇问题情境6◇

展示"做一个可持续的消费者示意图"（教材图5.14）。

◇问题探究 6◇

可持续发展必须依靠公众支持和参与。日常生活中，我们能为可持续发展做什么？

[学生探究研讨]

学生 1：衣：尽量使用纯棉原生态制品，减少洗涤用品。

学生 2：食：减少食物过度包装，尽量食用应季食品。

学生 3：住：减少电等能源消耗，随手关灯，提倡节能。

学生 4：行：……

[教师指导归纳]

略

[设计意图]

课标要求高中地理教学需还原学科的本质，扎根生活、回归生活，有助于地理课堂焕发出生活的魅力，落实地理学科核心素养，有助于学生良好价值观、品格和能力的提高。

◇板书设计◇

第一节　人类与地理环境的协调发展

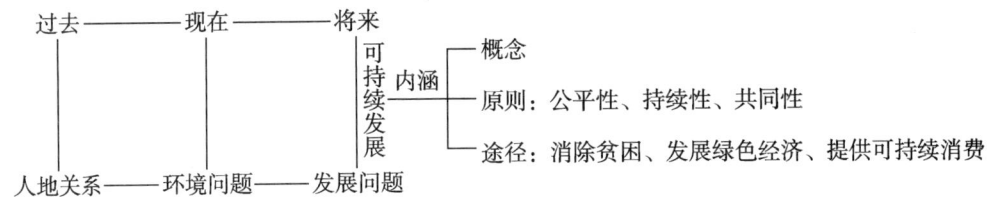

◇设计感悟◇

本节教案紧扣课标要求，围绕"可持续发展"这一中心，从可持续发展的基本内涵入手，进行了"可持续发展"世界观的教育，逐步引导学生领悟可持续发展的必要性。采用了导学式和情境式教学。较好地体现了新课标和新教材的特点，重视了对地理问题的探究，学生主体地位突出，学生活动成为教学的主要方面，注重鼓励性评价。学生的学习主动性、参与性强。

※课后达标检测※

1. 环境问题的实质是（　　　）

A. 人口问题 B. 资源问题
C. 发展问题 D. 污染问题

2. 下列关于可持续发展的认识，正确的是（   ）

    A. 停止开采不可再生资源

    B. 加大加快各类可再生资源的开采力度

    C. 控制人口增长，使人口数量维持在目前水平

    D. 在资源开发利用时，不能危害未来人类的生活要求

3. "竭泽而渔，岂不得鱼，而明年无鱼"这句话较能体现可持续发展的（   ）

    A. 公平性原则 B. 持续性原则
    C. 共同性原则 D. 协调性原则

4. 绿色食品是指（   ）

    A. 绿颜色的营养食品 B. 有叶绿素的营养食品
    C. 经济附加值高的营养食品 D. 安全、无公害的营养食品

5. 通常所说的"白色污染"是指（   ）

    A. 冶炼厂的白色烟尘 B. 石灰窑的白色粉尘
    C. 聚乙烯等白色塑料垃圾 D. 白色建筑废料

6. 可持续发展的终极基础是资源物质的变换。资源物质的交换是通过消费（生产消费和生活消费）来实现。消费将人口资源和环境等联系在一起，可持续性消费是社会经济可持续发展的重要组成部分。

（1）将人口、消费、资源和环境四者的关系用直线箭头表示出来（只表示单向的循环关系，不表示逆向的反馈关系）。

| 人口 | | 资源 |

| 消费 | | 环境 |

（2）人口数量、消费量、资源利用量、资源的存在量（可再生资源和不可再生资源）、环境质量怎样变化，人类社会才能可持续发展？请将这五方面依次用曲线表示出来。（答案不是唯一的，只表示其变化趋势，不必考虑其绝对数值的大小）

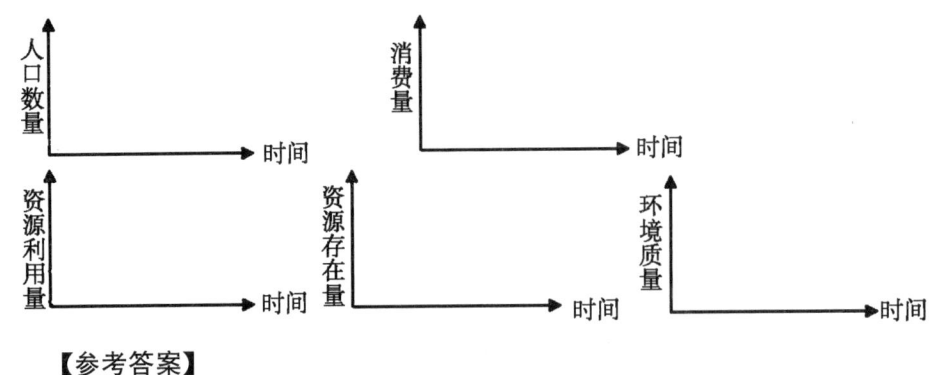

【参考答案】

1. A 2. D 3. B 4. D 5. C 6. 略

第三节　中国国家发展战略举例*

第一课时　建设主体功能区

教学内容分析

※**课标要求**※

2.7 以国家某项重大发展战略为例，运用不同类型的专题地图，说明其地理背景。

※**课标解读**※

1. 主要概念

国家重大发展战略是指由中共中央和国务院确定的发展战略。

中国近二十年来实施了多项国家发展战略，其中与地理密切相关的举例如下：西部大开发战略——2000年1月16日国务院印发《关于成立国务院西部地区开发领导小组的决定》（国发〔2000〕3号文件），标志着西部大开发战略的正式启动；丝绸之路经济带——2013年9月7日上午，国家主席习近平在哈

---

* 编者注：因本节内容涉及三个相对独立的发展战略，因此拆分为三个独立的教学内容并进行相应的教学设计。

萨克斯坦纳巴耶夫大学演讲时提出共同建设"丝绸之路经济带";再如,《中华人民共和国国民经济和社会发展第十三个五年规划纲要》中提出的各项战略,如完善主体功能区、推动区域协调发展、拓展海洋蓝色空间等。

2. 解读

本条要求设定的目的是让学生关心国家建设大事,并体会地理学科与社会发展相关联,对国家建设起着非常重要的作用。所选案例一定是国家层面的建设项目。在教学中可以利用不同类型不同尺度的专题地图进行综合分析。例如,在分析主体功能区时,借助我国人均可利用土地资源评价图、我国人均可利用水资源评价图、我国生态脆弱性评价图、我国2010年单位面积生产总值图,说明我国主体功能区建设的地理背景,明确实施主体功能区战略的必要性和迫切性。

※**教材分析**※

课标要求以国家某项重大发展战略为例,运用不同类型的专题地图,说明其地理背景。本部分内容主要是帮助学生了解国家重大发展战略,树立共同发展、人地协调发展的观念,同时激发学生的爱国热情。本节课在设计上宜采用案例教学法来实施,以主体功能区战略为本节课分析案例,借助不同类型地图,从宏观角度综合分析我国主体功能区战略实施的地理背景;接着利用我国主体功能区分布示意图,说明我国主体功能区的各类型和相应的分布;最后以福建省主体功能区的建设作为案例进行分析,理解实施该项目的地理意义,从而引申出我国主体功能区战略实施的意义。

※**学情分析**※

教学对象是高一第二学期的学生,具有一定的地理思维和地理学习能力。在本节课之前学生已经学习了有关人口、聚落、产业等课程,为本节内容的学习储备了相关的知识,同时也判读了大量不同类型、不同尺度的地图,具备一定的识图、析图及用图的能力。

※**核心素养培养目标**※

1. 通过图文材料,分析实施主体功能区战略的背景。(地理实践力、综合思维)

2. 运用专项地图,明确我国主体功能区的类型及其主体功能和相应的分布。(区域认知)

3. 利用福建主体功能区建设的案例，明确福建各类功能区的分布和特点，理解福建实施该项战略目的地理意义，更深层级地理解我国实施主体功能区战略的意义。（区域认知、综合思维、人地协调）

※教学重难点※

重点：通过不同专题地图，分析我国实施主体功能区战略的背景，明确各类功能区的分布情况。

难点：通过福建省主体功能区建设的案例，进行知识迁移，理解"绿水青山就是金山银山"，即我国实施主体功能区战略的意义。

※教学方法※

问题式教学法。

※教学课时※

1课时。

教学过程设计

※课前预习※

1. 为了达成生态文明建设的美好愿景，我国制定了哪些发展战略？
2. 我国主体功能区的类型有_____、_____、_____和_____。
3. 优化开发区域的主要功能是（　　）
   A. 提供农产品和生态产品　　B. 提供游憩产品和精神财富
   C. 提供工业品和服务产品　　D. 提供以上所有功能
4. 下列区域中，属于优化开发区域的是（　　）
   A. 松嫩平原　　B. 三江源地区
   C. 长江三角洲　　D. 兰州—西宁地区
5. 限制开发区域的主要功能是（　　）
   A. 提供农产品和生态产品　　B. 提供游憩产品和精神财富
   C. 提供工业品和服务产品　　D. 提供以上所有功能

※课堂教学※

◇课堂导入◇

播放有关主体功能区战略的新闻联播片段。(时长约3分钟)

[设计意图]

利用视频导入，学生初步了解什么是"主体功能区"。一方面以直观的视频介绍激发学生学习的兴趣，明确主体功能区作为空间管制规划，是我国区域协调战略的一大创新，是解决当前我国国土空间开发中存在的许多问题的有效战略，对促进可持续发展具有重要战略意义，为接下来的教学奠定基础；另一方面激发学生的民族自豪感和爱国情怀。

◇问题情境1◇

教师活动：阐述主体功能区的概念（指基于不同区域的资源环境承载能力、现有开发密度和发展潜力等，将特定区域确定为特定主体功能定位类型的一种空间单元）。展示我国人均可利用土地资源评价图、我国人均可利用水资源评价图、我国生态脆弱性评价图、我国2010年单位面积生产总值图（教材图5.18）。

材料：我国国土面积960万平方千米，60%为山地和高原，未来开发面积28万千米（3%），人均耕地面积1.37亩。我国的淡水资源总量为28 000亿立方米，占全球水资源的6%，然而我国的人均水资源量只有2300立方米，仅为世界平均水平的1/4。中国又是世界上用水量最多的国家之一。我国生态环境的基本状况是：总体环境在恶化，局部环境在改善，生态赤字在一定程度上逐渐扩大。

中国经济仍是东强西弱，南强北弱。比如，排在前十的经济大省中，东南省份占了五席：广东、江苏、浙江和福建；中部占两席：河南和湖北；西部以四川一枝独秀；北部仅河北入围。

◇问题探究1◇

归纳教材图5.18各幅小图所反映的问题，谈谈为什么要实行主体功能区划分。

[学生探究研讨]

略

[教师指导归纳]

通过不同专题地图的判读，我们明确了实施主体功能区战略是根据我国适宜开发的土地少、自然资源分布不均、生态环境脆弱、区域经济发展不平衡等种种国情决定的，是发展绿色经济，建设生态文明的重要举措。（注意：学生可能无法很准确地归纳出每幅图所反映的问题，尤其是土地资源评价图所表达的内容背后的问题。）

[设计意图]

学生在掌握基础知识的同时，培养读图识图的地理实践力。

◇问题情境 2◇

教师活动：我们已经明确了我国实施主体功能区战略的迫切性，接下来我们就要清楚主体功能区战略的具体内容。请看下列材料和我国主体功能区分布示意图（教材图 5.20）。

材料：限制开发区域分为两类：一类是农产品主产区，即耕地较多、农业发展条件较好，尽管也适宜工业化城镇化开发，但从保障国家农产品安全以及中华民族永续发展的需要出发，必须把增强农业综合生产能力作为发展的首要任务，从而应该限制进行大规模高强度工业化城镇化开发的地区；一类是重点生态功能区，即生态系统脆弱或生态功能重要，资源环境承载能力较低，不具备大规模高强度工业化城镇化开发的条件，必须把增强生态产品生产能力作为首要任务，从而应该限制进行大规模高强度工业化城镇化开发的地区。

禁止开发区域是依法设立的各级各类自然文化资源保护区域，以及其他禁止进行工业化城镇化开发、需要特殊保护的重点生态功能区。国家层面禁止开发区域，包括国家级自然保护区、世界文化自然遗产、国家级风景名胜区、国家森林公园和国家地质公园。省级层面的禁止开发区域，包括省级及以下各级各类自然文化资源保护区域、重要水源地以及其他省级人民政府根据需要确定的禁止开发区域。

◇问题探究 2◇

根据教师展示的材料和课文内容，归纳我国主体功能区的类型、相应的特征及其分布。

类型	范围	开发强度	资源环境承载力	发展潜力	内涵	发展方向
优化开发区域						
重点开发区域						
限制开发区域						
禁止开发区域						

[学生探究研讨]

略

[教师指导归纳]

优化开发和重点开发区域，成为以集聚经济和人口为主体功能，同时具有提供生态产品和农产品功能的城镇化空间；限制开发和禁止开发区域，成为以提供农产品和生态产品为主体功能，同时具有发展其他适宜经济功能的农业空间和生态空间。经济建设与生态文明协调统一，才能实现可持续发展战略。

类型	开发强度	资源环境承载力	发展潜力	内涵	发展方向
优化开发区域	高	减弱	较高	开发密度较高，资源环境承载力有所减弱，是强大的经济密集和较高的人口密集区	改变经济增长模式，把提高增长质量和效益放在首位，提升参与全球分工与竞争的层次
重点开发区域	较高	高	高	资源环境承载能力较强，经济和人口集聚条件较好的区域	逐步成为支撑全国经济发展和人口集聚的重要增长极

续表

类型	开发强度	资源环境承载力	发展潜力	内涵	发展方向
限制开发区域	低	低	低	资源环境承载能力较弱、大规模集聚经济和人口条件不够好，关系到全国或大区域范围生态安全的区域	加强生态修复和环境保护，引导超载人口逐步有序转移，逐步成为全国或区域性的重要生态功能区
禁止开发区域	较低	很低	很低	依法设立的自然保护区域	依法实行强制性保护，严禁不符合主功能的开发活动

[设计意图]

学生通过认真阅读文字和专项地图，提取图文信息，分析问题，解决问题，进一步深入了解我国主体功能区的具体内容，明确推动我国主体功能的划分可基本形成功能定位清晰的国土空间格局，基本实现人口分布与经济布局相协调，基本实现人口和经济的分布与生态环境相协调，基本实现公共服务均等化等目标。

◇问题情境3◇

教师活动：为了贯彻落实党的十八大精神，深入实施生态省战略，大力推进生态文明建设，我们福建省也制定了《福建省主体功能区规划》，努力实现"人往沿海走、钱往山区拨、沿海发展产业、山区保护生态、发展飞地经济、促进山海互动"。下面我们就通过福建省4幅的专项地图和相关的文字材料，来了解福建省各主体功能区的分布及相应特征。（教师展示福建省地形图、福建省主要城市分布图、福建省重点生态功能区分布图、福建省主体功能区分布图等4幅专题地图）

材料一：福建地处中国东南部，东北与浙江省毗邻，西南与广东省相连，连接长江三角洲和珠江三角洲，与台湾隔海相望。福州位于福建省东部、闽江下游，是福建省省会，海峡西岸经济区中心城市之一。福州是东南沿海重要的陆海交通走廊，工业基础较为雄厚，开放程度高，是福建经济发展水平较高的区域,也是中国三大温泉区之一。福州已探明的地下矿产资源近四十种,以建材原料非金属矿为主。其中,叶蜡石的保有储量居中国首位,可广泛用于工业生产,且是工艺美术制品的重要原料。

材料二:武夷山位于江西与福建西北部两省交界处,保存了世界同纬度带最完整、最典型、面积最大的中亚热带原生性森林生态系统,拥有2527种植物物种,近5000种野生动物。目前森林趋向针叶林化,部分天然常绿阔叶林破碎成孤岛状。武夷山是三教名山。自秦汉以来,武夷山就为羽流禅家栖息之地,留下了不少宫观、道院和庵堂故址。武夷山还曾是儒家学者倡道讲学之地。

◇问题探究3◇

根据图文材料,以小组为单位,合作探究,回答下列问题。

(1)读图,分析福建省各类主体功能区的分布特征。

(2)福州作为福建省优先开发区域,阐述其经济发展的优势和潜力。

(3)武夷山作为生态功能区,说明其限制开发的原因。

(4)结合上述案例,谈谈你对"绿水青山就是金山银山"的理解。

[学生探究研讨]

略(第一题的难度小,据图归纳即可,第二、三两小题都要在获取信息的基础上进行综合分析,有一定难度,可采取小组探讨的形式。)

主体功能区	地域类型	主体功能	区域特点
优化开发区域	城镇化地区	提供工业品和服务产品	经济发达,人口密集,城镇体系完善,科技创新能力强,资源和环境承载能力接近饱和
重点开发区域	城镇化地区	提供工业品和服务产品	有一定的经济基础,人口较为密集,城镇体系初步形成,开发基础较弱,开发潜力巨大
限制开发区域	农产品主产区和重点生态功能区	提供农产品和生态产品	包括农产品主产区和重点生态功能区
禁止开发区域	自然和文化遗产保护地	提供生态和游憩产品、精神财富	包括国家级自然保护区、世界遗产、国家级风景名胜区、国家森林公园和国家地质公园等

[教师指导归纳]

国土空间是不可再生的宝贵资源，是我们生存发展的根基所在。灵秀的山水、宽阔的海洋，是八闽儿女血脉绵延和永续发展的家园。编制和实施主体功能区规划，对国土空间进行科学的功能分区和发展方向定位，前瞻性地谋划好国土空间建设布局，合理引导经济布局、人口分布与资源环境承载能力相适应，推动形成科学合理的主体功能区，实现经济社会又好又快发展，这是深入贯彻落实科学发展观的重大举措，关系到福建发展和海西建设长远和全局。不断优化国土空间开发格局；必须以推进生态省建设和自然资源的持续利用为基础，按照人口资源环境相均衡、经济社会生态效益相统一的原则，建设美丽福建，使福建成为科学发展之区、改革开放之区、文明祥和之区、生态优美之区。

[设计意图]

通过福建省主体功能区的划分，学生学会了分析不同区域主体功能，进一步理解功能区划建设的意义，推进生态文明建设的重要性。同时地理学科素养中的区域认知、综合思维、地理实践力也得到相应的提高，还可增强爱国热情，培养人地协调观。

◇课堂小结◇

本节课运用问题式教学方法，通过由浅入深的提问，在明确我国主体功能区战略制定的必要性，清楚我国主体功能区的类型和功能的基础上，引导学生学会判断自己所在省份功能区的划分，并会分析主体功能区的优势和劣势，最终懂得"绿水青山就是金山银山"这句话的含义。

◇课外拓展◇

收集相关材料，找出自己家乡是属于哪个功能区，并说明理由，为保护家乡的绿水青山，提出自己的建议。

◇板书设计◇

一、建设主体功能区

    1. 概念：一个区域最主要、最核心的功能

    2. 主体功能区规划

       （1）意义：促进区域发展由盲目追求经济增长，转向依据主体功能因地制宜、有序开发

       （2）地理背景：适宜开发的土地少、自然资源分布不均、生态环境脆

弱、区域经济发展不平衡

3. 我国主体功能区划分

（1）划分依据：依据地理国情和国土开发状况

（2）主体功能区分类及功能

4. 案例：福建省主体功能区规划

◇ **设计感悟**

本节课的设计是在创设情境的基础上，通过问题的设置，引导教学。借助不同类型的专题地图在培养学生读图识图的实践力时，学生能自主掌握基本的知识点，即我国实施主体功能区战略的必要性。又通过表格对比，学生明确各主体功能区的功能特点。通过福建省功能区这个案例，运用了大量的专项地图，培养学生区域认知、综合思维。最后的课外拓展，将本节课的理论内容，运用到实际，引导学生根据自己家乡的位置、土地、经济情况，判断家乡的主体功能，为家乡的可持续发展出谋划策，体现了人地协调的思想。整节课的问题、教学设计始终是围绕着培养学生地理核心素养而开展的。

※课后达标检测※

1. 下列区域中，属于重点开发区域的是（ ）

    A. 京津冀地区　　　　　　B. 三江源地区

    C. 长江三角洲　　　　　　D. 兰州—西宁地区

2. 以农业为主的地区，原则上要确定为（ ）

    A. 优化开发区域　　　　　B. 重点开发区域

    C. 限制开发区域　　　　　D. 禁止开发区域

3. 根据分层划区法，若某一区域资源环境承载力较高，目前还处于未开发状态，且属于当地的战略地区，应划分为（ ）

    A. 优化开发区域　　　　　B. 重点开发区域

    C. 限制开发区域　　　　　D. 禁止开发区域

随着国务院《全国主体功能区规划》的颁布，以及我国与中亚各国国界线勘界工作的逐步推进，新疆迎来了新一轮的发展机遇。下图为新疆部分地理事物分布图，阅读图文材料，完成4～5题。

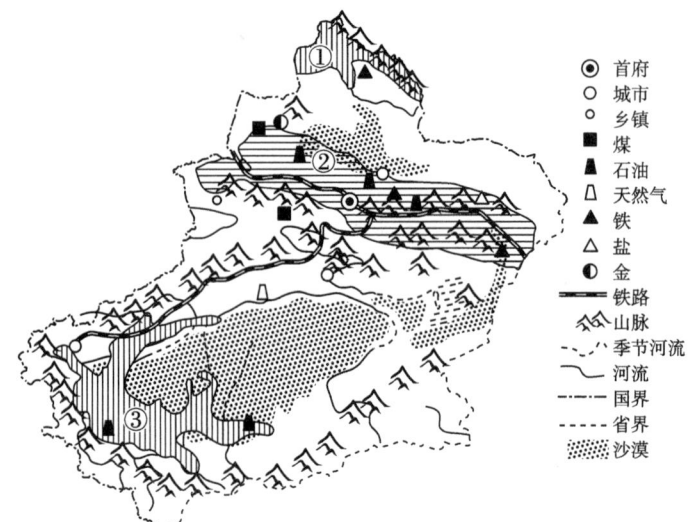

在《全国主体功能区规划》中，新疆的"天山北坡地区"（图中②阴影区域）被列为国家层面的重点开发区域，该区域包括新疆天山以北、准噶尔盆地南缘的带状区域，以及伊犁河谷的部分地区。同时，该规划在新疆还设立了两个国家重点生态功能区，分别是"阿尔泰山地森林草原生态功能区"（图中①阴影区域）和"塔里木河荒漠化防治生态功能区"（图中③阴影区域），其主要任务是保护和修复生态环境，提供生态产品。

4. 请结合所学知识和材料说明图中③区域被列为"冰源涵养型"地区的主要原因。

5. 随着图中的①②③区域被列入"全国重点主体功能区"，新疆又迎来了新一轮的发展机遇，试说明其发展的主要有利条件。

【参考答案】

1. D 2. C 3. B

4. ①该地区森林茂密，山地草原广；②水资源丰沛（或降水较多）；③是额尔齐斯河和乌伦古河的发源地（或河流的发源地），对北疆地区绿洲开发、生态环境保护和经济发展具有较高的生态价值。

5. ①是通向中亚、西亚地区的重要门户和对外开放的陆路交通枢纽；②国家政策支持；③自然资源丰富；④边境地区和平稳定。

第二课时 推动区域协调发展

教学内容分析

※课标要求※

2.7 以国家某项重大发展战略为例，运用不同类型的专题地图，说明其地理背景。

※课标解读※

1. 主要概念

区域协调发展：我国近年来的区域发展战略，如京津冀地区发展、长江经济发展都需要遵循主体功能区的规划，最终目的在于推动区域间协调发展。

2. 解读

课标要求在学习过程中运用不同类型、不同尺度的专题地图来说明地理背景。在分析长江经济带的建设时，可以指导学生利用该区域的地理位置图、交通线路图和人口城市等图表资料来说明国家开发长江经济带的地理背景，并培养学生的区域认知能力和综合思维能力。

※教材分析※

在本节教学内容之前，学生通过产业区位因素的分析和交通运输布局与区域发展等章节内容学习，已经初步掌握了区域分析的方法，能较好地说明地理要素对区域发展的影响，也能够理解人类活动会对地理环境产生影响。在此基础上，本节课采用案例探究法，利用相关地理图文信息，引导学生进行思考与合作探究，理解长江经济带发展作为我国重大发展战略之一的优势区位条件，加强学生对国家政策的理解。

※学情分析※

高一学生具备了初步的逻辑思维，能较好地分析问题和解决问题，自学能力较强。在本节课之前学生已经掌握区位条件分析的方法，在本节课学习中将继续强化学生的图文分析和解决问题的能力。

※核心素养培养目标※

1. 能明确长江经济带的位置和范围。(区域认知)

2. 基于区位分析的方法，结合长江经济带相关图文信息，分析长江经济带发展的优势区位条件。(综合思维、地理实践力)

3. 了解长江经济带发展和环境保护中采取的相关措施和成效。(人地协调观)

※教学重难点※

基于区位分析的方法，结合长江经济带相关图文信息，分析长江经济带发展的优势区位条件。

※教学方法※

问题式教学法。

※教学课时※

1课时。

教学过程设计

※课前预习※

1. 自主预习，熟悉长江经济带的范围。

2. 收集资料：在中国政府网（www.gov.cn）等网站收集国家为推动长江经济带发展采取的主要措施及成效，并制作PPT进行课堂展示。（经济和生态两方面措施各3条）

※课堂教学※

◇课堂导入◇

以介绍长江的情境视频导入，领略长江壮美风光。

[设计意图]

激趣导入，利用影音信息，吸引学生兴趣，并使学生感受到长江不仅风光壮丽，同时也是货运量位居全球内河第一的黄金水道，在区域发展总体格局中具有重要战略地位。

◇问题情境 1◇

长江经济带面积约 205 万平方千米，占全国 21%，覆盖了江苏、浙江、湖北、四川等 11 个省市。区域内的长江是货运量位居全球内河第一的黄金水道。

◇问题探究 1◇

阅读教材图 5.21，归纳长江经济带地理位置的优越性。

[学生探究研讨]

略

[教师指导归纳]

位于长江沿岸；横跨我国三大经济区，承东启西，接南济北；我国众多交通线路的交汇处，水陆交通便利。

[设计意图]

通过图文分析，引导学生对长江经济带的范围和地理位置有较明确的区域认知，结合地理位置的分析方法，得出长江经济带的地理位置优越性，使学生认识到区域地理位置对区域发展的重要性。

◇问题情境 2◇

教师展示长江经济带的相关资源图片。

长江经济带大部分区域可利用土地资源较丰富。其中丰富、较丰富区域占 74.38%，而缺乏和较缺乏区域仅占 2.68%。

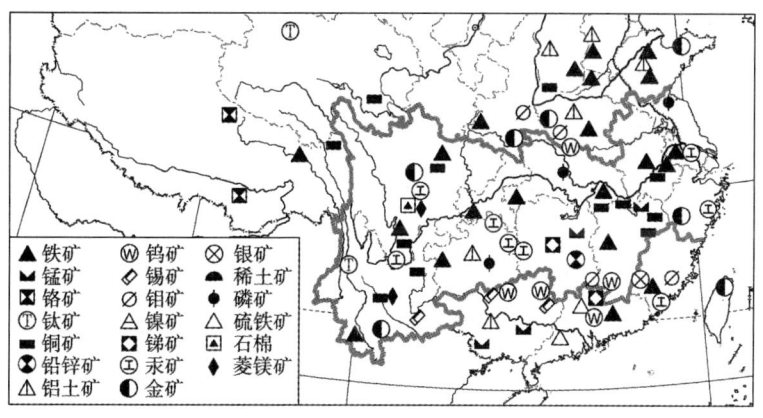

长江经济带的主要资源分布

◇问题探究 2◇

结合图文材料,描述长江经济带主要资源的分布特征。

[学生探究研讨]

略

[教师指导归纳]

长江经济带内资源种类丰富,水资源、土地资源、矿产资源等资源储量充足,但空间分布不均。

[设计意图]

引导学生结合地理事物空间分布特征的分析方法,描述长江经济带发展有明显的资源优势。可以进一步让学生理解:长江经济带发展将东部沿海经济发达地区和西部内陆资源富集地区联系起来,可以促进长江上中下游资源优势互补、协作互动,缩小东中西部地区发展差距。

[问题情境 3]

长江经济带内城市密集,占全国城市数量的1/3以上。2017年,长江经济带人口占全国42.8%,GDP占全国44.9%。经济带内除上海市第三产业产值比重达69%外,其余省市第三产业产值占当地总产值的比例均低于60%。世界大多数发达国家的第三产业比重都在70%以上。长江经济带分布着2个综合性国家科研中心、8个国家自主创新示范区和70家国家高新区。2017年,长江经济带新兴产业总产值占全国规模以上工业总产值的比重高达53.9%。下图为长江经济带城镇居民年人均消费水平示意图。

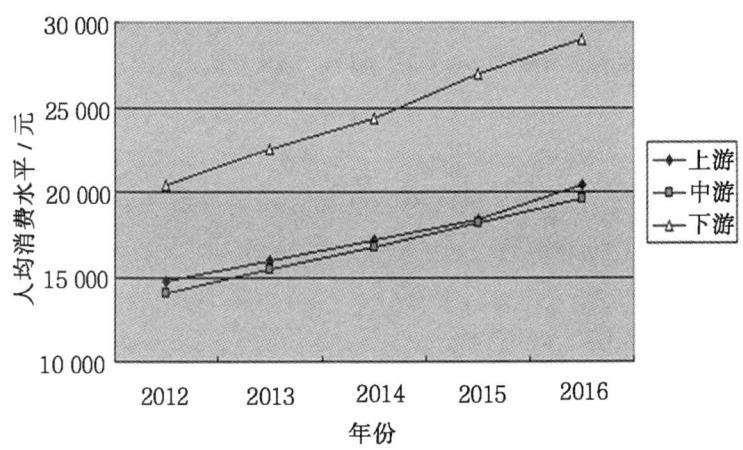

◇问题探究 3◇

阅读图文材料,归纳长江经济带发展的优势区位条件。

[学生探究研讨]

略

[教师指导归纳]

人口众多,经济发达,消费能力强,市场广阔。工业基础雄厚,科技水平高。但目前产业结构仍不够合理,上中下游间经济社会发展很不平衡。

[设计意图]

通过提供长江经济带的人口和经济的相关数据,使学生直观认识到长江经济带具有独特优势和巨大发展潜力。重视产业结构中的新兴产业和第三产业对经济发展的影响。长江经济带涉及省份多,经济社会发展很不平衡,长江经济带的开发,必须打破行政区划界限和壁垒,更好发挥政府作用,推动流域统筹管理。

◇问题情境 4◇

学生分组上台展示课前收集到的有关长江经济带发展的 PPT 材料。

◇问题探究 4◇

国家为推动长江经济带发展采取的主要措施和成效。

[学生探究研讨]

分组展示并补充。

[教师指导归纳]

建设沿江绿色生态廊道;建设综合立体交通走廊;推进新型城镇化,优化产业布局。

[设计意图]

通过让学生分组收集信息并在课堂上展示,培养学生分工合作和处理信息的能力,在合作过程中,提高学习的质量和课堂效率。

◇课堂小结◇

长江经济带生态地位重要,综合实力强,在我国国土开发和保护中占有重要的地位。推动长江经济带发展,有利于促进经济增长空间从沿海向沿江内陆拓展,缩小东中西部地区发展差距并达到保护长江生态环境的目的。

◇板书设计◇

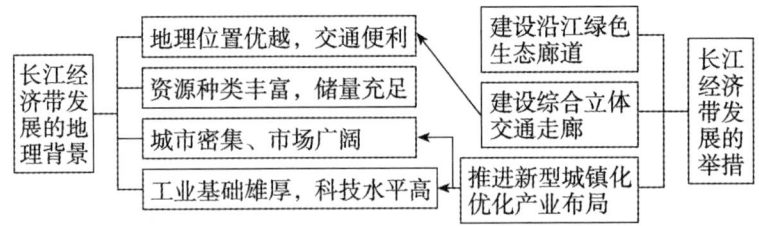

◇设计感悟◇

课标要求以国家发展战略为案例,说明其地理背景。必修二的教材设计主要目的是加强对学生地理实践力等地理学科核心素养的培养,改进学生的学习方式并为后续选择性必修课程打好基础。因此本节课在教学设计时,重在通过提供不同类型的专题地图,引导学生自己思考,调用已有的知识和技能来完成知识建构,提高区域认知和综合思维能力,并且通过设置地理调查和汇报环节,培养学生收集和处理资料的能力,培养地理实践力,并从收集的资料中关注到生态建设,强化人地协调观。

※课后达标检测※

读下图回答1~2题。

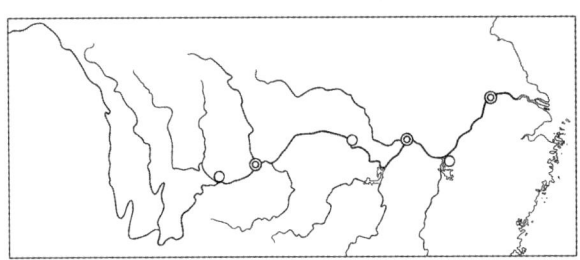

1. 长江上游自西向东依次接纳的大支流是(　　)
   A. 雅砻江、岷江、嘉陵江、乌江　　B. 雅砻江、岷江、乌江、嘉陵江
   C. 雅砻江、嘉陵江、岷江、乌江　　D. 雅砻江、嘉陵江、乌江、岷江
2. 长江干流流经我国的(　　)
①地势三大阶梯　　②东、中、西三个经济地带
③三大自然区　　④三个温度带和三类干湿地区
   A. ①②　　　　B. ②③　　　　C. ①④　　　　D. ③④

2016年9月《长江经济带发展规划纲要》发布，确立了长江经济带"一轴、两翼、三极、多点"发展新格局。据此回答3～4题。

3. 下列关于"一轴、两翼、三极、多点"的说法正确的是（　　）

  A. "一轴"指的是京沪铁路

  B. "两翼"中的南翼以沪蓉运输通道为依托

  C. "三极"是长江三角洲、长江中游和成渝三个城市群

  D. "多点"是指发挥三大城市群地级市的支撑作用

4. 长江黄金水道是实现长江上中下游协调发展的依托，其形成的主要社会经济条件是（　　）

  A. 水量大，水位变化小　　　　B. 上游资源丰富

  C. 宜宾以下可通航　　　　　　D. 中下游沿岸人口稠密，经济发达

5. 下图是长江流域示意图，读图回答下列问题。

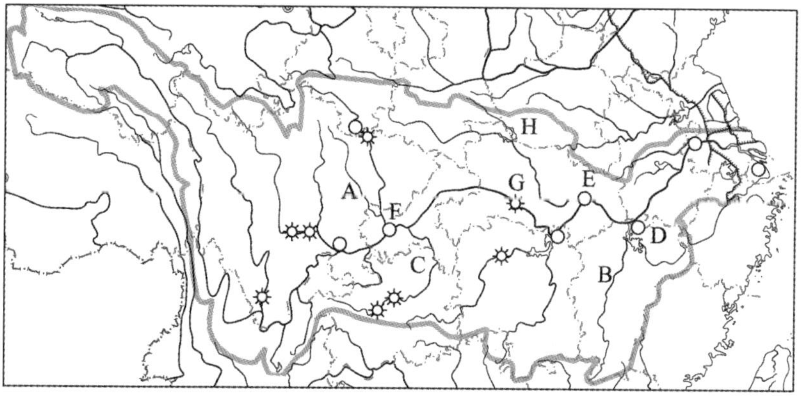

（1）填出图中字母所表示的地理事物名称。

①支流：A＿＿＿＿、B＿＿＿＿、C＿＿＿＿。

②湖泊：D＿＿＿＿。

③城市：E＿＿＿＿、F＿＿＿＿。

④水利枢纽：G＿＿＿＿、H＿＿＿＿。

（2）长江流域丰富的自然资源为经济的发展提供了十分有利的条件，其中水能资源主要分布在＿＿＿＿游地区，森林、矿产资源主要分布在＿＿＿＿游地区，耕地主要分布在＿＿＿＿游地区。

（3）我国的三大资源、能源的跨区域调配工程均与图示区域有关，其中该

地区是_____工程的调出地，是_____工程的目的地，并且在该区域内的输电工程构成了我国西电东送的_____通道。

【参考答案】

1. A　2. A　3. C　4. D

5.（1）①嘉陵江　赣江　乌江　②鄱阳湖　③武汉　重庆　④三峡　丹江口　（2）上　中、上　中、下　（3）南水北调　西气东输　中路

第三课时　拓展蓝色经济空间

教学内容分析

※**课标要求**※

2.8 结合实例，说明国家海洋权益、海洋发展战略及其重要意义。

2.9 运用资料，说明南海诸岛是中国领土的组成部分，钓鱼岛及其附属岛屿是中国固有领土，中国对其拥有无可争辩的主权。

※**课标解读**※

1. 主要概念

海洋权益的内涵主要有：一是海洋政治权益，如海洋主权、海洋管辖权、海洋管制权等，这是海洋政治权益的核心；二是海洋经济权益，主要包括开发领海、专属经济区、大陆架的资源，发展国家的海洋经济产业等；三是海上安全利益，主要是使海洋成为国家安全的国防屏障，通过外交、军事等手段，防止发生海上军事冲突；四是海洋科学利益，主要是使海洋成为科学实验的基地，以获得对海洋自然规律的认识等。此外，还有海洋文化利益，如海上观光旅游、举办跨海域的文化活动等。

2. 解读

课标要求对学生进行国家主权意识教育。用史料说明南海诸岛、钓鱼岛及其附近岛屿自古以来就是中国固有领土。教学中应使用我国政府公开发表的声明等材料。

国家海洋发展战略的意义可以归纳为如下几个方面：一是发展海洋经济，二是科学开发海洋资源，三是保护海洋生态环境，四是维护海洋权益，总目标

是建设海洋强国。

※**教材分析**※

本部分内容主要是让学生关心国家大事，明确国家海洋权益，树立国家主权意识。这部分知识学生在之前的学习中涉及较少，知识储备比较少，并且这部分内容理论性较强，因此本节课在设计上采用案例教学法，以中日钓鱼岛争端与中菲两国南海争端为案例，让学生明确维护海洋权益的重要意义。通过提供与我国海洋发展战略相关的资料和史实材料，使学生理解海洋发展战略的意义。用史料来说明南海诸岛、钓鱼岛及其附近岛屿自古以来就是中国固有领土。国家对内水、领海、毗连区、专属经济区和大陆架等拥有的一系列重要权利。以史为凭、以法为据，强化学生的国家主权意识，树立海洋国土观念，真正理解"中国一点都不能少"的内涵。

※**学情分析**※

高中学生具有较强的自学能力和分析问题、解决问题的能力。在本节课之前学生已经具有海洋开发的基础知识，也具备利用网络查询收集文献资料，结合案例分析问题、解决问题的能力。

※**核心素养培养目标**※

1. 能明确领海、毗连区、专属经济区、大陆架等分布范围。(区域认知)

2. 结合我国与周边国家的海洋领土争端的案例，明确海域划分和相应海域享有的海洋权益。(综合思维、地理实践力)

3. 结合我国海洋发展战略中的具体举措，理解我国海洋发展战略的意义。(综合思维)

4. 认识南海诸岛、钓鱼岛及附属岛屿所在的位置。(区域认知)

5. 通过资料的收集和对海洋权益的探讨，让学生明确南海诸岛是中国领土的组成部分，钓鱼岛及其附属岛屿是中国固有领土，中国对其拥有无可争辩的主权。(地理实践力)

※**教学重难点**※

1. 重点：(1) 利用《联合国海洋法公约》中管辖海域的划分和相应海洋权益作为依据，维护我国海洋权益。

(2) 借助史料和《联合国海洋法公约》,从时空角度说明南海诸岛是中国领土的组成部分,钓鱼岛及其附属岛屿是中国固有领土。

2. 难点:(1) 结合相关资料,用准确的语言表达沿海国在相应海域的海洋权益。

(2) 阅读全球海洋立体观测网的相关资料,理解我国海洋发展战略的意义。

※**教学方法**※

小组合作探究法、案例探究法、资料收集法。

※**教学课时**※

1课时。

教学过程设计

※**课前预习**※

1. 自主预习:理解有关海洋权益的几个概念。

(1) 海洋权益一般包括＿＿＿＿、＿＿＿＿、＿＿＿＿、＿＿＿＿等几个方面。

(2) 根据教材图5.24认识一国可主张海洋权益的范围,并填写表格。(1海里＝1.852千米)

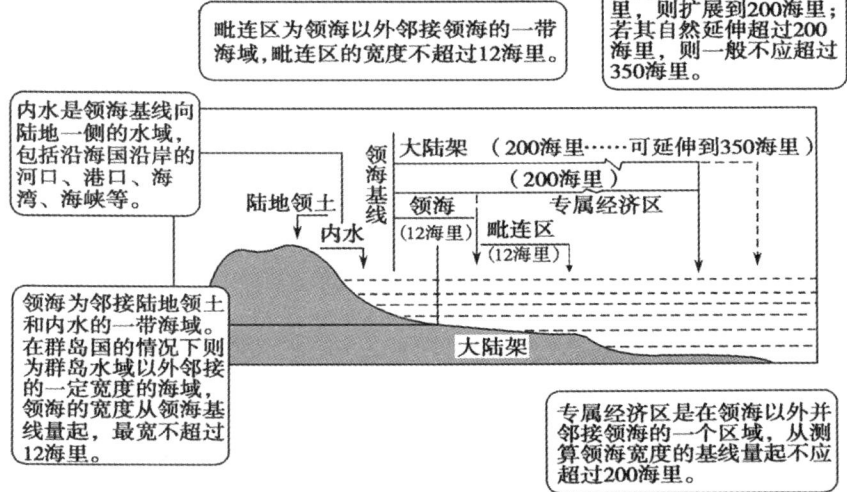

相关区域	范围	享有海洋权益
内水		与国家领土相同的权益，非经该国许可，他国船只不得进入
领海		沿岸国领土的组成部分，沿海国享有主权及于其上空和底土。但外国船舶享有无害通过权
毗连区		对某些事项（如海关、财政、移民、卫生等）行使必要的管制权
专属经济区		沿海国有勘探、开发和管理自然资源的权利和管辖权，其他国家的行为必须遵守沿岸国的有关法律和规章
大陆架		沿海国家享有勘探、开发包括海床、底土的矿物和其他非生物资源，以及属于定居种的生物等自然资源的权利
公海		所有国家平等地共同使用

2. 课前调查：提前布置学生收集关于中日钓鱼岛争端与中菲两国南海争端相关报道，并讨论造成争端的原因。

3. 课前做好学习小组的组建与分工工作。将班级小组分为两个部分，一部分收集南海诸岛的材料，另一部分收集钓鱼岛及附属岛屿的材料。每个小组6人为宜，组内确定1名小组长，1名记录员，1名发言人。分发课前导学案和"小组合作学习研讨过程记录表"（如下表所示），以便在讨论过程中及时记录学习情况。

姓名	分值量化				得分
	1分	2分	3分	4分	
主题确定能力得分	在理解"岛屿争端",确定主题上有一定的困难	能自主理解"岛屿争端"的原因	能自主理解"岛屿争端"的原因,且耗费时间较短	能正确自主地理解"岛屿争端"的原因,并能高效地确定所要探究主题	
收集资料能力得分	能收集到与"岛屿争端"相关的简单信息	能收集到与"岛屿争端"相关的资料(含地图信息),但存在信息不足的问题	能收集到与"岛屿争端"相关的资料(含地图信息),但存在信息过剩的问题	收集的信息与主题相关,搜集的论据与"岛屿争端"相关,并能合理解释自己的论点	
合作意识得分	合作的意识较弱	能够与他人合作,合作效果一般	多数时间能够与他人合作完成活动	能够和谐愉快地与他人合作,合作效率高	

※**课堂教学**※

◇**课堂导入**◇

利用"中国一点都不能少"(2016年我国公民抗议非法无效的南海仲裁案)的有关资料导入,结合课前预习成果,介绍内水、领海、毗连区、专属经济区、大陆架、公海等概念。

[设计意图]

(1)利用学生熟知的微博热门话题,激趣导入,介绍事件背景为中菲两国南海争端。让学生对我国的海洋主权争端的严峻形势有所了解,激发学生对中国领土寸土必争的爱国情怀。

(2) 通过对内水、领海、毗连区、专属经济区、大陆架和公海等概念的理解，提高学生的区域认知能力，为后续学习奠定基础。

◇问题情境1◇

教师展示有关我国海洋国情的图文资料（如教材图5.23及我国海域水质分布图等类似图片）。

材料一：我国大陆海岸线1.8万千米，居世界第四位，大陆架面积居世界第五位，我国享有主权和管辖权的海域约为300万平方千米，海域南北延伸近40个纬度，有中温带、暖温带的海上景致，更有热带、亚热带的海洋风光。但我国人均海域不足世界的1/10，人均大陆架的面积只有世界人均的1/40，人均海洋资源只有世界人均的1/30。

材料二：中国在邻近各海域油气储藏量约达40亿～50亿吨。中国南海的可燃冰资源量就达700亿吨油当量，约相当于中国陆上油气资源量总数的1/2。

材料三：根据我国的海水水质标准，海水水质可分为四类，第一类至第四类水质海域为水质合格海域，劣于第四类水质的海域为污染海域。

材料四：1994年11月16日，《联合国海洋法公约》正式生效。根据《公约》的有关规定，我国领海和毗连区有了国际法上的依据和保证，200海里专属经济区和大陆架制度拓展了我国的管辖区域。但是，随着《公约》的正式生效，我国的周边国家都从自己的利益出发，不顾历史事实和海洋法的具体实施细则，都纷纷把200海里划入专属经济区，因此就产生了大范围的重复水线，使我国的许多海域和岛屿无可争议的历史主权面对不少新的争议。

◇问题探究1◇

小组合作探究，根据图文材料归纳我国海洋国情的基本特点。

[学生探究研讨]

略

[教师指导归纳]

海域绝对面积大，但人均占有量小。

海洋资源丰富，总量大。

河口、海湾地区海域污染严重，水体富营养化严重。

存在海洋划界问题。

[设计意图]

通过图文材料阅读,使学生了解我国海洋国情:海洋资源丰富,开发海洋资源,建设海洋强国已经成为我国的重要战略。但关于我国的海洋主权争端形势严峻,使学生意识到开发海洋,就必须维护海洋权益。

◇问题情境 2◇

引导学生阅读教材《维护海洋权益》标题下一、二两段,展示有关海洋权益的几个概念图(教材图 5.24)。

◇问题探究 2◇

结合图文信息和自主收集的材料,说明为什么会出现中日钓鱼岛争端与中菲两国南海争端。

[学生探究研讨]

分组回答,组内补充,共同研讨。

[教师指导归纳]

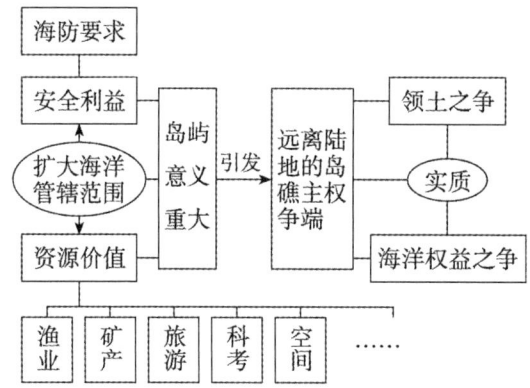

[设计意图]

小组合作探究,在收集资料的过程中,激发学生的探究兴趣,增强学生对中国海域的区域认知和分析处理信息的能力。学生根据课前收集的中日钓鱼岛争端与中菲两国南海争端相关报道,讨论成因,理解维护我国海洋权益的意义:维护海洋权益有利于维护我国领土和主权完整;有利于海洋资源的开发利用,促进经济发展;有利于巩固国防,维护国家安全等。

[问题情境 3]

材料一:秦汉时期,中国人民已开始南海海上航行活动。汉代,中国人民首先发现南海诸岛。东汉，我国古人对南海中的礁屿和浅滩就有了称谓（"涨海崎头"）；而"涨海"则是中国人民对南海最早的称谓；宋元明清时期，将南海诸岛称为（千里）石塘、（万里）长沙。唐宋两代将南海诸岛列入"琼管"范围，属于广南西路的管辖范围。明清两代，"长沙""石塘"置于广东省琼州府万州辖下。中华人民共和国成立后，对南海诸岛的主权管辖进入崭新时代。

材料二：明朝初年杨载发现钓鱼岛列岛，1582年明朝将钓鱼岛列入中国版图，隶属福建；甲午战争失败后清政府将台湾岛与钓鱼岛一起割让给日本；二战后日本无条件投降，台湾回归了祖国，但钓鱼岛等岛屿却被美军占作靶场；1970年，美国把琉球群岛的管辖权交给日本，同时把钓鱼岛"送"给日本。

材料三：钓鱼岛的位置图（教材图5.26）。

[问题探究3]

根据材料，说明南海诸岛自古就是中国领土的组成部分，我国对钓鱼岛及附加岛屿具有无可争议的主权。

[学生探究研讨]

略

[教师指导归纳]

对于南海诸岛，中国最早发现、最早命名、最早管辖并进行了连续不断的行政管辖。我国拥有对南海诸岛主权的历史事实是充分的、确凿的、无可争辩的。古代历史时期，南海周边国家对南海诸岛几乎一无所知，没有任何确凿的历史依据。中国南海疆域范围的形成，不仅是历史发展的必然，而且具有合法的唯一性和连续性。从古代历史上"有疆无界"到"U"型线为标志的南海疆域的确定，经过漫长的历史发展过程，从而确立了中国在南海诸岛及其附近海域的主权地位。在这一过程中，从来没有任何一个国家对中国在南海的主权、管辖权提出过挑战。因而南海诸岛自古就是中国领土的组成部分。

从空间角度看，钓鱼岛位于我国大陆向海洋延伸的大陆架的边缘，处于冲绳海槽的西侧，同时距海岸线距离在350海里以内；从历史角度看，中国更早发现、更早命名、更早管辖钓鱼岛，中国渔民历来在这些岛屿及其附近海域从事生产生活。钓鱼岛从来就不是什么"无主地"，中国是钓鱼岛等岛屿无可争辩的主人。因此中国对钓鱼岛享有主权。

[设计意图]

采用自主学习和问题探究的方式,培养学生归纳总结能力,并从空间、时间尺度明确南海诸岛、钓鱼岛及其附属岛屿是中国固有领土,中国对其拥有无可争辩的主权。

◇拓展探究◇

阅读材料,理解我国海洋发展战略的意义。

"全球海洋立体观测网"

党的十八大报告提出了"提高海洋资源开发能力,发展海洋经济,保护海洋生态环境,坚决维护国家海洋权益,建设海洋强国"的国家海洋发展战略。全球海洋立体观测网,是我国海洋强国战略实施的重要工程之一。主要用于加强对海洋生态、洋流、海洋气象等观测研究。我国目前已基本形成了以覆盖近海为主的中国近海海洋观测网,提升了我国海洋防灾减灾、海洋生态环境保护、海洋综合管理等多方面的能力。通过卫星遥感观测和科考调查逐步向大洋、极地区域拓展,我国初步具备了全球海洋立体观测能力。

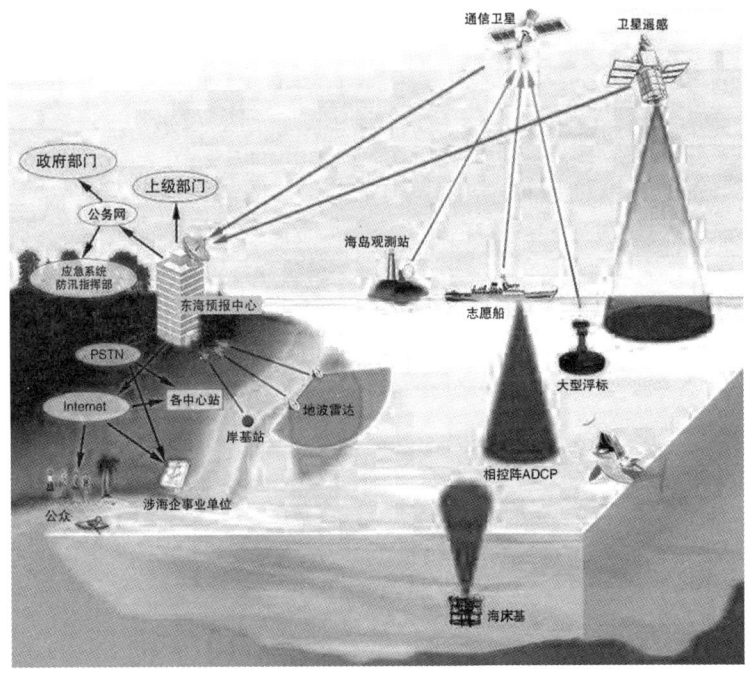

我国发挥全球海洋立体观测能力，积极参与国际合作，全面提升与我国关系密切的沿线国家近岸近海和南北极区的观测能力。具体包括：与海上丝绸之路沿线国家合作建设和维护海上丝绸之路沿线观测系统，保障海上通道安全；与"雪龙探极""蛟龙探海"等重大工程互相支持，提升极地和深海深渊探测能力。

[教师指导归纳]

全球海洋立体观测网通过对海洋环境监测，促进了海洋科学研究，有利于我国科学地开发海洋资源、发展海洋经济以及保护海洋生态环境。通过参与国际合作，与周边国家搁置争议，共同发展，为我国海洋事业发展创造了良好的地缘政治形势，有利于维护我国的海洋权益。

[设计意图]

通过归纳全球海洋立体观测网的意义，推导出我国海洋发展战略的意义，帮助学生理解国家发展战略，增强爱国情感。

◇课堂小结◇

随着人们对海洋战略地位和价值的认识，海洋问题已经成为当今世界关注的焦点。要真正落实海洋的战略地位，实现海洋价值，必须在全球框架下，制定开发和保护海洋的新原则，建立世界海洋管理的新机制。我国作为沿海大国，应该在维护海洋权益的基础上，积极参与海洋国际事务，为开发利用和保护海洋做出应有的贡献。

◇板书设计◇

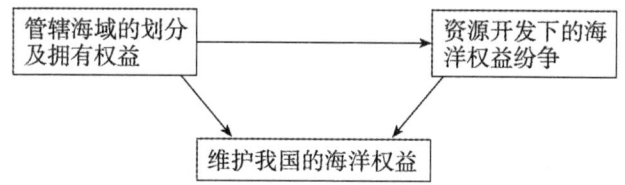

◇设计感悟◇

本节课设计时以中菲南海争端为主线串联，课前学生调查争端原因，课堂上探讨我国海域尤其是南海的资源储备，帮助学生理解争端的实质就是海洋权益和领土争端，从而明白维护海洋权益和海洋发展战略的重要意义。通过提供材料从空间、时间尺度明确南海诸岛、钓鱼岛及其附属岛屿是中国固有领土，中国对其拥有无可争辩的主权，使学生理解维护海洋权益，有据可依。以学生小组合作探究为主,因此设计了小组合作学习研讨过程记录表,既有利于促进学生积极参与小组合作,也能较准确评价学生的能力。

※**课后达标检测**※

读下图,回答1~2题。

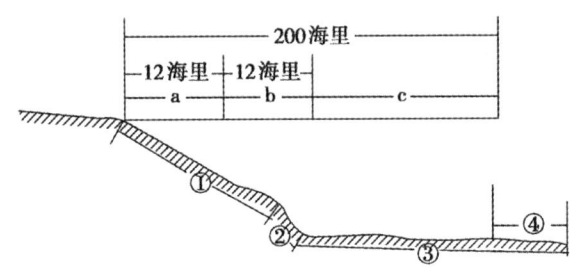

1. 上图能正确表示一个沿海国家毗连区范围的是（ ）

    A. a   B. b   C. a+b   D. a+b+c

2. 对于沿海国在 a+b+c 区域内享有的权益说法正确的是（ ）

    A. 享有与领陆、内水一样的主权   B. 行使管制权

    C. 只行使管辖权   D. 享有部分主权权利及其他管辖权

如下图,中间多边形表示一岛国。读图回答3~4题。

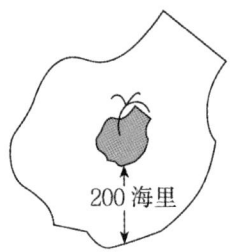

3. 该图数字所示区域为该国的（ ）

    A. 领水   B. 领海   C. 专属经济区   D. 内海

4. 关于该区域的叙述,正确的是（ ）

    A. 该区域范围小于领海

    B. 该区域范围应从领海基线起算

    C. 其他国家不得在其上空自由飞越

    D. 所属国对该区域享有领海所包括的所有主权

5. 日本斥巨资 200 亿日元加固在琉球群岛以东太平洋上的一个无人居住的小岛，该岛露出水面不足 2 米，且即将被海水淹没。日本这样做的原因是（ ）

  A. 斥巨资以显示其强大的经济实力

  B. 想在小岛上建一座海上城市

  C. 保持小岛作为日本领土的法律地位，占有小岛及其专属经济区的海洋权益

  D. 作为海运中转站

6. 下图是某海底地形图，读图回答问题

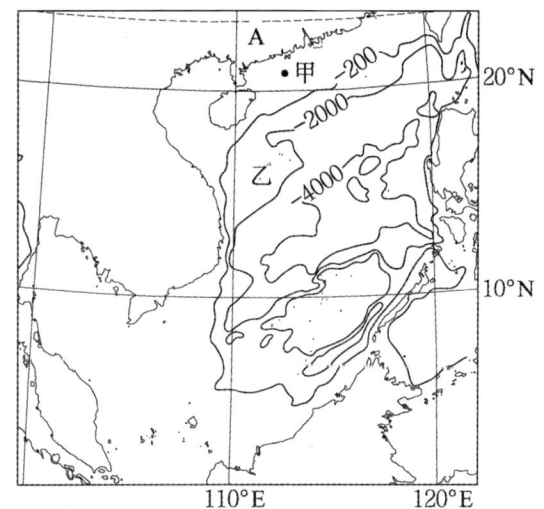

（1）图示海域大部分为_____海，属_____洋。图中_____地区为我国领土最南端。

（2）图示海域表现出的海底地形有深度不超过 200 米的_____，水深从几百米陡增到几千米的_____。

（3）沿海国除_____海里的领海外，其管辖海域面积可外延至_____海里，作为该国的专属经济区。

【参考答案】

1. B 2. D 3. C 4. B 5. C

6.（1）南　太平　曾母暗沙　（2）大陆架　大陆坡　（3）12　200

问题研究　低碳食品知多少

教学内容分析

※课标要求※

2.10 运用资料，归纳人类面临的主要环境问题，说明协调人地关系和可持续发展的主要途径及其缘由。

※课标解读※

人地协调观作为地理学科的重要核心素养在本单元内作为主线贯穿整个章节，本节内容本身深刻渗透着人地协调的观点，本节内容以日常饮食作为切入点，紧密联系学生生活实际，旨在教育学生面对人口、环境和发展的问题，如何尊重自然规律，做出符合地理环境规律的行为。

※教材分析※

作为必修二的最后一章有关人地关系后的问题探究，本节内容是关于低碳食品的科普类知识，通过探索食品的从源头到终端的生产过程探讨对环境产生的碳排放，而食品的生产涉及农业、工业和物流运输，涉及人类的生产活动和生活消费多个知识内容，需要学生在充分理解前面各章学习的基础上进行灵活运用分析。同时，本节因为涉及人地关系，也需要学生对环境的影响比较明确才能联想食品对环境的碳排放这一结果。

※学情分析※

学生在必修二的前几章已经学习过农业和工业生产过程及其不同类型的地域差异，因此在学习本课时能够理解工农业生产过程中可能对环境的影响，但由于本节内容涉及人地关系，尤其是人类对环境的作用结果相对隐性，需要学生发散思维，并将其和前面所学结合，需要一定的引导才能做出关联分析。

※核心素养培养目标※

1. 通过图文资料，认识低碳食品的重要性。（人地协调）

2. 通过图文资料对比，分析不同区域农业生产方式的不同对食品的碳排放的影响。(区域认知、综合思维)

3. 利用情境设定案例，分析食品从生产到产出消费全流程对环境的影响，从而理解低碳食品的含义。(综合思维、人地协调)

※教学重难点※

重点：通过情境设置，结合图像资料和前几章节的知识，理解低碳食品的低碳表现。

难点：通过对比认识，分析不同食品选择对环境的影响。

※教学方法※

问题式教学法。

※教学课时※

1课时。

教学过程设计

※课堂教学※

◇课堂导入◇

(新闻展示导入)"美国《新闻周刊》1月30日称，由于天气太冷，工作人员不得不将铁轨烧着，以保证火车的正常通行。这个冬季以来'破纪录的北极寒流'正在席卷全美大范围地区，导致大降雪，让2/3的美国地区变成一个大冰窖，芝加哥的最低气温甚至低于南极。"

由于极寒天气的出现，来自美国的中学生汤姆因此停课了四天，虽然放假很开心，但是停课后一样要补回课，感觉又不开心了，还不如正常上课。于是汤姆就想上网看看如何避免停课，这一查，他发现原来这个寒冷天气是由于全球气候变暖导致的各地大气异常活动所致，而他所在的国家恰好正是个碳排放大国，虽然美国退出了"巴黎协定"，但是汤姆认为减少碳排放人人有责，作为一个爱吃好吃的人，他决定从每日的吃喝做起，为低碳环保做一点贡献，做个低碳饮食一族，可是如何低碳饮食呢？

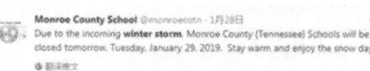

◇问题情境 1◇

播放有关低碳食品的视频：《什么是低碳饮食？》

如何做到低碳饮食？汤姆看了看他平时吃到的这些食物，疑惑起来，怎么确定自己的食物是低碳饮食呢？

◇问题探究 1◇

根据视频和个人生活经验，你能告诉汤姆什么样的食品是比较低碳的食品吗?

[学生探究研讨]

非油炸的食品减少油烟类碳排放。

[教师指导归纳]

低碳食品是指低耗能，产生二氧化碳及其他温室气体少的食品。

[设计意图]

利用虚拟情境与真实解说结合，帮助学生思考对比低碳食品的含义。

[承转]

图文展示：汤姆通过电视知道食品在进入餐桌之前，要经历生产、运输和加工三个过程，不知道每个环节里食品是如何实现对环境的低碳友好的，汤姆决定调查一番。

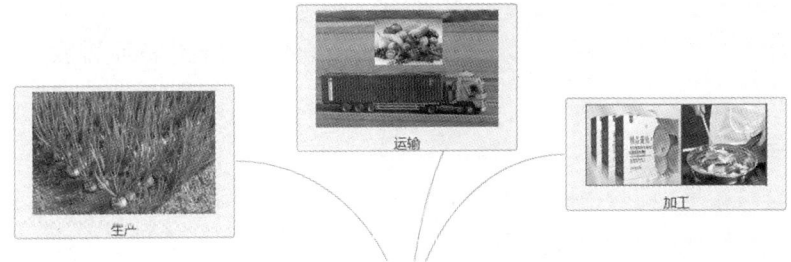

◇问题情境 2◇

汤姆首先来到的是他叔叔家的农场，观察农场的作物生长种植情况，这么一观察，他发现作物在种植上与电视里看到的其他一些国家的种植方式有些许不同，他觉得其他国家的那种种植方式似乎对环境更友好。

◇问题探究 2◇

从生产环节看，若只考虑碳排放因素，哪一种生产方式对环境更友好？

[学生探究研讨]

美国的农业生产机械化大规模生产,对环境的破坏度大,且大量使用农药化肥,对环境的污染和排放大。而其他国家生产规模小,对环境破坏度小,且使用有机肥,对环境相对友好。

[教师指导归纳]

图中的美国农业使用了大型机械,排放的尾气造成大量碳排放,而相较之下,其他国家的农业生产方式较为传统,没有制造出大量的废气,食品生产的温室气体排放主要来自畜牧业生产、农业活动、用水过度以及制冷气体排放。要注意分析现代化农业生产在提升效率的同时也加大了对环境的影响,同时要引导学生客观分析集约化生产的利弊,避免学生误认为传统的生产方式就是最好的。

◇追问◇

相比于当季生产的蔬果,那些反季节生产的蔬果,它们的碳排放是否相同?说明理由。

[学生回答]

反季节蔬果为了达到当季水果需要的水热条件,增加了温控或是湿控设备,设备的运作和生产消耗了大量能源。

[教师补充分析]

由于反季蔬果可能会加剧某些病虫害的生长,这时候需要的农药可能更多,且由于水热条件的差异使得土地肥力不足可能需求更多的化肥,这些都使得反季蔬果无形中增加了温室气体的大量排放。

◇追问◇

如果要从生产环节降低碳排放,生产低碳食品,应该怎么做?

[学生回答]

不使用或是少使用农业机械,使用高效率的设备,减少碳排放,使用有机肥,少用化学制剂或是不用化学制剂,实现绿色生产,因时生产。

[设计意图]

通过区域和季节农作方式的差异,对比农业生产过程中的碳排放和对环境的影响,培养学生对比分析的能力,同时巩固学生对农业生产方式的判别及生产特点的掌握。

◇问题情境 3◇

汤姆跟着叔叔看着他用机器快速地收割了部分作物,之后装上拥有保鲜功能的大卡车前往农业合作社仓库,中间因为怕车上油不够,还在加油站加了油。

◇问题探究 3◇

结合材料分析,在食品的运输环节,是否对环境产生碳排放?为什么?

[学生探究研讨]

交通工具运输过程中消耗燃料,产生碳排放。

[教师补充]

卡车在储存保鲜过程中消耗的电力也是对能源的消耗。

◇追问◇

如果要从运输环节降低碳排放,生产低碳食品,应该怎么做?

[学生回答]

就近消费,在作物产地消费最环保,运输排放最少。

[教师归纳]

可见相比于外地生产的蔬果,本地生产保证了新鲜度,不需要保鲜也不需要长途运输,减少了排放。

[设计意图]

让学生联系实际坐车体验,感受运输对环境的排放,培养学生理论联系实际的能力。

◇问题情境 4◇

运抵合作社后,汤姆的叔叔开车带汤姆去他婶婶的餐馆就餐,汤姆一到婶婶的餐馆，就去了厨房参观，他想知道食材是如何加工上桌的。他看见蔬菜被稍微清洗切片之后就放在了一边，作为组装汉堡的配料，而肉类则进入了油锅或是煎锅里经过油炸煎煮，油烟味混合着面包的香味以及肉类蛋白质成熟的香味飘入了汤姆的鼻子，看着这些烹制好的肉类、蔬菜和面包，分别被装入了盘中和需要打包的袋子里被送出了后厨。

◇问题探究 4◇

汤姆没发现这个过程中对环境的碳排放出现在哪里，你能帮帮他吗？

[学生探究研讨]

油炸食品会产生油烟，对环境有碳排放。

[教师指导补充]

包装的纸袋或是塑料袋的生产过程需要消耗能源，这也会造成碳排放。

◇追问◇

如何保证加工食品过程是低碳呢？

[学生回答]

略（不包装，尽可能选择无包装的食品，减少一次性包装品的使用，同时在烹饪中多用生吃或是凉拌的方式，减少烹饪中的碳排放。）

[设计意图]

让学生结合工业生产活动和人类的消费方式思考加工消费食材过程的碳排放，将生产与消费活动联系起来。

◇课堂拓展◇

让学生结合三个环节的过程思考：同样生产 1 千克农产品，植物类和动物类的碳排放有什么差异?

［学生探究研讨］

生产环节：动物的饲养需要更多的饲料还需要抗生素和各类维生素等，消耗更大，而植物需要的化肥和农药相对少，因此生产环节肉类的碳排放可能高于植物类。

运输环节：从储存难度来看，植物类的相对储藏难度最低，保鲜要求最低，而肉类的保鲜相比于植物类要求更高，因此运输的碳排放，肉类高于植物类。

消费环节：肉类需要切割清洗才能进入市场，烹饪基本要煮，很难生吃，相比于植物类加工过程更复杂，从煮熟的速度来看，植物类要比动物类熟得快，消耗燃料少。

［教师补充拓展］

事实上，除了加工方式造成碳排放有所不同外，对于整个低碳食品体系而言，食品消费方式也会对环境造成不同程度的碳排放，食品废弃物（包括食物浪费和过度消费）会在整个食品体系链上造成排放。食物损失对环境造成了两类负担：在生产销售这些"多余"的食物所产生的排放；以及有机物垃圾填埋所产生的甲烷。食品废弃物主要来源于三个方面，食品加工过程，餐饮服务场所，以及普通家庭所产生的垃圾。

◇课堂小结◇

结合本节所述，低碳食品是由具有最小温室气体输出的从田头到餐桌的整个食品体系链中所加工生产的食品。它要求从生产到运输乃至加工消费环节，都要尽可能减少对环境的破坏和污染，即尽可能选择当季、传统方式生产的农产品，就近烹饪，并保持光盘，这样才最有利于环境。

◇课外拓展◇

绿色食品和有机食品

绿色食品，是指产自优良生态环境、按照绿色食品标准生产、实行全程质量控制并获得绿色食品标志使用权的安全、优质的食用农产品及相关产品。具备条件：（1）产品或产品原料产地必须符合绿色食品生态环境质量标准。（2）农作物种植、畜禽饲养、水产养殖及食品加工必须符合绿色食品生产操作规程。（3）产品的包装、贮运必须符合绿色食品包装贮运标准。（4）产品必须符合绿色食品标准。

有机食品（Organic Food）也叫生态或生物食品等。有机食品是国际上对无污染天然食品比较统一的提法。有机食品通常来自于有机农业生产体系，根据国际有机农业生产要求和相应的标准生产加工的。除有机食品外，国际上还把一些派生的产品如有机化妆品、纺织品、林产品或为有机食品生产而提供的生产资料，包括生物农药、有机肥料等，经认证后统称有机产品。

◇课外思考◇

低碳食品、有机食品、绿色食品有何异同点？

◇板书设计◇

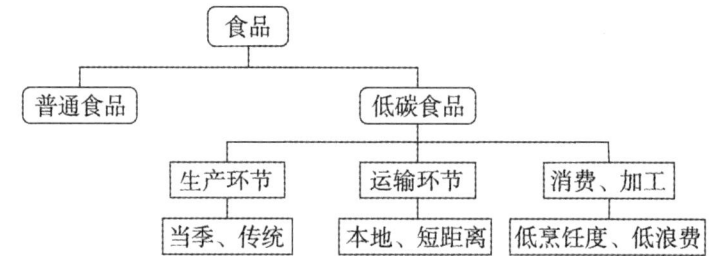

◇设计感悟◇

本节设计主要是通过虚拟情境设定，将实际区域农业生产到销售全流程通过图像引导的方式进行展示对比，让学生结合情境代入思考并加以分析，设计有相对明确的主线，并尝试采用问题情境设置的方式进行引导，贯穿全文，以期比传统单一讲授教学有所突破。

※课后达标检测※

1. 根据你对农产品生产的认识，以下四个选项中最为低碳的一个生产方式是（　　）

　　A．机械化生产　　B．温室大棚种植　C．原生态种植　　D．舍饲养殖

2. 以下四个选项中最为低碳的一个食品是（　　）

　　A．盒装水果　　　　　　　B．蔬菜沙拉

　　C．油炸食品　　　　　　　D．简装的当季蔬菜

3. 家住福州的小林，想将低碳食品作为他的日常饮食以保护环境，选出最合适的选项（　　）

　　A．非洲的秋葵　B．泰国的芒果　C．闽侯的龙眼　D．山东的苹果

4. 冬天，小林在放学回家的路上，想要吃鲜果蛋糕，以下哪种蛋糕最低碳（ ）

  A. 芒果蛋糕 B. 西瓜蛋糕 C. 樱桃蛋糕 D. 香橙蛋糕

5. 以下哪种烹饪方式最低碳（ ）

  A. 水煮 B. 油炸 C. 生吃 D. 红烧

6. 学生 A 和 B 日常饮食中，存在不同的饮食方式，A 喜欢肯德基和自助餐，而 B 喜欢老家的农家菜，你认为谁的饮食结构更低碳，说说原因。

7. 绿色食品和有机食品，哪一种更低碳，为什么？

【参考答案】

1. C 2. D 3. C 4. D 5. C 6. 略 7. 略

图书在版编目（CIP）数据

高中地理问题式教学设计与案例：必修. 第二册 / 曾呈进，陈涓主编. —福州：福建教育出版社，2021.11（2023.7重印）
ISBN 978-7-5334-8861-1

Ⅰ.①高… Ⅱ.①曾… ②陈… Ⅲ.①中学地理课—教学设计—高中 ②中学地理课—教案（教育）—高中 Ⅳ.①G633.552

中国版本图书馆 CIP 数据核字（2020）第 161238 号

Gaozhong Dili Wentishi Jiaoxue Sheji Yu Anli（Bixiu Di-er Ce）

高中地理问题式教学设计与案例（必修第二册）

曾呈进　陈　涓　主编

出版发行	福建教育出版社
	（福州市梦山路 27 号　邮编：350025　网址：www.fep.com.cn）
	编辑部电话：0591-83738540
	发行部电话：0591-83721876　87115073　010-62024258）
出 版 人	江金辉
印　　刷	福州报业鸿升印刷有限责任公司
	（福州市仓山区建新镇建新北路 151 号　邮编：350082）
开　　本	710 毫米×1000 毫米　1/16
印　　张	16.75
字　　数	273 千字
插　　页	2
版　　次	2021 年 11 月第 1 版　2023 年 7 月第 3 次印刷
书　　号	ISBN 978-7-5334-8861-1
审 图 号	GS（2021）2599 号
定　　价	45.00 元

如发现本书印装质量问题，请向本社出版科（电话：0591-83726019）调换。